任正非谈商录

REN ZHENGFEI
BUSINESS WISDOM

路云 著

北京联合出版公司
Beijing United Publishing Co.,Ltd.

图书在版编目（CIP）数据

任正非谈商录 / 路云著 . —北京：北京联合出版公司，2014.6
（2023.11 重印）
ISBN 978-7-5502-2919-8

Ⅰ.①任…　Ⅱ.①路…　Ⅲ.①通信—邮电企业—企业管理—
经验—深圳市　Ⅳ.① F632.765.3

中国版本图书馆 CIP 数据核字 (2014) 第 086324 号

任正非谈商录

作　　者：路　云
出 品 人：赵红仕
责任编辑：孙志文
封面设计：王　鑫

北京联合出版公司出版
（北京市西城区德外大街83号楼9层 100088）
北京新华先锋出版科技有限公司发行
大厂回族自治县德诚印务有限公司印刷　新华书店经销
字数256千字　787毫米×1092毫米　1/16　20印张
2014年8月第1版　2023年11月第3次印刷
ISBN 978-7-5502-2919-8
定价：98.00元

目 录

|任正非经典语录 100 条|

◎ 惶恐才能生存，偏执才能成功。

◎ 最好的防御就是进攻，要敢于打破自己的优势，形成新的优势。

◎ 不舍得拿出地盘来的人不是战略家，你们要去看看《南征北战》这部电影，不要在乎一城一地的得失，我们要的是整个世界。

◎ 我们在作战面上不需要展开得那么宽，还是要聚焦，取得突破。当你们取得一个点的突破的时候，这个胜利产生的榜样作用和示范作用是巨大的，这个点在同一个行业复制，你可能会有数倍的利润。

◎ 我们要用最先进的工具做最先进的产品，要敢于投入。把天下打下来，就可以赚更多的钱。

◎ 数据流量越来越大，公司也可能会越来越大。公司可以越来越大，管理绝不允许越来越复杂。

◎ 三个人拿四个人的钱，干五个人的活，就是我们未来的期望。这样改变以后，华为将一枝独秀。

◎ 要想升官，先到"蓝军"去，不把"红军"打败就不要升司令。"红军"的司令如果没有"蓝军"经历，也不要再提拔了。你都不知道如何打败华为，说明你已到天花板了。

◎ 天上掉下一块东西，人们觉得只要是馅儿饼就已经喜出望外了，实际上天上掉下的是块金子。

◎ 因为优秀，所以死亡。创业难，守业难，知难不难。高科技企业以往的成功，往往是失败之母，在这瞬息万变的信息社会，唯有惶者才能生存。

◎ 我认为任何一个民族，任何一个公司或任何一个组织，只要没有新陈代谢，生命就会停止。只要有生命的活动，就一定会有矛盾，一定会有斗争，也就一定会有痛苦。如果我们顾全每位功臣的历史，那么我们就会葬送我们公司的前途。

◎ 人类所占有的物质资源是有限的，总有一天石油、煤炭、森林、铁矿……会开采光，而唯有知识会越来越多。

◎ 世界上一切资源都可能枯竭，只有一种资源可以生生不息，那就是文化。

◎ 合作要找强者合作。比如，有时候我汽车没油了，我就蹭他的车坐一坐，总比我走路好，总比我骑毛驴好。所以，我们要敢于、要善于搭上世界各种车，我们这个利益就多元化了。利益多元化了，谁能消灭你？

◎ 成功是一个讨厌的教员，它诱使聪明人认为他们不会失败，它不是一位引导我们走向未来的可靠的向导。

◎ 什么叫成功？是像日本那些企业那样，经九死一生还能好好地活着，这才是真正的成功。华为没有成功，只是在成长。

◎ 磨难是一笔财富，而我们没有经过磨难，这是我们最大的弱点。

◎ 客户是我们的衣食父母，你们的工资收入和各项福利不是我给的，而是客户给的，客户才是你们真正的老板。

◎ 企业不能只为实现股东利益最大化，也不能以员工为中心，管理的任务是争得为客户服务的机会，因为客户是企业价值的源泉，没有了客户，企业就失去了立足之本。

◎ 十年来我天天思考的都是失败，对成功视而不见，也没有什么荣誉感、自豪感，而是危机感，也许是这样才存活了十年。

◎ 为了达到主要的目标，可以在次要的目标上做适当的让步。这种妥协并不是完全放弃原则，而是以退为进，通过适当的交换来确保目标的实现。

◎ 我并不指望企业业务迅猛地发展，你们提口号要超谁超谁，我不感兴趣。我觉得谁也不需要超，就是要超过自己的肚皮，一定要吃饱。你现在肚皮都没有吃饱，你怎么超越别人？

◎ 这个时代前进得太快了，若我们自满自足，只要停留三个月，就注定会从历史上被抹掉。

◎ 毛泽东会打枪吗？谁见过毛泽东打枪？……但是毛泽东会运动群众，会运动干部。

◎ 我们华为人都是非常有礼仪的人。当社会上根本认不出你是华为人的时候，你就是华为人；当这个社会认出你是华为人的时候，你就不是华为人，因为你的修炼还不到家。

◎ 大公司不会必然死亡，不一定会惰怠保守。否则不需要努力成为大公司。

◎ 优质资源要向优质客户倾斜。什么是优质客户？给我们钱多的就是优质客户。让我们赚到钱的客户，我们就派"少将连长"过去，就把服务成本给提高了，"少将"带个连去服务肯定好过"中尉连长"的服务。

◎ 茶壶里煮饺子，倒不出来就不算饺子。

◎ 活下来是我们真正的出路，国际上的市场竞争法则是优胜劣汰，难做的时候，你多做一个合同，别人就少一个。兄弟公司之间竞争的时候，我们要争取更大的市场份额与合同金额，这才是我们真实的出路。

◎ 王小二卖豆浆，能卖一块钱一碗，为什么要卖五毛钱？我们产品的毛利，要限定在一定水平，太高或太低都不合适。

◎ 时光不能倒流，如果人能够从80岁开始倒过来活的话，人生一定会更加精彩。

◎ 我希望各级干部在组织自我批判的民主生活会议上，千万要把握尺度。我认为人是怕痛的，太痛了也不太好，像绘画、绣花一样，细细致致地帮人家分析他的缺点，提出改进措施来，和风细雨式最好。

◎ 人是有差距的，要承认差距存在，一个人对自己所处的环境，要有满足感，不要不断地攀比。你们没有对自己付出的努力有一种满足感，就会不断地折磨自己，和痛苦着，真是生在福中不知福。这不是宿命，宿命是人知道差距后，而不努力去改变。

◎ 为客户服务是华为存在的唯一理由；客户需求是华为发展的原动力。

◎ 宁肯卖得低一些，一定要拿到现金，亏钱卖了就是拼消耗，看谁能耗到最后，谁消耗得最慢，谁就能活到最后。

◎ 华为的每个部门都要有狼狈组织计划，既要有进攻性的狼，又要有精于算计的狈。

◎ 一个人再有本事，也得通过所在社会的主流价值认同，才能有机会。

◎（压强原则）在成功的关键因素和选定的战略生长点上，以超过主要竞争对手的强度配置资源，要么不做，要做，就集中人力、物力和财力，实现重点突破。

◎ 只有企业的员工真正认为自己是企业的主人，分权才有了基础，没有这样的基础，权力分下去就会乱。让有个人成就欲望者成为英雄，让有社会责任者（指员工对组织目标有强烈的责任心和使命感）成为领袖。基层不能没有英雄，没有英雄就没有动力。

◎ 队伍不能闲下来，一闲下来就会生锈，就像不能打仗时才去建设队伍一样。不能因为现在合同少了，大家就坐在那里等合同，要用创造性的思维方式来加快发展。

◎ 华为是一群从青纱帐里出来的土八路，还习惯于埋个地雷、端个炮楼的工作方法。还不习惯于职业化、表格化、模板化、规范化的管理。重复劳动、重叠的管理还十分多，这就是效率不高的根源。

◎ 我们处在一个电子产品过剩的时代，而且会持续过剩，过剩的商品绝不会再卖高价。而制造这些复杂产品却需要更多的优秀人才，需要更多的人力成本。一个是更少的收益，一个是更大的付出，这是摆在所有电子厂家面前的难题。

◎ 冬天也是可爱的，并不是可恨的。我们如果不经过一个冬天，我们的队伍一直飘飘然是非常危险的，华为千万不能骄傲。所以，冬天并不可怕，我们是能够度得过去的。

◎ 十年之后，世界通信行业三分天下，华为将占一分。

◎ 我们公司的太平时间太长了，在和平时期升的官太多了，这也许就是我们的灾难。泰坦尼克号也是在一片欢呼声中出的海。

◎ 在管理改进中，一定要强调改进我们木板最短的那一块。各部门、各科室、各流程主要领导都要抓薄弱环节，要坚持均衡发展，不断地强化以流程型和时效型为主导的管理体系的建设，在符合公司整体核心竞争力提升的条件下，不断优化你的工作，提高贡献率。

◎ 现在流程上运作的干部，他们还习惯于事事都请示上级。这是错的，已经有规定，或者成为惯例的东西，不必请示，应快速让它通过去……我们要简化不必要确认的东西，要减少在管理中不必要、不重要的环节，否则公司怎么能高效运行呢？

◎ 管理就像长江一样，我们修好堤坝，让水在里面自由流，管它晚上流，白天流。晚上我睡觉，但水还自动流。

◎ 他说他也没有犯错啊，没犯错就可以当干部吗？有些人没犯过一次错误，因为他一件事情都没做。而有些人在工作中犯了一些错误，但他管理的部门人均效益提升很大，我认为这种干部就要用。对既没犯过错误，又没有改进的干部可以就地免职。

◎ 自我批判是思想、品德、素质、技能创新的优良工具。我们一定要推行以自我批判为中心的组织改造和优化活动。自我批判不是为批判而批判，也不是为全面否定而批判，而是为优化和建设而批判。

◎ 我们倡导自我批判，但不提倡相互批评。因为批评不好把握适度，如果批判火药味很浓，就容易造成队伍之间的矛盾。而自己批判自己呢，人们不会自己下猛力，对自己都会手下留情。即使用鸡毛掸子轻轻打一下，也比不打好，多打几年，你就会百炼成钢了。

◎ 我认为，批评别人应该是请客吃饭，应该是绘画、绣花，要温良恭让。一定不要把内部的民主生活会变成了有火药味的会议。高级干部尖锐一些，是他们素质高，越到基层应越温和。事情不能指望一次说完，一年不行，两年也可以，三年进步也不迟。

◎ 自我批判不是今天才有，几千年前的曾子"吾日三省吾身"；孟子的"天将降大任于斯人也，必先苦其心志，劳其筋骨，饿其体肤，空乏其身，行拂乱其所为，所以动心忍性，曾益其所不能"；毛泽东同志在写文章时，要求"去粗取精，去伪存真，由表及里，由此及彼"……都是自我批判的典范。没有这些自我批判，就不会造就这些圣人。

◎ 区别一个干部是不是一个好干部，是不是忠臣，标准有四个：第一，你有没有敬业精神，对工作是否认真……第二，你有没有献身精神，不要斤斤计较……第三点和第四点，就是要有责任心和使命感。

◎ 世界是在变化的，永远没有精致完美，根本不可能存在完美，追求完美就会陷入到低端的事务主义，越做越糊涂，把事情僵化了。做得精致完美，就会变成小脚女人，怎么冲锋打仗？

◎ 现在是春天吧，但冬天已经不远了，我们在春天与夏天要念着冬天的问题。IT业的冬天对别的公司来说不一定是冬天，而对华为可能是冬天。华为的冬天可能来得更冷，更冷一些。我们还太嫩，我们公司经过十年的顺利发展没有经历过挫折，不经过挫折，就不知道如何走向正确道路。

◎ 冬天总会过去，春天一定来到……我们定会迎来残雪消融，溪流淙淙，华为的春天也一定会来临。

◎ 华为成长在全球信息产业发展最快的时期，特别是中国从一个落后网改造成为世界级先进网，迅速发展的大潮流中，华为像一片树叶，有幸掉到了这个潮流的大船上，是躺在大船上随波逐流到今天，本身并没有经历惊涛骇浪、洪水泛滥、大堤崩溃等危机的考验。因此，华为的成功应该是机遇大于其素质与本领。

◎ 我们有许多员工盲目地在自豪，他们就像井底之蛙一样，看到我们在局部产品上偶然领先西方公司，就认为我们公司已是世界水平了。

他们并不知道世界著名公司的内涵，也不知道世界的发展走势，以及别人不愿公布的潜在成就。华为在这方面很年轻、幼稚，很不成熟。

◎ 当前市场困难的状况是最能锻炼人与提高人的技能的历史时刻。

◎ 公司规模是未来运营商合作的基础：我们的思路就是使客户对我们寄予一种安全感。

◎ 有些员工老是埋怨华为公司修了两个漂亮楼，浪费。我们在给生产总部做核算时，把玻璃幕墙拿下来，给市场部，算在市场部的核算里……因为客户来了一看，说这个公司很漂亮，不像垮的样子，把合同给它吧！所以说这个房子也是客户掏钱建的。

◎ "基本法"不是为了包装自己而产生的华而不实的东西，而是为了规范和发展内部动力机制，促进核动力、电动力、油动力、煤动力、沼气动力……

◎ 一个人再没本事也可以活60岁，但企业如果没能力，可能连6天也活不下去。如果一个企业的发展能够顺应自然法则和社会法则，其生命可以达到600岁，甚至更长时间。

◎ 对于个人来讲，我没有远大的理想，我思考的是这两三年要干什么，如何干才能活下去。我非常重视近期的管理进步，而不是远期的战略目标。

◎ 活下去，永远是硬道理。近期的管理进步，必须有一个长远的目标方向，这就是核心竞争力的提升。

◎ 在管理上，我不是一个激进主义者，而是一个改良主义者，主张不断地管理进步。现在我们需要脱下草鞋，换上一双美国的鞋，但穿新鞋走老路照样不行。换鞋以后，我们要走的是世界上领先企业走过的路。

◎ 我们现在向 Hay 公司买一双"美国鞋"（西方鞋），中国人可能穿不进去，在管理改进和学习西方先进管理方面，我们的方针是"削足适履"，对系统先僵化，后优化，再固化。

◎ 对不合理的制度，只有修改以后才可以不遵守。

◎ 您想提高效益、待遇，只有把精力集中在一个有限的工作面上，不然就很难熟能生巧。您什么都想会、什么都想做，就意味着什么都不精通，任何一件事对您都是做初工。

◎ 要关心时事，关心国家与民族的前途命运，提高自己的觉悟，但不要卷入任何政治旋涡，指点江山。公司不支持您，也不会保护您。公司坚持员工必须跟着社会潮流走。

◎ 作为高层管理者，我们怎样治理这个公司，我认为这很重要。以前我也多次讲过，只是这篇文章（《无为而治》）给我们画龙点睛，更深刻地说明了这个问题。我希望大家来写认识，也是对你们职业素养的一次考试，考不好怎么办呢？考不好你还可以学习，我们是托福式考试，以最好的一次为准。

◎ 实现无为而治，不仅是管理者实现"从心所欲不逾矩"的长期修炼，更重要的是我们的价值评价体系的正确导向，如果我们的价值评价体系的导向是不正确的，就会引发行为英雄化。行为英雄化不仅仅是破坏了公司的流程，严重的还会导致公司最终分裂。

◎ 我们这个时代是知识经济时代，它的核心就是人类创造财富的方式和致富的方式发生了根本的改变。随着时代的进步，特别是由于信息网络给人带来的观念上的变化，使人的创造力得到极大的解放，在这种情况下，创造财富的方式主要是由知识、由管理产生的，也就是说人的因素是第一位的。

◎ 机会、人才、技术和产品是公司成长的主要牵引力。这四种力量之间存在着相互作用。机会牵引人才，人才牵引技术，技术牵引产品，产品牵引更多更大的机会。员工在企业成长圈中处于重要的主动位置。

◎ 我们坚持人力资本的增值大于财务资本的增值。我们尊重知识，尊重人才，但不迁就人才。不管你有多大功劳，绝不会迁就。我们构筑的这种企业文化，推动着员工的思想教育。

◎ 君子取之以道，小人趋之以利。以物质利益为基准，是建立不起一个强大的队伍的，也是不能长久的。

◎ 培养员工从小事开始关心他人，要尊敬父母，帮助弟妹，对亲人负责。在此基础上关心他人，支持希望工程，寒门学子，烛光计划……平时关心同事，以及周围有困难的人。

◎ 公司的竞争力成长与当期效益的矛盾，员工与管理者之间的矛盾……在诸种矛盾中，寻找一种合二为一的利益平衡点，驱动共同为之努力。

◎ 知识经济时代，企业生存和发展的方式，也发生了根本的变化，过去是靠正确地做事，现在更重要的是做正确的事。

◎ 超宽带时代会不会是电子设备制造业的最后一场战争？我不知道别人怎么看，对我来说应该是。如果我们在超宽带时代失败，也就没有机会了。

◎ 一个企业的内外发展规律是否真正认识清楚，管理是否可以做到无为而治，这是需要我们一代又一代的优秀员工不断探索的问题。只要我们努力，就一定可以从必然王国走向自由王国。

◎ 过去人们把创新看作冒风险，现在不创新才是最大的风险。

◎ 历时八年的市场游击队，锻炼了多少的英豪。吃水不忘挖井人，我们永远不要忘记他们。随着时代的发展，我们需要从游击队转向正规军，像参谋作业一样策划市场，像织布那样精密管理市场。

◎ 我们这个大发展的时候，多么缺乏一群像他们那样久经考验的干部。"烧不死的鸟就是凤凰"，有些火烧得短一些，有些火要烧得长一些；有些是"文火"，有些是"旺火"。它是华为人面对困难和挫折的价值观，也是华为挑选干部的价值标准。

◎ 碳元素平行排列，可以构成石墨，非常松软；而若三角形排列，则可以构成金刚石，异常坚硬。为了建成这样一种人才和资源的配置结构，我们需要更多的富于自我牺牲精神的干部，他们的实践是我们的榜样，他们言行所产生的榜样的力量是无穷的。

◎ 从泥沼里爬出来的才是圣人，烧不死的鸟才是凤凰。

◎ 外延的基础是内涵的做实，没有优良的管理难以保持超过竞争对手的速度：扩张必须踩在坚实的基础上；管理进步基于良好的管理方法与手段；没有管理改进的愿望，企业实际已经死亡。

◎ 要把生命注入到永恒的管理优化中去：华为公司的第一、二代创业者把生命注入到创业中去，获得了今天的成功。研发人员也宣誓要把生命注入到产品中去，因此我们管理者也应把生命注入到持续不断的管理优化中去。把生命注入并不是要你像干将、镆铘铸剑一样跳到熔炉里去，而是要用一丝不苟、孜孜不倦的精神去追求产品的成功。

◎ 我希望大家不要做昙花一现的英雄。华为公司确实取得了一些成就，但当我们想躺在这个成就上睡一觉时，英雄之花就凋谢了，凋谢的花能否再开，那是很成问题的。在信息产业中，一旦落后，那就很难追上了。

◎ 干部一定要有天降大任于斯人的胸怀、气质，要受得了委屈，特别是做了好事，还受冤枉的委屈。

◎ 马克思说过，科学的入口处正像地狱的入口处，这是那些把有限的生命投身于无限的事业中，历经磨难的人，才能真正感受到的。创新虽然艰难，但它是唯一的生存之路，是成功的必经之路。

◎ 再过几天香港就要回归了，整整过去了一百五十七年。鸦片战争的硝烟已经散去，但鸦片战争的阴魂还在幽荡。百年的屈辱告诉我们一个真理，弱国永远没有"道理"，狼要吃羊的时候总能找到道理。

◎ 2000 年后华为最大的问题是什么？……是钱多得不知道如何花，你们家买房子的时候，客厅可以小一点，卧室可以小一点，但是阳台一定要大一点，还要买一个大耙子，天气好的时候，别忘了经常在阳台上晒钱，否则你的钱就全发霉了。

◎ 在战场上，军人的使命是捍卫国家主权的尊严；在市场上，企业家的使命则是捍卫企业的市场地位。

◎ 狭路相逢勇者生，我们一定要冲过自己的心理障碍，在管理与服务上狠下功夫，从一点一点的小事进步做起。在市场洪流冲击我们的时候，不做叶公好龙的小人。

◎ 现在我们需要大量的干部，干部从哪里来？必须坚持从实践中来。如果我们不坚持干部从实践中来，我们就一定会走向歧途。是不是外来的"空降部队"就一定不好呢？很多公司的历史经验证明，"空降部队"也是好的，但是其数量绝对不能太大。

◎ 以色列这个国家是我们学习的榜样，它说它什么都没有，只有一个脑袋。一个离散了廿个世纪的犹太民族，在重返家园后，他们在资源严重贫乏，严重缺水的荒漠上创造了令人难以相信的奇迹。他们的资源就是有聪明的脑袋，他们是靠精神和文化的力量，创造了世界奇迹。

◎ 我认为年轻人，在你生命非常旺盛的历史时期，勇敢地走向国际市场，去多经风雨，多见世面，对你一生受益不浅。希望大家在这一方面也多做努力，这样的话，我们东方不亮西方亮，黑了北方有南方，我们公司的生存平衡就会变得更加好。

◎ 华为唯一可以依存的是人，当然是指奋斗的、无私的、自律的、有技能的人，如何培养和造就这样的人，是十分艰难的事情。但我们要逐步摆脱对技术的信赖，对人才的信赖，对资金的依赖，使企业从必然王国走向自由王国，建立起比较合理的管理机制。

REN ZHENG FEI

第1章　"华为狼"的蜕变

世界上一切资源都可能枯竭，只有一种资源可以生生不息，那就是文化。

甩掉"狼性"标签

我们既不做"狼"，也不做"羊"，而是应该选择做"人"。

——任正非

提及华为的员工，人们最先想到的可能是"华为狼"三个字。任正非对狼这种动物的偏好是有目共睹的，因而华为创立之初就将其本性作为一种企业文化，在华为的内部进行宣扬。关于"狼性"和企业，任正非说：

做企业就要发展一批狼。狼有三大特性，一是敏锐的嗅觉，二是不屈不挠、奋不顾身的进攻精神，三是群体奋斗的意识。企业要发展，必须要具备狼的这三个特性。

"敏锐的嗅觉"可以理解为商业洞察力；"进攻精神"是指企业在竞争过程中所表现出的战斗力；而"群体奋斗意识"则代表了企业内部的团队合作精神。从华为的发展史来看，确实随处可见这三大特性的影子。也诚如任正非所说，这些因素在办企业的过程中很关键。

1995 年，当大部分国内厂商还在为抢占国内市场份额而争得头破血流时，华为已经做好准备，将机会瞄准国际市场了。海外市场的拓展虽然经历了千辛万苦，却也收效颇丰。

一个企业要想在世界经济浪潮中得以生存和发展，洞察全球的经济趋势及其所在产业的变迁是一项非常关键的技能。所以，作为一个优秀的企业管理者，他需要有像狼一样的"嗅觉"，如此才能抓住机遇或躲避危机。任正非敏锐的洞察力就是华为得以发展的不可或缺的重要因素，他总能带领华为走向更新、更好的局面。

任正非还曾强调指出：

华为公司是一个以高技术为起点，着眼于大市场、大系统、大结构的高科技企业。以它的历史使命，它需要所有的员工必须坚持合作，走集体奋斗的道路。

这便是任正非所坚持的团队合作的文化理念。事实上，它在任何一个组织或机构内都是非常重要的。不过，任正非并不是喊喊口号那么简单，他更是把这一观念落到了实处，华为的矩阵式管理模式就是为了实现团队合作而采取的一项重要措施。这种管理方式所追求的是企业内部各个职能部门之间的相互配合。他们之间会通过互助网络，彼此建立连接，这样他们对任何问题都能做出迅速的反应。

然而，狼的特性在华为的发展道路上并不总是起到积极的作用，在很多方面都是利弊共存的，任正非所说的"进攻精神"就是典型的代表。

在华为刚成立的十余年内，狼风盛行，也让人们看到了华为对竞争力、对企业强大的渴望。受狼性文化统领的华为，在国内拿下了一个又一个电信市场，打破了外企完全占领的局面。针对这种情况，当时的一些媒体戏称华为"用三流的产品卖出了一流的市场"。华为就是带着这种狼性在业界内拼杀，也取得了一定的成就。但是，当华为壮大到一定的阶段后，这一特性的限制性就慢慢地显露出来了。

2003年1月24日，对于电信行业来说可算是个特殊的日子——业界的两大企业产生了国际官司纠纷。思科将华为告上法庭，指其非法复制自己公司的操作软件。报道称，华为于前一年在美国的一些主流媒体上刊登了一条广告——"他们唯一的不同是价格"。这条广告的背景图案是旧金山金门大桥，正是思科公司的标志，其中的攻击性和挑战性不言而喻。而思科之所以如此恼怒，除了其本身的利益受损外，也因其不满华为在美国的狼式扩张。

没错，这起事件充分地证明了华为的"进攻精神"。在不同人的眼中，华为有着不同的样子。在华为，客户可以得到贴心至上的服务，而对手却只能遭遇其毫不留情的"追打"。

从过去来看，华为在与对手竞争的过程中从来不会手软，就像一匹充满兽性的狼，不断地向对手发起进攻，直至最终将"食物"含在自己的嘴中。因此，创立初期的华为给世人留下了不可磨灭的"土狼"印象，不止是企业，甚至许多国家都对其敬而远之。华为曾经对英国电信巨头马可尼很感兴趣，还提出优越的条件欲以收购，但最终这一计划的结果竟是在英国政府干预下遭遇失败。

不管是在国内，还是在国外，在商场上树敌太多总归不是一件好事，可华为的狼式扩张确实得罪了很多企业。华为在业界素有"黑寡妇"之称，有些与华为有合作的公司，过了一两年之后，不是被吞了，就是被甩了。可想而知，起初华为在业界的名声并不怎么好。

这些都是狼性文化留下的后遗症，一系列事件之后，任正非也开始反思这个问题，观念也有所改变。为此，他提出了把对手变为友商的理论，公开表示：

今后，华为不再做"黑寡妇"，我们必须要改变现状，实现共赢，多把困难留给自己，多把利益让给别人。多栽花，少栽刺，多些朋友，少些"敌人"。

这与华为起步时强调的狼性文化恰恰相反，可见，任正非就是一个敢于否定自我的人。事实上，任何一个企业走过一个阶段后，其管理者都应该思考一下，原有的文化理念对企业的发展是否依然适合。

就华为而言，随着社会的发展，国内外通信设备市场逐渐饱和，再加上自身一直在不断壮大，之前的文化理念所面临的环境就发生了很大的变化。因此，狼性文化在华为面临着很大的挑战，特别是在华为准备进军国外市场的时候。这时，企业内部过度的凝聚力反而会限制其自身的国际化发展。任正非正是因为发现了这一问题，才提出变革的决定。

很多人对任正非的这种看似矛盾的做法感到质疑，或认为他不够坚定。事实并非如此。无论是以前还是现在，任正非所坚持的任何观点以及他所采取的任何手段，其中心和目的是不变的，就是为了让华为活下去。任正非在讲话中说道：

2000 年 IT 泡沫破灭以后，整个通讯行业的发展都趋于理性，市场的增长逐渐平缓，未来几年年增长不会超过 4%，而华为要快速增长，就意味着要从友商手里夺取份额，这就会直接威胁到友商的生存和发展，就可能在国际市场到处树敌，甚至遭遇群起而攻之的处境。所以我们要韬光养晦，要向拉宾学习，以土地换和平，宁愿放弃一些市场、一些利益，也要与友商合作，成为伙伴，和友商共同创造良好的生存空间，共享价值链的利益。我们已经在好多领域与友商合作起来，经过五六年的努力，大家已经能接受我们，所以现在国际大公司认为我们越来越趋向于朋友，不断加强合作会谈。如果都认为我们是敌人的话，我们的处境是很困难的。

任正非观念的转变，又将华为带入了一个新局面。2003 年 11 月，华为与美国的 3Com 公司合作投资的合资企业正式成立。华为出技术，3Com 出钱。华为的低端数通技术占了 51% 的股份，3Com 所投的 1.65 亿美元占了 49% 的股份。这样 3Com 就把研发中心转移到了中国，利用华为的主场优势降低了成本，而华为则借助 3Com 的网络营销渠道来销售自己的数通产品，使销售额大大提升，第二年就增长了 100%。

狼性文化被替换，并不是说它完全错了。狼性文化的提出和变革，对华为来讲都是意义重大的转机。它们带给华为的分别是生存和发展，而任正非所做的无非是传承和改进。

甩掉"狼性"标签对华为来说是至关重要的一步，它不能成为阻碍华为发展的束缚。任正非也一直在用实际行动终结"狼性文化"的生存土壤，与国际接轨，遵循大多数人所认同的价值理念，开展新的商业文明。

不奋斗就没有出路

艰苦奋斗是华为文化的魂，是华为文化的主旋律，我们任何时候都不能因为外界的误解或质疑动摇我们的奋斗文化，我们任何时候都不能因为华为的发展壮大而丢掉了我们的根本——艰苦奋斗。

——任正非

艰苦奋斗是中华民族的传统美德，也是华为核心价值观中最为重要的一条。华为的文化体系中描述道：公司核心价值观是扎根于我们内心深处的核心信念，是华为走到今天的内在动力，更是我们面向未来的共同承诺。它确保我们步调一致地为客户提供有效的服务，实现"丰富人们的沟通和生活"的愿景。华为坚持着这样的信念走过了二十几年，一直到今天，哪怕中间遭到过质疑、承受过批判。

在过去，艰苦奋斗是一种革命精神；在今天，艰苦奋斗是人们追求幸福生活的必要条件。不管怎样，它都是被人们所认可的、极佳的一种美德。但是，华为的"艰苦奋斗"却遭到了人们的质疑。

胡新宇毕业于成都电子科技大学，获得硕士学位，毕业后就加入了华为，在深圳的公司搞研发。不幸的是，在华为工作的第二年，胡新宇便住进了医院，起因为病毒性脑炎，经多天抢救无效后死亡。据称，胡新宇住院前正从事一个接入网硬件集成开发部的封闭研发的工作，总是加班，经常在公司打地铺过夜。

胡新宇的病故在社会上引起了轩然大波，当时虽然没有直接的证据表明其死因与加班有关，但国内各大媒体及社会人士纷纷谴责华为，指其病故原因为"过劳死"。此次事件对华为造成的影响是极其恶劣的，《纪念胡新宇君》、《天堂里不再有加班》以及《华为员工的命只值一台交换机的钱》等文章问世后，整个事件被推上了制高点，华为也遭受了前所未有的舆论抨击。

现在提到华为人的艰苦奋斗精神，人们首先想到的就是"床垫文化"、"加班制度"。原本，它们都是为业界所称颂的职业精神，但这次的事件却将它们推向了罪恶的深渊。

胡新宇事件发生后，介于社会大众对"床垫文化"的误解，任正非及其他华为内部人员都曾对此做过正面的和非正面的解释。任正非说："华为公司总的来说是个内部很宽容的公司，不像社会上想象的那样。有些误解的人，主要是不了解我们，我也可以理解的。"

华为成立之初，管理体系尚不完善，但客户对产品的需求量却非常大，所以员工确实经常加班加点地工作。另外，当时的华为资金也很紧张，无论是科研条件还是办公环境都非常差，累了就铺一张垫在上面休息。1989年，华为将办公地点迁入深圳南油深意大厦，员工宿舍就是用砖头在办公区的角落里隔出来的几间屋。很多员工几乎都以公司为家了，没日没夜地工作，还没有假期。那个时期进公司的员工都知道，入职都可以免费领取一床毛巾被和一张床垫。华为是这样起步的，"床垫文化"也是这时形成的。

胡新宇事件之后，华为还出现了"员工自杀"事件。这时，人们将所有的矛头都指向了华为，称其"对员工太过苛刻"。从过去来讲的话，华为刚创业时环境十分艰苦，确实很难为员工提供优厚的条件。但这种"苛刻"并不是有意为之，而是受到了现实的制约。所以，真正让人们感到困惑的是，华为走到今天为何还会出现这样的事情。

在这个问题上，任正非早有意识。过去，在人员的管理上，他更注重的是狼性思维的灌输。但十几年过去后，他就开始考虑"人性化"这个问题了。各种不幸事件发生后，任正非进行了更深刻的反思，并采取了一系列的具体措施来更多地关注员工。

后来，华为还专门设立了"首席员工健康与安全官"一职，由前首席执行官纪平任职。在很多人看来，这不过是一个虚设的职位。不过，从这以后，华为员工的邮箱里经常会收到纪平的邮件，提醒大家注意安全，要劳逸结合，还有注意身体健康等。这一职位的存在不仅是为员工送去关怀和温暖，也进一步完善了员工保障与职业健康计划。

当然了，关于员工的福利，华为还有很多具体的方案，比如滨海度假、酒店福利以及各种社会保障等。

不管遭受了多少质疑，任正非对企业核心文化的认识还是很坚持的，就是要艰苦奋斗。华为自创立的那一天起，就注定要历经千辛万苦。

选择了通信领域，对华为来说是幸运的，也是不幸的。幸运的是，经过种种努力，它终于成为了业界的翘楚，至少到今天为止是成功的。而不幸之处就在于，它选择了所有行业中最难做的实业。工业的管理本身就是极其复杂困难的，而其中最难管理的还要属电子工业。通信作为一个新兴的产业与传统产业有着很大的差别，它不受自然因素的制约，产业变化迅速，最重要的是对技术的要求非常高。另外，这个行业的竞争非常激烈，企业要存活下去都不是一件易事。因而，任正非反复强调：

信息产业的竞争要比传统产业更激烈，淘汰更无情，后退就意味着消亡。要在这个产业中生存，只有不断创新和艰苦奋斗。

其实，华为所面临的最难的并不是来自行业本身的挑战，既然选择了，做下去就好了。而对于华为的先驱创业者们来说，真正难的是市场的开拓。当时，国内的市场大部分都被一些外国企业占领着，他们所能做的就是一点一点地争取订单和农村市场。拿到钱后，他们又将其全部投入到研发新产品上。华为就是在这样的基础上一点一点壮大起来的，这其中的艰辛是外人难以理解的。

任正非没有因为刚刚取得的一点小成果而沾沾自喜，而是看到了与其他企业之间的差距。但从规模上来讲，那时的华为就与世界电信巨头相差200倍之多。通过一点一滴锲而不舍的艰苦努力，华为用了十余年时间来缩小这个差距，终于在2005年首次突破了50亿美元的销售额大关。但即便这样，它与通信巨头之间仍有好几倍的差距。而就在一切刚刚出现转机的时候，业界几次大兼并又打破了华为的梦想。爱立信兼并马可尼，阿尔卡特与朗讯合并，诺基亚与西门子合并，这些交易一下子使已经缩小的差距又陡然拉大了。

现实经常这样，不给人一点喘息的机会，华为只能继续"赶路"，开始更加漫长的艰苦跋涉。即便到了今天，华为已经发展为业界巨头，它仍然不得不继续努力。纵观历史，那些衰落的伟大企业，哪一个不曾独占鳌头？任正非也说过：

艰苦奋斗必然带来繁荣，繁荣后不再艰苦奋斗，必然丢失繁荣。"千古兴亡多少事，不尽长江滚滚来"，历史是一面镜子，它给了我们多么深刻的启示。我们还必须长期坚持艰苦奋斗，否则就会走向消亡。当然，奋斗更重要的是思想上的艰苦奋斗，时刻保持危机感，面对成绩保持清醒头脑，不骄不躁。

任正非清楚地告诉了人们，今天的华为为什么还要继续奋斗。任正非提出艰苦奋斗时，并不是只将其作为创业阶段的精神支柱，而是把它作为企业的核心价值观一直贯彻下去。哪怕发生了一些意外，哪怕世人都对这种精神文化加以指责，任正非也从未动摇。因为，他很清楚：过去不奋斗，华为就没有出路；现在不奋斗，华为就没有明天。

让"精神"统领"文化"

> 要敢想敢做，要勇于走向孤独。不流俗，不平庸，做世界一流企业，这是生命充实激越起来的根本途径。
>
> ——任正非

文化并不是一个概念，也不是一段纯粹的文字描述，它是精神层面受教的结果，是需要人们形成意识的一种东西。一个企业能否创建出有水准的文化体系，要看管理者的精神境界达到了什么样的高度。在商业领域里，人们习惯将其称为"企业家精神"。

不难理解，一个企业最终会办成什么样，主要取决于其领导者，企业定位与个人风格之间有着莫大的关联。所以说，"企业的命运系于一个人的身上"这种说法并不完全是夸张的。华为今天能够取得成就，它自然有过于一般企业的地方。它能够走上一条独特之路，与任正非的管理是分不开的，其中就赋予了他个人的意志和精神力量。

经济学家汪丁丁指出，企业家精神包括创新精神、敬业精神和合作精神。这三种精神在任正非的个人追求中都有所体现，且都在华为的文化建设中起到了关键作用。

众所周知，任正非对技术研发非常重视。如果华为没有在技术上一直要求进步的话，它就不可能在通信行业内站稳脚，也不可能成为世界级领先企业。因此，任正非在企业管理的过程中总是强调创新的重要作用。不过，任正非所提出的创新理念不单单是对技术的要求，他在企业管理的其他方面也要求创新。回顾华为的发展历史，你就会发现，华为就是一个不断追求创新的企业。

1992 年，任正非把代理业务所赚得的钱都投入到了 C&C08 机的研制中，这对华为来说是第一桶金。1994 年，华为在北京成立研究所，结果在接下来的三年里，北京研究所都因处在积累期而没有取得什么重大的研究成果，但任正非依然顶力支持。1998 年，"华为基本法"成型，华为的内部管理体系进入新局面。2000 年，华为内部兴起创业运动，任正非提出了"冬天必将来临"的观点。2003 年，华为与 3Com 成立合资企业，开始生产企业数据网络设备。2006 年，华为推出了新企业标识，彰显了华为聚焦、创新、稳健、和谐的核心价值观。2009 年，电信运营商 TeliaSonera 签下了两个 4GLET 商用网络合同，华为和爱立信纷纷在欧洲建设 LET 移动宽带，为全世界首个商用的 LET 网络。

二十多年来，华为一直走在创新的路上，这不止是这个行业的硬性要求，也是任正非办企业一直秉承的理念。当然了，创新是有风险的，企业随时都有可能因为某个创新举动而濒临灭亡。但是，如果不创新的话，企业就一定会面临做不下去的那一天。任正非对此也有着深刻的认识：

有创新就有风险，但绝不能因为有风险，就不敢创新。回想起来，若不冒险，跟在别人后面，长期处于二三流，我们将无法与跨国公司竞争，也无法获得活下去的权利。若因循守旧，也不会取得这么快的发展速度。

创新是企业的灵魂，这是任正非所提倡的一个观点，也应该是所有的企业家以及企业管理者应该具备的精神。总之，企业要想生存下去，没有创新是不可能的。

除了技术和管理上的创新，工作人员的素质同样重要。华为从一个以 2 万元资金起步的小公司发展成全球数一数二的通信设备制造商，不是任正非一个人的功劳，是所有高层管理者以及全体基层员工兢兢业业的结果。从华为的奋斗精神就能够看出，他们一直都具备敬业的素质。

其实，敬业是对任何职业人提出的最基本的要求，不单单是针对企业。在社会上，人们总能够看到一些机构臃肿的单位，有些岗位的工作也很悠闲，这样职工对自己的要求也会变得放松。不可否认，有些单位并不会受到这种情况的影响——单位不会倒，员工也不担心"丢饭碗"。但是，这种情况要是出现在了企业中的话，特别是一些民营企业，那么，这个企业就有可能面临灾难。

敬业本就不该成为一种难能可贵的精神，因为这是应该的，但为了企业的发展，在管理中还是要时时提醒员工，并将其注入到企业的文化体系中。

技术、管理、员工的敬业都到位了，还需要看看员工是怎么配合工作的。谈及华为的合作精神，很多对华为的印象还停留在早期的人可能会嗤之以鼻，这也是"华为狼"深入人心的结果。可不管华为对其他企业的态度如何，其内部还是十分讲求合作精神的。最初，任正非的确比较倡导"企业英雄"，但到了后期，他更注重的是团队的合作。任正非在一次员工座谈会上讲：

我个人对华为没有做出巨大的贡献，真正贡献大的是中高层骨干与全体员工。他们努力建立了各种制度、规范，研制、生产、销售了不少产品……不是我一个人推动公司前进，而是全体员工一起推动公司前进。我的优点就是民主的时候比较多，愿意倾听大家的意见，我个人既不懂技术，也不懂 IT，甚至看不懂财务报告表……唯一能做的是，在大家共同研究好的文件上签上我的名，是形式上的管理者。我认为大家总比一个人想得细致一些，可以放心地签上名。文件假如签错了，在运行中有问题，我也不会指责大家的会签，只要再改过来就行了，大家这次总会进步一点。每次我们都共同完成了一次修炼，次数多了，大家水平也就提高了。

　　任正非想要强调的就是员工之间配合的重要性，他期望他们彼此之间能够形成默契、有效的配合，这样员工的工作效率也会大大提高。为了促进员工之间的合作，任正非还采取了一系列的措施，前面提到的华为的矩阵式管理模式就是一个典型的代表，目的就是通过员工之间的合作来优化管理。

　　任正非在企业管理过程当中所倡导的精神还不止于此，还包括爱国精神以及自我批判的精神等。任正非要求员工热爱自己的祖国，他认为：只有背负着民族的希望，才可以进行艰苦的搏击，而无怨言。而关于自我批判的精神，任正非认为这是一个人进步的根源——发现问题，然后改正。企业也是如此，要想获得发展，就要不断地自省。

　　企业家的精神对企业文化的定位有着深远的影响，因为有了这些"精神"的注入，文化才不会成为一个空架子。

最宝贵的资源在头脑中

> 文化是为华为公司的发展提供土壤，文化的使命是使土壤更
> 肥沃、更疏松，管理师种庄稼，其使命是多打粮食。
>
> ——任正非

出于惯性，一旦有人提及华为的企业文化，人们最先想到的就是"狼性文化"。虽然华为文化不仅仅是这一个，但它却成了最具代表性的一个，就好像已经自成定义了。

一个成功的企业一定有属于自己的特色，"狼性"曾经是华为最鲜明的标志。说到华为，人们会想到"狼性文化"；而说到"狼性文化"，人们自然而然地就会想到华为。这便是企业文化的强大效应。

"企业文化"这个词作为一个概念最早出现在美国，并于 20 世纪 80 年代后开始盛行，但这一理念在"二战"后的一些日企中已经初见端倪。美国人之所以能够意识到这个问题，也是因为当时自身在世界经济中的垄断地位受到了日本经济崛起的干扰。于是，美国人针对日本的一些企业以及他们的管理方式展开了深入研究，找到了彼此之间的差距，也认识到了自身在企业管理模式当中的局限性，比如"只重视物质而不重视精神"。他们将那些在企业管理中不曾受到重视的东西加以总结，从而形成了对"企业文化"（也称"组织文化"）的认知。从此，组织文化在企业中越发受到重视。

时至今日，企业文化在人们的口中早已被"嚼烂"。它的确引起了广泛性的重视，但真正将其作为核心发展战略的企业却并不多，华为算得上是其中之一。从前面介绍的关于华为的那些企业文化就可以看出，任正非不但重视企业文化，而且还成功地将其做成了华为的一面特色旗帜。

在任正非看来，企业文化不止是引领企业前进的风向标，更是为企业的发展提供保障的不竭资源。

资源是会枯竭的，唯有文化才会生生不息。一切工业产品都是人类智慧创造的。华为没有可以依存的自然资源，唯有在人的头脑中挖掘出大油田、大森林、大煤矿……精神是可以转化为物质的，物质文明有利于巩固精神文明。我们坚持以精神文明促进物质文明的方针。

这是任正非在《华为的红旗到底能打多久》中所写的一段话，清晰地表达了他在企业经营中所持的基本理念。任正非肯正视物质资源的有限性这一问题，并为此寻得了一个合理的出路——着重发展文化这一生生不息的资源。这正是任正非视角独特的一种体现，也是成就如今这样一个华为的必要因素。

任正非对企业文化的深刻见解不止来源于在理论上对其重要性的认识，更在实践中找到了依托，他对以色列这个国家的崇尚就是最好的证明。任正非曾经在一次工作汇报会上说道：

以色列这个国家是我们学习的榜样，它说它什么都没有，只有一个脑袋。一个离散了廿个世纪的犹太民族，在重返家园后，他们在资源严重贫乏，严重缺水的荒漠上创造了令人难以相信的奇迹。他们的资源就是有聪明的脑袋，他们是靠精神和文化的力量，创造了世界奇迹。

在文化资源的钻研上，任正非并没有把目光局限在企业上，而是在大环境的背景下进行探寻，从多方面加以证实。

从一个国家的兴衰看到了企业的发展，任正非不是在虚张声势，而是看到了不同组织之间的关于生死存亡的共通之处。

任正非发现，内地企业的不景气不仅仅是机制问题，关键原因在于企业文化。他并没有完全排除机制、管理以及资金等方面的问题给企业的生存发展所带来的隐患，只是在更深的层次上剖析了企业文化这个问题，因为他发现中国的许多企业都没有企业文化。任正非认为，要救活企业，并使其得以发展，企业文化是一个非常关键的问题。

任正非曾在阿联酋进行过考察，也正是在这里，他得出了"文化生生不息"这一论断，并在日后将其发展为华为的灵魂之一。

阿联酋作为一个沙漠里的小国，它们和以色列一样非常伟大，它们把石油所得资金转化为一种民族文化，让全民族的人都到英国、美国等世界各国接受良好教育，通过这种不断的循环，用100年的时间，成为一个非常发达的国家，事实也正是这样。全世界最漂亮的城市就是阿联酋。在沙漠里面完全是用淡化海水浇灌出的花草，房子的建设等各方面都非常漂亮。以此为基础，在两个小时的飞机行程、七天汽车行程为半径的范围内形成了一个经济圈，印度和巴基斯坦都在这个圈内，以自己为中心建一个商业中心作为中转港，自己称为中东的香港。现在商业收入与石油相比已占国民收入的40%，继续这样发展下去，当石油枯竭时，他绝不会再去赤日炎炎的沙漠放羊。

任正非将这种意识加诸在企业管理当中，并将这种理念引入华为。任正非对企业文化的看重并不是说说而已，而是真真正正地将这一计划落实，在华为内部展开了一场轰轰烈烈的"精神革命"。任正非对技术和研发的重视是有目共睹的，但要谈及华为的核心竞争力，绝对非其企业文化莫属。

很多人可以意识到文化作为一种不会枯竭的资源对企业的重要作用，但他们或许不理解，华为的企业文化为何还会发生变化。从2000年后任正非很少提及"狼性文化"开始，当华为决定淡化"狼性"时，华为的企业文化就发生了重大的改变。任正非不是完全摈弃了这一理念，而是在尝试改进。此后，人们便看到了华为在人性化管理上所做出的努力。

企业文化的建设应该永远都处于"正在进行时"，是一个不断完善和进化的过程。文化若是被定了型，进入一成不变的阶段，那么，很难想象这个企业今后的发展将如何去从。事实上，企业的发展最终还是要以文化的进步为依托。华为还在路上，改革仍在继续，因而它的文化理念也在不断地完善和更新。

延伸阅读

华为要做追上特斯拉的"大乌龟"

——2014年年度干部工作会议上的讲话

古时候有个寓言，兔子和乌龟赛跑，兔子因为有先天优势，跑得快，不时在中间喝个下午茶，在草地上小憩一会儿啊！结果让乌龟超过去了。华为就是一只大乌龟，二十五年来，爬呀爬，全然没看见路两旁的鲜花，忘了经济这二十多年来一直在爬坡，许多人都成了富裕的阶层，而我们还在持续艰苦奋斗。爬呀爬……一抬头看见前面矗立着"龙飞船"，跑着"特斯拉"那种神一样的乌龟，我们还在笨拙地爬呀爬，能追过他们吗？

一、大公司不是会必然死亡，不一定会惰怠保守的。否则不需要努力成为大公司。

宝马追不追得上特斯拉，一段时间是我们公司内部争辩的一个问题。多数人都认为特斯拉这种颠覆式创新会超越宝马，我支持宝马不断地改进自己、开放自己，宝马也能学习特斯拉的。汽车有几个要素：驱动、智能驾驶（如电子地图、自动换挡、自动防撞、直至无人驾驶……）、机械磨损、安全舒适。后两项宝马居优势，前两项只要宝马不封闭保守，是可以追上来的。当然，特斯拉也可以从市场买来后两项，我也没说宝马必须自创前两项呀，宝马需要的是成功，而不是自主创新的狭隘自豪。

华为也就是一个"宝马"（大公司代名词），在瞬息万变，不断涌现颠覆性创新的信息社会中，华为能不能继续生存下来？不管你怎么想，这是一个摆在你面前的问题。我们用了二十五年的时间建立起一个优质的平台，拥有一定的资源，这些优质资源是多少高级干部及专家浪费了多少钱，才积累起来的，是宝贵的财富。过去所有失败的项目、淘汰的产品，其实就是浪费（当然浪费的钱也是大家挣来的），但没有浪费，就没有大家今天坐到这儿的机会。我们珍惜这些失败积累起来的成功，不故步自封，敢于打破自己既得的坛坛罐罐，敢于去拥抱新事物，华为不一定会落后。当发现一个战略机会点，我们可以千军万马压上去，后发式追赶。你们要敢于用投资的方式，而不仅仅是以人力的方式，把资源堆上去，这就是和小公司创新不一样的地方。人是最宝贵因素，不保守，勇于打破目前既得优势，开放式追赶时代潮流的华为人，是我们最宝贵的基础，我们就有可能追上特斯拉。

1. 聚焦。我们是一个能力有限的公司，只能在有限的宽度赶超美国公司。不收窄作用面，压强就不会大，就不可以有所突破。我估计战略发展委员会对未来几年的盈利能力有信心，想在战略上多投入一点，就提出"潇洒走一回，超越美国"的主张。但我们只可能在针尖大的领域里领先美国公司，如果扩展到火柴头或小木棒这么大，就绝不可能实现这种超越。

我们只允许员工在主航道上发挥主观能动性与创造性，不能盲目创新，发散了公司的投资与力量。非主航道的业务，还是要认真向成功的公司学习，坚持稳定可靠运行，保持合理有效、尽可能简单的管理体系。要防止盲目创新，四面八方都喊响创新，就是我们的葬歌。

大数据流量时代应该是很恐怖的，因为我们都不知道什么叫"大数据"，流量之大也令人不可想象。我说的大数据与业界说的也不一样，业界说的大数据，不是大，而是搜索，如邬贺铨院士说的，数据的挖掘、分析、归纳、使用，使数据创造出价值。我说的大数据是指数据流的波涛汹涌，指不知道有多么大的数据要传输与储存。当然我们希望传输的是净水，但我们也阻挡不了垃圾信息的来回被传输与储存，使得大数据更大。不要为互联网的成功所冲动，我们也是互联网公司，是为互联网传递数据流量的管道做铁皮。能做太平洋这么粗的管道铁皮的公司以后会越来越少；做信息传送管道的公司还会有千百家；做信息管理的公司可能有千万家。别光羡慕别人的风光，别那么互联网冲动。有互联网冲动的员工，应该踏踏实实地用互联网的方式，优化内部供应交易的电子化，提高效率，及时、准确地运行。我们现在的年度结算单据流量已超过两万五千亿（人民币），供应点也超过五千个。年度结算单据的发展速度很快会超过五万亿的流量。深刻地分析合同场景，提高合同准确性，降低损耗，这也是贡献，为什么不做好内"互联网"呢？我们要数十年地坚持聚焦在信息管道的能力提升上，别把我们的巨轮拖出主航道。

网络可能会把一切约束精神给松散掉，若没有约束精神，我们还会不会是一个主洪流滚滚向前进？大家唱《中国男儿》，别人很震惊，这个时代还有这么多人来唱这种歌。在我们公司，眼前还有几千个核心骨干的团结，从而团结带领了十五万员工。所以我们必然胜利。

2.我们要持续不懈地努力奋斗。乌龟精神被寓言赋予了持续努力的精神，华为的这种乌龟精神不能变，我也借用这种精神来说明华为人奋斗的理性。我们不需要热血沸腾，因为它不能点燃为基站供电。我们需要的是热烈而镇定的情绪，紧张而有秩序的工作，一切要以创造价值为基础。

我们要正视美国的强大，它先进的制度、灵活的机制、明确清晰的财产权、对个人权利的尊重与保障，这种良好的商业生态环境，吸引了全世界的优秀人才，从而推动亿万人才在美国土地上创新、挤压、井喷。硅谷那盏不灭的灯，仍然在光芒四射，美国并没落后，它仍然是我们学习的榜样，特斯拉不就是例子吗？我们追赶的艰难，绝不像喊口号那么容易。口号连篇，就是管理的浪费。徐直军说的潇洒走一回是指不怕失败，不怕牺牲，努力为发展而奋斗。任何工作，我们都要从创造价值来考核评价。

超宽带时代会不会是电子设备制造业的最后一场战争？我不知道别人怎么看，对我来说应该是。如果我们在超宽带时代失败，也就没有机会了。这次我在莫斯科给兄弟们讲，莫斯科城市是一个环一个环组成，最核心、最有钱的就是大环里，我们十几年来都没有打进莫斯科大环，那我们的超宽带单独在西伯利亚能振兴吗？如果我们不能在高价值区域抢占大数据流机会点，也许这个代表处最终会萎缩、边缘化。这个时代在重新构建分配原则，只有努力占领数据流的高价值区，才有生存点。我们已经打进东京、伦敦……相信最终也会打进莫斯科大环……

3. 自我批判是拯救公司最重要的行为。从"烧不死的鸟是凤凰"，"从泥坑里爬出的是圣人"，我们就开始了自我批判。正是这种自我纠正的行动，使公司这些年健康成长。

满足客户需求的技术创新和积极响应世界科学进步的不懈探索，以这两个车轮子，来推动着公司的进步。华为要通过自我否定，使用自我批判的工具，勇敢地去拥抱颠覆性创新，在充分发挥存量资产作用的基础上，也不要怕颠覆性创新砸了金饭碗。

我们的2012实验室，就是使用批判的武器，对自己、对今天、对明天批判，以及对批判的批判。他们不仅在研究适应颠覆性技术创新的道路，也在研究把今天技术延续性创新迎接明天的实现形式。在大数据流量上，我们要敢于抢占制高点，我们要创造出适应客户需求的高端产品。在中低端产品上，硬件要达到德国、日本消费品那样永不维修的水平，软件版本要通过网络升级。高端产品，我们还达不到绝对的稳定，一定要加强服务来弥补。

这个时代前进得太快了，若我们自满自足，只要停留三个月，就注定会从历史上被抹掉。正因为我们长期坚持自我批判不动摇，才活到了今天。今年，董事会成员都是架着大炮——《炮轰华为》，中高层干部都在发表《我们眼中的管理问题》，厚厚一大摞心得，每一篇的发表都是我亲自修改的。大家也可以在心声社区上发表批评，总会有部门会把存在的问题解决，公司会不断优化自己的。

二、价值观是组织的核心与灵魂。未来组织的结构一定要适应信息社会的发展，组织的目的是实现灵活机动的战略战术。

我们用了二十五年时间，在西方顾问的帮助下，经数千人力资源的职业经理与各级干部、专家的努力，我们基本建立了如胡厚崑所描述的金字塔式的人力资源模型，并推动公司成功达到 400 亿美金的销售规模。建立金字塔模型的数千优秀干部、专家是伟大的，应授予他们"人力资源英雄"的荣誉，没有他们的努力与成功，就不可能进行今天的金字塔改造。金字塔管理是适应过去机械化战争的，那时的火力配置射程较近，以及信息联络落后，所以必须千军万马上战场，贴身厮杀。塔顶的将军一挥手，塔底的坦克手将数千辆坦克开入战场，数万兵士冲锋去贴身厮杀，才能形成足够的火力。而现代战争，远程火力配置强大，是通过卫星、宽带、大数据，与导弹群组、飞机群、航母集群……来实现。战争是发生在电磁波中，呼唤这些炮火的不一定再是塔顶的将军，而是贴近前线的铁三角。千里之外的炮火支援，胜过千军万马的贴身厮杀。我们公司现在的铁三角，就是通过公司的平台，及时准确、有效地完成了一系列调节，调动了力量。今天我们的销售、交付、服务、财务，不都是这样远程支援的吗？前线铁三角，从概算、投标、交付、财务……不是孤立一人在作战，而是后方数百人在网络平台上给予支持。这就是胡厚崑所说的"班长的战争"。铁三角的领导，不光是有攻山头的勇气，而应胸怀全局、胸有战略，因此，才有"少将连长"的提法。为什么不叫少校？这只是一种形容词，故意夸大，让大家更注意这个问题，并不是真正的少将。谁能给你授少将军衔？除非你自己去买颗纽扣缝到衣领上，缝一颗算少将，缝两颗就是中将了。

1.要按价值贡献，拉升人才之间的差距，给火车头加满油，让列车跑得更快些及做功更多。践行价值观一定要有一群带头人。人才不是按管辖面来评价待遇体系，一定要按贡献和责任结果，以及他们在此基础上的奋斗精神。目前人力资源大方向政策已确定，下一步要允许对不同场景、不同环境、不同地区有不同的人力资源政策适当差异化。

我把"热力学第二定理"从自然科学引入到社会科学中来，意思就是要拉开差距，由数千中坚力量带动十五万人的队伍滚滚向前。我们要不断激活我们的队伍，防止"熵死"。我们绝不允许出现组织"黑洞"，这个黑洞就是惰怠，不能让它吞噬了我们的光和热，吞噬了活力。

2.我们将试点"少将连长"，按员工面对项目的价值与难度，以及已产生的价值与贡献，合理配置管理团队及专家团队。传统金字塔的最底层，过去级别最低，他们恰恰是我们面对CEO团队、面对复杂项目、面对极端困难突破的着力点……过去的配置恰恰是最软点着力。

我们是要让具有少将能力的人去做连长。支持"少将连长"存在的基础，是你那儿必须有盈利。我不知道在座各位是否有人愿意做雷锋少将，我是不支持的，雷锋是一种精神，但不能作为一种机制。我们要从有效益，能养高级别专家、干部的代表处开始改革，"优质资源向优质客户倾斜"。只有从优质客户赚到更多的钱，才能提高优质队伍的级别配置，否则哪来的钱呢？

3.内部人才市场、战略预备队的建设，是公司转换能力的一个重要方式，是以真战实备的方式，来建立后备队伍的。

内部人才市场，是寻找加西亚与奋斗者的地方，而不是落后者的摇篮。内部人才市场促进的流动，不仅让员工寻找自己最适合发挥能量的岗位，也是促进各部门主管改进管理的措施，流动就焕发出生命力。

公司要逐步通过重装旅、重大项目部、项目管理资源池这些战略预备队，来促进在项目运行中进行组织、人才、技术、管理方法及经验……的循环流动。从项目的实现中寻找更多的优秀干部、专家，来带领公司的循环进步。

要让人人明白希望在自己手里，努力终会有结果，是金子终会发光的。不埋怨，不怀念，努力前行。那些"胜则举杯相庆，败则拼死相救"的人，虽然记功碑写不上他什么，写得出成绩的是将军，写不出成绩的可能是未来的统帅，统帅是组织好千军万马。谁搞得清统帅内心的世界怎么成长的？无私就是博大。

三、灵活机动的战略战术，来源于严格、有序、简单的认真管理。

数据流量越来越大，公司也可能会越来越大。公司可以越来越大，管理绝不允许越来越复杂。

公司管控目标要逐步从中央集权式，转向让"听得见炮声的人来呼唤炮火"，让前方组织有责、有权，后方组织赋能及监管。这种组织模式，必须建立在一个有效的管理平台上，包括流程、数据、信息、权力……历经二十多年来的努力，在西方顾问的帮助下，华为已经构建了一个相对统一平台，对前方作战提供了指导和帮助。在此基础，再用五至十年的时间，逐步实现决策前移及行权支撑。

郭平说：我们的增长方式要从优先追求规模成长，转向效率、效益驱动。项目经营管理是我们的重要手段，也是各级管理者的基本技能。绩效管理是公司干部管理优化、业务变革的实现形式与支撑保障，对责任结果与绩效的理解，要从更宽泛、更长远来看问题。现在我们的考核指标已经改革，未来还会不断减少过程考核的指标，结果比过程更重要。我们要紧紧地把握财经管理变革的正确方向。财经管理对准的是价值创造，而不是价值分配。我们要继续坚持做厚客户及供应商界面，简化内部的核算和考核。

华为的管理进步，正如郭平说的，要立足在项目管理进步的基础上，要好好培养及选拔项目管理的八大员，建立起成熟的程序、庞大的优质管理队伍。我们要以战略预备队的方式，建立起项目管理的干部、专家资源池，要通过人员循环流动任职的方式，把先进的方法、高效的能力，传递到代表处去。要善于发现金种子，并让他们到各地去开花。这些变革都是各级组织发挥价值创造的机会，也是培养干部、识别干部的实践基地。

这些年在管理变革中，涌现出大批优秀人才，我们从选拔"蓝血十杰"开始，对他们实施表彰，以鼓励那些默默无闻做出贡献的人。郭平说要寻找"蓝血十杰"，我认为一定要找到，并授予他们光荣，而且逐级地评选鼓舞那些做出贡献的人。我们不仅要选拔未来优秀人才，也不要忘记历史功臣，才能让未来迈进的步伐更加坚定。新生力量取代我们，是历史规律，但过去为公司发展牺牲了青春、健康、生命的人，永远都要记住他们曾经为华为公司可持续发展奠定了基础。

我们一定要站在全局的高度来看待整体管理构架的进步，系统地、建设性地、简单地建筑一个有机连接的管理体系，要端到端地打通流程，避免孤立改革带来的壁垒。我们要坚持实事求是，坚持账实相符，不准说假话。我们要努力使内部作业数据在必要的职责分离约束下，尽可能地减少一跳，提高运营效率。

不单单是技术、市场上……要进步，我们要使管理严格、有序、简单，内部交易逐步电子化、信息化，基于透明的数据共同作业。我们要实现计划预算核算的闭环管理，以保障业务可持续发展，规避风险和敢于投资要平衡发展。

各级干部要互相知晓，财务干部要懂些业务，业务干部应知晓财务管理。有序开展财经和业务的干部互换及通融，财务要懂业务，业务也要懂财务，混凝土结构的作战组织，才能高效、及时、稳健地抓住机会点，在积极进攻中实现稳健经营的目标，使公司推行的 LTC、IFS 能真正发挥作用，通过闭环管理来完善干部的考核与选拔。

2002 年开干部大会是在 IT 泡沫破灭，华为濒于破产、信心低下的时候召开的，董事会强调在冬天里面改变格局，而且选择了鸡肋战略，在别人削减投资的领域，加大了投资，从后十几位追上来。那时世界处在困难时期，而华为处在困难的困难时期，没有那时的勇于转变，就没有今天。今天华为的转变是在条件好的情况下产生的，我们号召的是发展，以有效的发展为目标。我们应更有信心超越，超越一切艰难险阻，更重要的是超越自己。

从太平洋之东到大西洋之西，从北冰洋之北到南美南之南，从玻利维亚高原到死海的谷地，从无边无际的热带雨林到赤日炎炎的沙漠……离开家乡，远离亲人，为了让网络覆盖全球，数万中、外员工，奋斗在世界的每一个角落，只要有人的地方就有华为人的艰苦奋斗，我们肩负着为近三十亿人的通信服务，责任激励着我们，鼓舞着我们。

我们的道路多么宽广，我们的前程无比辉煌，我们献身这壮丽的事业，无比幸福，无比荣光。

REN ZHENG FEI

| 第 2 章 | 选干部，不是"疯子"不要 |

中国航母选的人都是"疯子"，不是"疯子"不要，选的就是那些终生热爱航母、具有献身精神的人员。不然干十年，你要转业，烧这么多油培养的经验全没用了。美国选航母舰长，一定要有"之"字形成长的。我们公司要加强制度建设，坚持从成功实践中选拔优秀干部，干部流动是为了形成一个有力的作战群，选拔优秀人才上战场。

干部要从基层中来

凡是没有基层管理经验，没有当过工人的，没有当过基层秘书和普通业务员的一律不能选拔为干部，哪怕是博士也不能。你的学历再高，如果你没有这些实践经历，公司就会对你横挑鼻子竖挑眼，你不可能蒙混过关。

——任正非

美国通用电器前任总裁杰克·韦尔奇说："挑选最好的人才是领导者最重要的职责。"这一观点得到了很多人的支持，但在任正非这里却得不到认可。任正非认为，华为的管理干部要坚持"从实践中来"的选拔原则。

在这个问题上，人们又看到了任正非对毛泽东思想的学习和坚持。中国共产党所坚持的就是"从群众中来，到群众中去"的群众路线。而任正非则强调，华为的管理者必须具备基层工作经验。他的出发点也很明确，只有从基层走出来的干部，才更加了解基层的员工和管理。为了实现这一目的，华为还经常将一些高层领导下放到基层去锻炼。因而今天的华为，几乎没有高层领导是直接升上去的，也没有外聘的所谓的"空降兵"。

在选拔干部这个问题上，任正非的思路始终非常清晰：

现在我们需要大量的干部，干部从哪里来？必须坚持从实践中来。

如果我们不坚持干部从实践中来，我们就一定会走向歧途。

在很多人看来，任正非的干部管理理念有失偏颇。企业需要优秀的管理人才，如果有具备条件的人选为什么不用呢？市场上的大部分企业也都是这么做的，他们不排斥接受优秀的管理人才进入企业的高层。但是，任正非在选拔干部时却不是这么考量的，他更看重的是确定一条适合华为的人才选拔战略。

是不是外来的"空降部队"就一定不好呢？很多公司的历史经验证明，"空降部队"也是好的，但是其数量绝对不能太大。问题在于我们能不能把这支"空降部队"消化掉。如果不能消化掉，我认为我们公司就没有希望。那么，我们现在有没有消化"空降部队"的能力呢？没有。因为我们每级干部的管理技能和水平实际上都是很差的。

华为不是没有用过"空降兵"，正是因为用过，才知道这样的用人理念不适合华为。当年，华为曾经聘用过从哈佛大学走出来的几名博士。实践证明，他们做的那套东西根本不适用于华为。在这个过程中，华为没有受益，而那几名博士也没有发挥什么作用。当然，任正非对此还是有比较客观的认识的。他知道，这并不是他们的错，他们都是非常优秀的人才，只能怪华为当时受到自身发展水平的限制，无法适应那些先进的管理模式。

另外，任正非也发现，对于发展中的企业来说，"空降兵"所带来的负面效应可能会远远大于他所带来的积极能量。

比如，对于一些经验丰富的管理者，他们的资历大多是在大公司打磨出来的，因而他们进行管理的过程中很可能会受到之前公司的企业文化或管理模式的影响，而这些都可能会减缓公司的内部执行力。

再比如，一些外聘的管理人员进入公司后，难免会受到急于求成的思维的控制。他们为了尽快做出成绩，很有可能会采取一些固有的工作流程和方法，从而忽视了员工的适应性的问题。

另外，必然会出现的一个问题就是员工们对"空降兵"的抵触。当企业需要人才时，员工们所期待的是上层管理者们对他们的考虑，而不是聘用一个外人来管理他们。面对这样一个人，他们的第一个想法就是不服气，其次便是他们的企业归属感受到影响。这一切所造成的最坏的结果便是员工的忠诚度降低，从而妨碍企业的发展。

从这些方面来看的话，任正非所坚持的人才内部晋升就很容易理解了。一方面，选拔的干部必须熟悉并接受公司的企业文化，同时要充分了解员工；另一方面，选拔上来的干部是要管理员工的，因而还要考虑员工是否能够接受。

我们确定的干部路线就是从我们自己的队伍中尽快产生干部，就是要在实践中培养和选拔干部，要通过"小改进、大奖励"来提升干部的素质。当你看到自己的本领提升，对你一生都有巨大意义，你才知道奖金是轻飘飘的了，另外，你才知道你后头的人生命运才是最关键的。

为了有效实现干部的培养和选拔策略，华为为员工提供了双通道发展模式，让每个员工都至少拥有两条职业发展通道。

例如，华为的技术人员获得二级技术资格认定后，可依据自己的特长和意愿选择未来的发展道路。他可以选择进入管理阶层，也可以选择继续在技术部门发展。如果员工的管理能力相对欠缺的话，他可以在技术研究上继续深入，而一旦成了资深技术专家，他同样可以享受副总裁级别的待遇和地位。

这样的员工发展规划既可以留住人才，也可以挖掘人才。内部晋升既是对员工的鼓励，也是为公司的未来创造希望。

很多人猜测：任正非坚持内部晋升会不会在管理上形成故步自封的态势？不会。任正非虽然不外聘管理人才，但他一直积极主张学习其他企业及国外的先进管理方法和人才任用机制，将其运用到华为的管理实践中。众所周知，华为请 Tower 公司做过顾问，也一直积极地向 IBM 公司学习，那些先进的理念改良之后就形成了具有华为特色的干部管理制度。

"片联"成立，开创干部流动新局面

> 三个人拿四个人的钱，干五个人的活，就是我们未来的期望。这样改变以后，华为将一枝独秀。
>
> ——任正非

2013年6月，任正非在华为的"片联"开工会上进行了讲话，正式宣布"片联"成立。

所谓"片联"，即指片区联席会议，是代表华为公司协调、监督权力以及干部管理的特派员机构，是全球区域战略制定的组织者和执行的监督者，也是区域平台建设与组织运营的管理者。

会议上，任正非的讲话主要是围绕着干部的议题而展开，特别强调了干部的流动性以及"片联"之于干部流动性的意义。

在华为，"片联"的存在主要是为了推动干部的循环流动，以及加强干部的成长。任正非认为，人才的不流动主要受地方主义，部门利益的限制，很容易形成板结的问题。而各个部门之间相互不了解的话往往很难形成有效的配合，这样也会成为公司发展的障碍。而"片联"在协调各部门之间起着非常重要的作用。

关于干部流动性的问题，在华为并不是一个新鲜的话题。从早期开始，华为就实行干部轮岗制，即是针对人才流动的问题而采取的一项具体措施。为了让管理者们在实践中增长才干，培养优秀的干部，任正非主张高层领导下放到基层锻炼，并实施干部轮岗制。

在华为，轮值换岗的最典型的例子便是执行副总裁毛生江。毛生江1992年进入华为，2000年便任职执行副总裁，在这八年的时间里，他的工作岗位横跨了八个部门，进行了八次职位调动，先后担任了项目组经理、开发部副经理、副总工程师、生产部总经理、市场部代总裁、终端事业部总经理、"华为通信"副总裁、山东代表处代表、山东华为总经理等职务。

华为的主管大多都有轮岗的经历，他们经常要调换部门或工作地点。他们调职的原因也很有意思，业绩不佳要调，业绩太好也要调，甚至在没有明确缘由的情况下还要调。

其实，华为的轮岗理念最早是由其前副总裁李一男提出的，他建议任正非实行高层领导一年一换的制度。他指出，这样可以减少形成个人权力圈的情况，能够促进公司整体的平衡发展。

任正非对这一提议非常赞同，并在华为积极地推广开了。不过，任正非更希望这一举措可以有效地增进管理者各项管理经验的积累，并促进部门之间合作以及各流程之间的协调，从而达到激活团队的作用。任正非强调：

我们对中高级主管实行职务轮换政策。没有周边工作经验的人，不能担任部门主管。没有基层工作经验的人，不能担任科级以上干部。我们对基层主管、专业人员和操作人员实行岗位相对固定的政策，提倡"爱一行，干一行；干一行，专一行"。

华为的干部轮换有两种方式，一种是岗位轮换，一种是业务轮换。岗位轮换即指中高级干部的职务变动，主要实现管理技巧的交流、学习和传播，同时也能有效地促进干部的成长。业务轮换相对来说难度大一些，但却十分必要，对企业的发展也起着至关重要的作用。

比如，让研发人员去市场部体验，或者到生产或服务部门工作一段时间。在任正非看来，只有让研发人员去了解客户的真正需求，或者让他真正理解了商品的含义，他才能研发出更加迎合于客户和市场的产品。如此，他才有可能成为资深技术人员，才可能成为专家。

早期，华为动员了公司内两百多个硕士到售后服务部门去锻炼。为了鼓励他们积极参与，华为承诺，跨世纪的网络营销专家、技术专家都会从到现场的工程师中选拔，并在薪资中给予优厚的待遇。一年后，这些人被安排到了各种岗位，也有人直接留下做维修。有了实践经验，他们在各个岗位上都能应对自如，进步也十分明显。

在华为，岗位的调动可以是横向的，也可以是纵向的，更可以是上下的。不管是哪一种，都能有效地发挥其效能。

任正非虽然主张内生干部，但在干部的调动上，他还是比较看重优秀干部的带动作用。他曾指出：

现在还有30%的小国是亏损的，你们看70%盈利的小国，能否把30%的亏损小国带起来，优秀的人员可否把他调到亏损小国当头去？先把这30%的小国扭亏，干部横向调整就可以做起来，我们就能尽快把优秀干部调整到合适的岗位上去。

任正非的设想都是好的，他也在积极地去做、去实施，但是一些弊端还是难以避免的，就像前面提到的人才流动的局限性。比如部门之间的利益考量，有的部门想要优秀的干部，但有的部门不给，这就是一个冲突所在。所以，华为发展到今天，任正非再次将干部的流动作为一个重点的议题提了出来，并成立"片联"加以辅助。

"片联"的成立对华为的组织发展管理有着重大意义，很多人对其寄予厚望。不过，任正非很清楚，这一组织才刚刚成立，在感觉上和定位上都还不十分清晰，因而还要一边做一边完善。也有人担心：这一组织尚不成熟，是否会影响到公司的运作和管理？不会。它的存在虽然是为了更好地激活流程，使流程的运作更加流畅，但它是处在流程之外的，因而即便不成熟也不会造成不良影响。对此，任正非还特意强调："我这个人从来不追求完美，先存在，后完美！"

其实，一个公司的任何一个部门随时都需要新能量、新思维，如果能够有一个组织来协调并促进各部门之间的人才流动的话，公司的发展是可以得到保障的，前途必将一片光明。

没犯过错的干部未必是好干部

> 他说他也没有犯错啊，没犯错就可以当干部吗？有些人没犯过一次错误，因为他一件事情都没做。而有些人在工作中犯了一些错误，但他管理的部门人均效益提升很大，我认为这种干部就要用。对既没犯过错误，又没有改进的干部可以就地免职。
>
> ——任正非

1996 年 1 月，华为内部发生了一件"惊天动地"的大事件——市场部上至主要领导，下至区域办事处主任的干部集体辞职。

这一年春节前夕，华为开始进行市场部整训活动，历时一个月左右。活动开始前，公司要求所有市场部正职干部，包括各办事处的主任，每人提交两份报告。一份是述职报告，包括对当年的工作的总结和检讨以及下一年的工作计划；另一份是辞职报告，即辞去他们现在所担任的职务。公司会对这两份报告进行审查，并根据个人表现和潜力以及对公司未来市场发展的考量，批准其中一份。

没错，这其实就是一次竞聘考核。在这次活动中，大约 30% 的干部都被替换下来了。对于市场部来说，这是一次重大的干部改革运动，但任正非的用意并不是真的要谁"下岗"，其中有着更加深远的意义。

有人认为这一做法不公平，这些干部至少都为华为奋斗了几年的时间，现在却"赶"他们下来，似乎有些不妥当。然而，激烈竞争的背后，体现的恰恰是一种公平。任正非就是想要通过这种"集体辞职"的方法，让大家先全部"归零"，然后站在同一起跑线上公平竞争，这个机会对每个人来说都是均等的。真有能力的人根本不必担心竞聘失败，下了还能上。任正非坚信，烧不死的鸟才是凤凰。

从 1998 年开始，华为每年都会请 HAY（全球性的管理咨询公司）对其人力资源管理的改进进行审计，发现其中的问题。然后，华为会根据这些问题采取有针对性的解决方案。

不得不承认，华为如今能拥有这样一支出色的、真诚为客户服务的员工和干部队伍，与其多年来在人力资源管理上不断做出的改进有着莫大的关系。因而，华为对管理人员的任用十分重视。

人们往往把素质、能力、学历等混淆在一起，甚至认为它们是等同的。有人将素质理解为认知能力，看到一个人的硕士、博士学历就认为他可用，但认知能力并不能视为唯一的衡量标准。如果不能产生价值的话，那么，那些能够证明一个人认知能力的学位、学历证书就是一堆废柴，没有任何作用。

所以，任正非不看重那些表面上的"素质"。他强调的是品德和工作能力，他看的是表现和结果。因而，华为选拔干部时，总是挑选那些品德好、责任结果好、有领导才能的人。

那些责任结果不好、素质很好的人也不行。在任正非看来，这些人担任部门的一把手极有可能会制造繁荣假象，不懂得管理就担不起部门的责任，一个项目结果都出不来，这样的团队必然没有作为。通常这类人会被送到基层，通过普通岗位的具体工作，来实现素质和能力以及责任结果的转变。也就是说，即便一个人再有能力，他也要先到基层、到实践中去拿结果来证明自己。"实践是检验真理的标准"，这一直是任正非强调的准则。那么，对于那些责任结果不好、素质也不高的干部，必然是要清退的。

另外，选拔干部还要注重人的大节。对于那些不奋斗、怕吃苦，又小富则安的人，华为也是不予考虑的。

任何公司都不乏目光短浅的人，赚到一些钱之后就想着过怎样安定的生活。这种没有志向的人若是被选为干部，整个团队的状态可想而知，缺乏斗志是一定的。叫苦连天的干部也要不得，真正的领导者必须做到出现问题后，在第一时间思考解决办法，而不是向上级领导抱怨。否则，这样的干部用来做什么呢？

干部的考察也是选拔流程的重点，标准已经设定出来了，关键还要看考察的结果。华为在考察干部时，会要求组织要看到干部的长远性，即综合考虑，而不是抓住对方的缺点不放。华为对有缺点或犯过错的员工还是比较宽容的，都会给予他们改正的机会。

以前我们要求完美，对有缺点的干部不谅解。现在，缺点归缺点，成绩归成绩，不因你做出成绩就原谅缺点，但也不因你有缺点就不选拔。年初我们公布了干部八条，准备七八月份再签发。先让一层层的干部讨论，用八个月的缓冲时间让大家学习这八条，改正你存在的问题。公司这么多年，这么多烂合同就是干部培训费，为一瓶酒一包烟，把你换掉，不值得；但不换掉你，后面还会依法仿效，也不合适。你现在就把问题改掉，以后有人对你有意见，我们就说是历史问题，用历史方法处理。

当然了，华为并不是对干部所犯的任何错误都能予以宽大处理。在任正非看来，有些错误是不能姑息的，比如赌博。华为坚决不允许自己的员工参与赌博，干部更是如此，一经发现，必定严肃处理。

除此之外，任正非还明确指出："干部要严格控制自己的欲望，要看长远利益，不要看蝇头小利。"

华为公司自建立起，就要求干部要严格自律，防止干部腐化、自私和得过且过。任正非想要强调的便是，要避免欲望所带来的贪婪、腐败等现象。

我们必须廉洁正气，奋发图强，励精图治，带领公司冲过未来征程上的暗礁险滩。我们绝不允许"上梁不正下梁歪"，绝不允许"堡垒从内部攻破"。我们将坚决履行承诺，并接受公司监事会和全体员工的监督。

干部无论大小，都会对整个队伍产生重要的影响。因而，什么样的干部可用，什么样的干部不可用，企业必须有一个清晰明确的标准。

CEO 也轮值，究竟谁来"接班"

将日常经营决策的权力进一步下放，以推动扩张的合理进行。这比将公司的"成功系于一个人，败也是这一个人"的制度要好。每个轮值 CEO 在轮值期间奋力地拉车，牵引公司前进。他走偏了，下一轮的轮值 CEO 会及时去纠正航向，使大船能早一些拨正船头。

——任正非

近几年，华为"接班人"一直备受世人关注。"华为基本法"有明确规定：华为公司的接班人是在集体奋斗中从员工和各级干部中自然产生的领袖。但是，2011 年任正非的女儿孟晚舟进入华为董事会后，事情就变得颇受争议了。

在中国这个传统的民族，接近 90% 的民营公司都无法摆脱家族企业的命运，这些家族企业的创始人都希望自己的子女可以继承自己的事业。而与中国大多数企业家一样，任正非也被深深地打上了创始人的烙印。但是，任正非并不打算搞家族继承，他所期待的华为是能够实现去家族化的企业。

事实上，早在华为刚刚度过初创期的艰难时，任正非就已经开始考虑接班人的问题了。接班人的问题第一次被正式提出时，任正非刚过 50 岁，不过，他当时考虑的还不完全是自己的接班人。

接班人的问题是以"制度建设副产品"的形式出现的，目的是增强企业竞争力，建立一个让能力和价值观可以完整复制，人力资本不断增值的覆盖整个公司人力资源体系的接班人制度，这也是后期的"群体接班"思想产生的基础。

任正非明确表示，在华为，任何一个员工都可能成为接班人。当时，任正非提出这一制度理念，是希望通过群体成长的方式，让华为摆脱对个别人的依赖，特别是他本人。"华为基本法"中关于接班人的问题做出了明确规定，其初衷是要广泛地培养接班人，从而实现个人到组织的超越。

华为副董事长徐直军曾说过："华为对未来的安排，肯定不是像你们想象的那样，肯定不会找一个接班人来接班，更不会是任正非的亲属接班。任总从一开始创立这个公司，就是这个想法，一直以任人唯贤来选拔干部。我们从一开始构筑的就是现代企业制度，有治理架构，有持股员工代表会，有董事会，还有经营管理团队。"

"接班人"是每一个企业必然要面临的问题，而任正非的想法也并不算首开先河。想当年，联想创始人柳传志才 57 岁的时候就退居幕后了，将权杖交给了 38 岁的杨元庆，实现了最高权力的"接班"。

相比之下，任正非至今还未有一个明确的继承人选。但是，华为的"群体接班"的思想还是比较确定的，EMT 的建立及轮值 CEO 制度的推行就是最好的明证。

后来，华为创建了"经营管理团队"这一集体决策机制，即为人们所说的 EMT。EMT 在华为拥有最高决策权，最初由包括总裁任正非和董事长孙亚芳在内的八位管理层人员轮流担任 EMT 主席，每人轮值半年。对于华为为什么会成立这样一个机制，还通过轮值的方式运作，任正非给出了答案：

大约 2004 年，美国顾问公司帮助我们设计公司组织结构时，认为我们还没有中枢机构，不可思议。而且高层只是空任命，也不运作，提出来要建立 EMT，我不愿做 EMT 的主席，就开始了轮值主席制度，由八位领导轮流执政，每人半年，经过两个循环，演变到今年的轮值 CEO 制度。也许是这种无意中的轮值制度，平衡了公司各方面的矛盾，使公司得以均衡成长。

任正非认为，轮值的好处在于，每个轮值者在一段时间内担任公司 CEO，不仅要处理公司的日常事务，还要担起为高层会议起草文件的职责，这对他们来说是一个难能可贵的锻炼机会。轮值期间，他需要得到别人对他决议的拥护，这样他就不得不将眼界放到公司的全局利益，而不是局限在他管辖的部门。不得不说，这一举措对以后各部门之间的协作有着重要意义。

经历了八年轮值后，在新董事会选举中，他们多数被选上。我们又开始了在董事会领导下的轮值 CEO 制度，他们在轮值期间是公司最高的行政首长。他们更多的是着眼公司的战略，着眼制度建设。

2012 年 3 月，任正非发表了题为《董事会领导下的 CEO 轮值制度辨》一文，轮值 CEO 制度在华为被正式确立。

CEO 轮值制度的推行，在全球的企业管理模式中都比较少见。而它能否获得成功，就连任正非本人也无从知晓。不过，任正非始终认为，企业轮岗制度只要设计完善、操作合理，它的优势总会打过劣势，发挥明显的作用，特别是在培养人才、激励人才以及留住人才等方面的作用会非常突出。同时，对于员工职业转型及职业生涯的飞跃式发展，这一制度也能发挥重要的作用。更重要的是，企业的核心竞争力也会随着这一制度的推行而大大提高。

徐直军在接受记者采访时明确表示："华为未来不会是任总的亲属接

班。华为的交接班是文化的交接班、制度的交接班，这些年一直在进行着，从没有停歇过。社会上的猜测，是不理解，以为人传人。美国为什么走马灯似的换 CEO，并没有影响多少公司的运行，为什么？不就是文化、制度、流程嘛！我们已经学了十几年了，学的时候不就是开始交接班了嘛！这些年，公司上来很多学习好、实践好的人，制度化的交接班一直在进行。从目前来看，华为的接班人不是没有，也不是少了，而是多了。"

延伸阅读

小改进，大奖励

——在公司品管圈活动成果汇报暨颁奖会上的讲话

我们追求持续不断、孜孜不倦、一点一滴的改进，促使管理的不断改良。只有在不断改良的基础上，我们才会离发达国家著名公司的先进管理越来越近。

我们坚定不移地推行绩效改进的考评体系，坚决实行减人增效涨工资的政策。随着我们的发展，工作总量越来越大，但人员的增长要低于产值与利润的增长。每一道工序，每一个流程，都要在努力提高质量的前提下，提高效益，否则难以维持现行工资不下降。

我们要尊重那些踏踏实实、认真努力、恪守职责，并不断改进自己工作的老员工，要给予他们多一些的培训机会。他们是我们事业的基础，要帮助他们进行工作适应性调整，使他们在合乎自己能力的岗位上，发挥作用，通过不断改进本职工作，来提升自己的待遇。要干一行，爱一行，专一行。

对于一些具体的操作岗位，绩效改进在经过一段时间后，改进会越来越困难，如财务的账务体系、生产的一些流程……那么我们就推行岗位职责工资制——定岗、定员、定待遇，从他们的责任心、负责精神、服务意识中进行晋升。

我们要创造更多的机会，给那些严于律己，宽以待人，对工作高度投入，追求不懈改进，时而还会犯小错误和不善于原谅自己的员工。只有高度的投入，高度的敬业，才会看破"红尘"，找到改进的机会，才能找到自身的发展。敢于坚持真理，敢于讲真话，敢于自我批判，在没有深刻认识事物的时候不乱发言，不哗众取宠的员工是我们事业的希望。每一个员工都要立足本职，有所作为。那些一心想做大事而本职工作做不好的员工要下岗。

高中级干部要加强自己的管理技能训练，提高自己的业务素质，赶上时代的需要。经历了十年创业，高中级干部总的来说是好的，具有高度的责任心与事业心，也勇于自我批判，自我约束。由于历史的原因，把你们推到了领导岗位，并不意味着具备了必需的才干。但你们对公司的忠诚，对工作的敬业，都是你们提高技能后继续担负领导工作的重要基础，公司信任你们，你必须努力学习。公司的迅猛发展，你在管理技能上已出现差距，要下决心努力学习赶上来。

同时也要看到，由于公司发展快，在选拔干部时来不及认真地考核，也缺乏足够的时间检验，把一些不合适的人推上了岗位。单纯看学历，看他的讲用，就匆匆忙忙地提拔了他们。这部分人，一方面应该利用已获得的机会，努力改造自己，提升自己，高度地投入工作，高度地负责任，使自己适应下来；另一方面不是消极等待下岗，而应积极调整心态，接受组织的考验，努力争取到最需要、最适合自己的岗位上去工作。为共同的事业献出毕生精力。各级干部部门，要提高自己的管理水平，改善选拔干部的手段，对不适应的干部加以关怀，不歧视任何员工，推动干部进步的工作。

公司自从实行群众性的、自发但有组织改进活动以来，处处都在进步。这种春雨润物细无声的风气，正在成为华为人的一种修养与文化。它昭示着，明天会从这些小活动中，冒出一大批优秀的管理者。我们为之兴奋。

各个部门都要向研发、中试部门学习，他们十分认真对待客户的批评，全体听录音、讨论、整改。"闻过则改"，认真听取批评意见，不断地自我批判，不断地改进，使自己变得更优秀。

公司将继续狠抓管理进步，提高服务意识。建立以客户价值观为导向的宏观工作计划，各部门均以客户满意度为部门工作的度量衡，无论直接的、间接的客户满意度都激励、鞭策着我们改进。下游就是上游的客户，事事、时时都有客户满意度对你进行监督。

在基本法的序言《要从必然王国，走向自由王国》一文中，我有一个重要的命题。一个企业能长治久安的关键，是它的核心价值观被接班人确认，接班人又具有自我批判的能力。希望全体员工共勉这一句话。千千万万的员工都会成为各级岗位的接班人。群体性的接班是我们事业持续发展的保障。希望你们在各自的岗位上，通过批判与自我批判，不断地净化自己，使自己成为一个优秀的人。

第 3 章　市场不会等待人才的成长

　　华为公司都是三流人才，我是四流人才。一流人才出国，二流人才进政府机关、跨国企业，三流、四流的人才进华为。只要三流人才团结合作，就会胜过一流人才，不是说三个臭皮匠顶一个诸葛亮吗？

走出军队，走出国企，走进社会

> 时光不能倒流，如果人能够从 80 岁开始倒过来活的话，人生一定会更加精彩。
>
> ——任正非

每每提到华为，人们自然会想到任正非。作为一家电信企业，华为已经成为欧美巨头闻风丧胆的业界引领者；而作为一位企业管理者，任正非亦是备受瞩目的最具影响力的企业家之一。然而，与多数人一样，他的成功之路并非坦途。

1982 年，对于任正非来说是有着特别的意义。这一年，他结束了自己 14 年的军旅生涯，开始走向不一样的人生。

这一年的 8 月，党中央国务院、中央军委颁布《关于撤销基建工程兵的决定》，随后中央军委便提出了《军队体制改革与精简整编方案》。这两项文件的出台，被后来人视为八十年代百万大裁军的先声。按照国家的整编方案，基建工程兵部队被取缔，变更为中建总公司各个工程局。从某种意义上来说，这次整编属于集体转业。而任正非的兵种正是基建工程兵，于是已是副团级干部的他不得不面临一个选择。

国家的裁军决定让很多人都陷入了迷茫，任正非更是如此。大学毕业后，任正非就一直待在部队，这么多年过去了，他早已习惯了军队生活。虽然部队的生活也很艰苦，而且十分单调，但并没有生存压力，也不用为了生计而犯愁。更重要的是，他舍不得离开军队。

相对来说，任正非的情况是比较特殊的，他是部队里的技术骨干，部队当然也希望能够留住人才，因而领导打算把他分配到一个军事科研基地。不过在做出决定前，任正非可以按照惯例到被安排的基地参观，参观后可以自由选择去留。另外，此行还可以携带家属。多年来，任正非一直与家人两地分居。不管怎样，这次机会倒意外地让他们一家人聚在了一起。

任正非把两个孩子也带到了基地，新的环境对他们来说充满了新奇，但两个孩子的心态却大不相同。儿子还小，只觉得周围的山很好玩，于是撒了欢地到处乱跑。而看着这里的环境，女儿却说道："爸爸，这地方好荒凉啊。"女儿轻描淡写的一句话，却重重地打在了任正非的心上。

对待女儿和儿子，任正非一直觉得有亏欠。他在部队一待就是十几年，没给孩子多少父爱。如今听到女儿这样说，他的心里更不好受。虽然不愿离开军队，但在艰难的抉择中，亲情还是占了上风。任正非最终放弃了部队的安排，决定转业到地方。任正非的这一选择不单单是告别了他热爱的军队，更是割舍了他十几年的生活方式。

1979 年 4 月，邓小平在中央工作会议上讲道："还是办经济特区好，过去陕甘宁就是特区。中央没钱，你们自己去搞，争取杀出一条血路来。"

没错，南海边的"那个圈"就这样诞生了。当时还是一个小镇的深圳成为了我国建设的第一个经济特区，一时间便成了全国瞩目的焦点。任正非新的人生也被定位在了这里，从此开始了人生的另一段征程。

面对这座新兴的城市，除了陌生，任正非还感到非常兴奋。他虽然还没有完全适应过来，但不同于部队的花团锦簇的外部世界，一下子便激发出了他的雄心壮志。虽然才刚刚来到这里，但他有自信可以在这里闯出一片天地。

任正非的夫人先进入了深圳的南油集团工作，随后他自己也到了这里。据说，在南油集团工作期间，任正非曾主动提出，请求南油老总将其旗下的一家公司交给他打理，他为此还写下了"军令状"。结果可想而知，老板自然不会同意。

与此同时，任正非开始注意到市场上出现的一种高科技产品，即数字式程控电话交换机。更准确地说，任正非注意到的是市场上那种强烈变化着的经济趋势。

1876年，世界上的第一部电话在美国的贝尔实验室诞生了。电话的核心设备就是交换机。也就是说，有了这个交换机，电话才能打通。1965年，世界上第一部计算机控制的电话交换机——程控交换机，也在美国问世了。这一技术的发展进步成了电话产品研发的一个重大突破。

20世纪80年代中期，国内电话的普及率还不到0.5%，而原有的固定电话网设备，即传统的步进制、纵横制等均面临淘汰，于是开始引进数字程控交换机。这个时期的中国，正在大兴土木搞建设，对电话的需求也在大幅增加。特别是，生意人对电话的需求量尤其大。不过，中国此时还没有掌握这一项技术，不能生产程控交换机。

西方对中国技术出口的限制也非常明显，因而要想将先进的技术引入国内十分困难。不过，各国生产程控交换机的厂商均看到了中国市场所蕴含的巨大商机。因此，中国通信领域还陷入了"七国八制"的局面。当时在国内，省级和县级的电信局都具有采购权，而且大部分国外产品都享有政府贷款的政策，因而网络设备一旦建设起来，就可以立即投入使用。另外，当时的一种说法是"买机器就可以出国考察"，电信部门自然不会放过这个契机，纷纷引入了不同国家地区的电信产品，一时间造成了混乱的局面。于是，中国通信史上非常有名的"七国八制"就这样出现了，即引进的产品包括日本NEC和富士通、美国朗讯、加拿大北电、瑞典爱立信、德国西门子、比利时贝尔和法国阿尔卡特等七个国家的八家产品。来自不同国家和制式的交换机互不相通，还一度造成了中国通信市场的混乱。

外国引进的设备，价格都极其昂贵。欧美厂商提供的报价是每线300～400美元，哪怕是相对要便宜一些的日本，每线也需要180美元。很显然，这些跨国企业就是看准了中国缺乏技术，从而形成了技术上的垄断，也才敢如此漫天要价。那时，在中国一部电话的初装费就要5000元（后逐渐降到3000元、2000元以下），这在当时来讲，也是一笔不小的数目。而且装个电话还要排队，甚至要等上几个月到一年的时间。

国内市场不断地被过量进口、低价倾销和走私进口的交换机冲击着，大大影响了国内企业的生产运作，而国内原有的纵横制交换机技术产业的发展自然也受到了阻碍。正所谓"肥水不流外人田"，中国人当然不希望自己的市场全部都被外国企业占领了，但技术这一项就成了最大的阻碍。

任正非也意识到了这一点，同时也对国外形形色色的交换机充斥国内市场的现状感到不满。在他看来，商机应该掌握在自己人的手里，国有企业应该在这一市场上有所投入，并在这个领域里充分发挥作用。技术兵出身的他当然知道产业技术的重要性，而这一领域也深深激发了他的兴趣。于是，他向公司递交意见，研究数字程控交换机，并申请成立研发小组。

任正非成功地说服了领导，公司也拨了款项投入数字程控机的研发，任正非也积极地投入到了研究的热潮中。一年的时间过去了，公司为此消耗了100万的资金却没有见到任何成果。任正非再次提出申请，请求公司再给一年的时间进行研究，同时将研究经费追加到了200万。然而，一年的时间再次过去后，等待任正非的依然是失败。最后，任正非辞职了。

在南油集团工作的这段时间，或许是任正非人生中最不顺利的阶段，无论是事业还是家庭，始终都处在不和谐的状态中。

对于军人出身的任正非，其最大优点是敢于打硬仗，啃硬骨头，吃苦耐劳，有着强烈的领导和服从意识。但在社会环境中，这些偏偏都是缺点。商品经济环境的不适应，只会抑制其个性的发展。在任正非身上出现的这些矛盾并不是个别的，而是一代人普遍要面对的问题。1982 年，国务院、中央军委曾调两万多名基建工程兵到深圳执行基建任务，目的是支援经济特区建设。次年，受到整编政策的影响，这些工程兵被集体转业，原有的工程部队也变成了地方国有建筑企业。这些建设者们脱下军装面对新的经济环境，都出现了不适应的症状，一度几乎无饭可吃。

如此看来，任正非走出国企就不那么难以理解了。在各种背景因素的影响下，这是一个必然的结果。而至此，任正非便正式踏入"江湖"，开始在市场经济的浪潮中闯荡。

创业只是"走投无路"的选择

市场已没有时间等待我们的成长。它不是母亲，没有耐心，也没有仁慈。

——任正非

对于任正非来说，如果离开军队算是初入社会的话，那么，从南油离开才使他真正融入社会。任正非虽然心有抱负，但初到深圳时并没有什么复杂的想法。于他而言，首要考虑的还是"生存"二字。而离开南油后，这也是他不得不面对的问题。

任正非在南油的交换机项目失败了，但他并没有因此而丧气，反而对电子产品产生了更浓厚的兴趣。于是，离开南油后，任正非就开始着手做电子产品贸易。然而，上天似乎总要给那些满腹热情的人一些打击。虽已人到中年，但任正非毕竟涉世不深，为人坦诚还轻信他人，因而上当受骗是在所难免的。

经历过种种的挫折之后，任正非决定自己创业。此时的他早已过了而立之年，本身就处于困顿之中，又没有任何家庭和政治背景可言，由此便可想象得出他所面临的困境。

创业必须有一个明确的方向，那么，到底要做什么呢？做产品？任正非一直在思考这个问题。没有明确的方向，就只能像一只没头的苍蝇一样，到处乱撞。不过，在误打误撞的情况下，任正非还是抓到了一些契机。

一次偶然的机会，一个朋友让任正非帮他卖些设备，而他的这个朋友正是做程控交换机的。那个时期，程控交换机刚进入中国市场不久，任正非对此也相当关注。

当时，很多人都在做程控交换机生意。他们从港台找到供货渠道，把各种各样的交换机弄进海关，然后转手倒卖，有的甚至还会做个加工，贴个标签什么的。早期，北京中关村的风云人物、华科公司老板许瑞洪就在这样的契机下大赚了一笔。他趁学生放暑假的时候在学校找到空教室，弄了一些进口的组件。之后他找来一帮学生，教他们插元件、做电焊，然后将这些组件组装成机器。成型的机器贴上"华科100"的标签后就进入了市场，他们连生产许可证都没有，却创造了供不应求的局面。

于是，在这样一个偶然的机会下，任正非也做起了代理程控交换机的生意。1987年9月，任正非和他人合伙投资21000元，在工商局以"民间科技企业"身份注册为集体企业，取名"华为"——华为通信技术有限公司，意为"中华有为"。最初，华为的企业性质是"集体所有制"，挂靠在深圳市科技局创业中心，这主要得益于当时特殊的政治条件和市场环境。而在这样的前提下，华为获得了很多便利。因为，当时办企业的限制还比较严格，很多经济领域都是私有企业不能涉足的。

1987年10月，华为就在深圳湾畔，一个杂草丛生的两间"简易房"里，正式落成了。不过，谁也不曾想到，如此落魄的一个小公司，会在几十年后成为一个世界级的大企业，甚至创造了通信制造业的奇迹。

当时的华为仅有14个员工，由任正非等6位发起人均分公司股权。公司主要经营小型程控交换机、火灾警报器、气浮仪开发生产以及有关的工程承包咨询等，而深圳当时至少有上百家这样的公司。不过，任正非却并未对此表现出过分的担忧，而是充满信心，甚至在华为诞生后不久，提出了"做一个世界级的、领先的电信设备提供商"的目标。那时，他逢人就讲：

十年之后，世界通信行业三分天下，华为将占一分。

华为成立的最初两年，公司虽然也有其他业务，但主要还是以代销香港的 HAX 交换机为主营业务。

处在那个时期的中国，商品短缺的现象十分严重，而交换机就是市场需求最大的商品之一。而"供不应求"正是当时中国电信市场的最真实的现状，在厂家外面，随时都能看到一些经销商或大型用户的采购人员在排队。当时，珠海的一家台资企业订购的交换机设备甚至排到了第二年。

华为通过代理交换机设备从差价上获取利润，经过几年的发展，便获得了第一桶金。但是，任正非并没有为此欢欣鼓舞。

当时，无论是大型局用机还是用户机，大多的通话网设备都来自国际上的跨国公司。很多人都深知通信产业潜在着巨大的商机，但同时他们也都非常清楚，这个行业也存在着巨大的风险。于是，很多商人都安于做代理，既没有大风险，又能获取较大的利润。然而，任正非对这样的现状并不满意。更确切的说法是，他不甘心。作为代理商，这种商业交易确实让他赚到了钱，但他却不想为他人"做嫁衣"。因为，获益最大的始终是那些外国人。任正非意识到，做代理是没有出头之日的。于是，他开始思考，要为自己、为华为、为国家找出一条可以发展的道路。

至此，任正非便确定了华为的发展方向，即钻研技术，自己做产品。于是，他们重新租用了一个仓库，专门用来搞研发。作为办公环境，这里甚至有些"惨不忍睹"。他们仓库的一头是用砖头垒起一面"墙"，借此隔出一些单间，员工吃住都在这里。里面还到处堆放着各种交换机配件，也有组装好的整机。

在这里，任正非和他的员工们开始了艰难的研发之路。硬件环境虽然简陋，但任正非和同事们充满了信心，准备在这陋室里大展拳脚。

无论成功与否，创业对人生都有着重要意义，是一次难得的磨炼。创业存在巨大的风险，而且过程充满了艰辛。它是对勇气的考验，亦是对意志的锤炼。因而，一般人不会贸然地做出这样的决定。

任正非本人也曾多次提起，他选择创业的时候正是无处就业之时，无奈之下才不得不创办华为。任正非虽然这样说，但他本人的野心和抱负肯定也在这个过程中起到了不小的作用。于是，他才在人到中年的时候做出创业的决定。虽然经历了千辛万苦，但华为最终所取得的辉煌成就，足以令人安慰。

没有人才增值就不会有资本增值

我们处在一个电子产品过剩的时代，而且会持续过剩，过剩的商品绝不会再卖高价。而制造这些复杂产品却需要更多的优秀人才，需要更多的人力成本。

——任正非

一个企业要谋发展、求成功，没有优秀的人才是不可能实现这一目标的。"得人才者得天下"，对于任何一个企业来说都一样，拥有人才并有效地任用他们，是在眼下激烈的市场竞争环境中取胜的关键。

不重视人才发展的企业终有一天会走向灭亡。而对于华为这样的高科技企业来说，人才更是企业生存和发展的攸关命脉。华为总裁任正非正是因为清楚地意识到了这一点，才把人才的优势发挥到了极致，甚至达到了其他企业无法企及的程度。

行业的竞争说到底是产品的竞争，而华为所处的是具有高科技含量的电子通讯产业，恰恰是产品竞争最激烈的行业。随着科技大发展时代的到来，产品同质化的现象日益严重，企业要寻求生路，就必须在产品上下功夫，只有更精、更优的好产品才能抓住市场。而这一切的前提是，企业要有掌握核心技术并能够研发出好产品的科研人才。

人才发挥智慧，体现在效益上。企业只要牢牢抓住人才这一优势，就有机会抢占市场制高点。所以，多年以来，华为一直坚持引进大量的优质人才，培养他们，锻炼他们，将每一项激励措施落实到了具体实践中。

华为公司十分重视对员工的培训工作，每年为此所付出的是巨大的。原因一是中国还未建立起发育良好的外部劳动力市场，不能完全依赖在市场上解决。二是中国的教育还未实现素质教育，刚大学毕业的学生上手的能力还很弱，需要培训。三是信息技术更替周期太快，老员工要不断地充电。

在很长的一段时间里，任正非都认为华为一无所有，只有依靠知识、技术和管理，在人的头脑中挖掘财富，那么，华为唯一可以依存的其实就是人。

任正非对人才的重视毋庸置疑，但这并不影响他所持的客观的看法，就是他更重视具有奋斗精神和无私品质的优秀员工。在任正非看来，这些人具备谦逊的品质，他们拿得起、放得下，更不会居功自傲，只有这些人才会在公司需要时，义无反顾地奔赴前线。

我们坚持人力资本的增值大于财务资本的增值。我们尊重知识，尊重人才，但不迁就人才。不管你有多大功劳，绝不会迁就。我们构筑的这种企业文化，推动着员工思想教育工作的进步。

从华为的国际化转型来看，人们会发现，华为所坚持的人才战略基本上与欧美的一些跨国公司保持一致。

首先，华为是在国内培养一些本土的国际化人才，然后将他们派往海外。比如，很早的时候，华为就开始向俄罗斯等国家外派人才。即使海外业务在很长的一段时间内都没能给华为创造利益，外派的人才计划也从来终止。

然后，等派遣出去的人才成熟后，华为就让他们来负责当地优秀人才引进和培养。华为的海外业务遍布广泛，不可能所有的人才都从国内输出，任用当地的人才是发展海外业务的必经之路。

接下来，华为需要做的就是逐步实现人才当地化、本土化，不断完善当地人才的选拔和培养机制。

最后，华为根据业务发展需求和管理需要，开始从外部引进适合本土的国际化人才。对于中意的人才，华为会将其送到深圳的全球总部进行培训，以便于将来更好地为华为服务。

在引进人才这方面，华为一直不遗余力地在做。以至于 2001 年后，国内电信市场的增长并没有预期中那么快，华为积压了大量的人才，只好将他们"储备"起来。

深圳一直流传着这样一个说法："去华为办事千万不要轻易提起你的学历，因为门口让你登记的门卫很可能就是硕士，公司里打扫卫生的可能就是一名本科生。"

这听起来像是一个笑话，其实在暗指华为的"人才浪费"。而"人才浪费"这一说法也遭到了社会和同行业的指责。对此，任正非不以为然，态度也十分明确：

社会上，包括一些世界著名公司，说华为浪费太大，但我们认为正是浪费造就了华为。当然，我们不能再犯同样的错误，再浪费下去。

中国人民大学教授彭剑锋认为，华为这种人力资本优先的意识即使在现在看来也是具有超前性的。新兴产业缺乏的就是成熟的人才，而华为恰好把握住了这个优势。

企业要培养适合自己的员工

> 培养员工从小事开始关心他人，要尊敬父母，帮助弟妹，对亲人负责。在此基础上关心他人，支持希望工程，寒门学子，烛光计划……平时关心同事，以及周围有困难的人。
>
> ——任正非

企业发展需要人才，这是做企业的人都能达成的共识，因而很多企业都十分重视优秀人才的引进。然而，落实到人才引进和培养的具体问题时，各企业之间还是表现出了很大差异。

有些企业的管理者在用人方面存在诸多担心，没有现成的人才却舍不得在挖掘及培养人才上投入太多，或不愿意给出好的待遇。说白了，他们其实就是怕吃亏。他们担心自己投入人力物力培养出的人，在成熟后会被其他公司以更好的待遇挖走。没错，商业领域内这样的事情数不胜数。可是，如果无法引进优秀的人才，自己又不愿去培养人才，那么，企业的发展将置于何地呢？

事实上，对于企业而言，最可靠的还是根据自己的需要培养人才。即便你通过挖脚得到了优秀的人才，他在文化理念与经营管理观念上的差异也还是需要处理。那么，一张白纸与所谓的"优秀人才"究竟存在多大的区别呢？

华为在这个问题上就表现得很有魄力。相对而言，任正非更愿意重用刚刚走出校门的毕业生。在他看来，他们不仅单纯执着、充满激情，而且不怕吃苦、肯牺牲，更重要的是他们对华为的信任。当然了，他们没有更多的经验，几乎就是"零"。不过，华为并不介意花费时间和精力去培养他们。而事实上华为也确实在这方面付出了相当大的投入。

在华为，每一批新员工都有专门的培训大队，其中还下设若干中队，由公司的高级管理人员甚至包括副总裁担任队长。华为对所有新员工都以同样的标准来要求，共同参加培训，以使这些员工能更快更好地适应公司严格的管理，并迅速成长为公司需要的优秀人才。

在培训期间，新员工不但要进行企业文化培训，还要接受包括军事训练、车间实习、操作技术、市场演习等几个部分的培训，培训期长达五个月。

华为培训新员工的第一步就是"文化洗脑"，即企业文化培训。关于文化的灌输，华为甚至教育新员工说："为了销售额的增长所做的一切事情都是正常的。"在这个问题上，不少人颇有微词，认为这样的培训方式有些极端。不过，华为通过这种方式对员工进行培训是有所考虑的。任正非认为，大部分员工都接受过高等教育，他们有自己的思想和见解。但同在一个企业工作，如果认识上达不成统一，那么员工很容易在工作中产生错误的导向以及管理上的矛盾。

华为的军事训练在业界内也颇具特色。新员工们每天早晨6点半要起来跑操，迟到者要扣分，不止如此，和他住在同一个宿舍的人也要扣分。华为之所以做出这样的规定，是为了培养员工的团队精神。

与其他企业有所区别，华为作为一个以技术为支撑的高科技企业，更需要员工之间的相互协作。因而，华为的员工必须坚持合作，走集体奋斗的道路，而不能出现各自为政、单兵作战的局面。这样个人的聪明才智才能够得到发挥，企业也才能够取得成就。事实上，任正非的出发点就是要培养员工具有在集体奋斗中实现自己价值的意识。

接下来，新员工要进行的是劳动生产实习，华为会根据不同的岗位设置不同的实习内容，时间大概在三周到四周。在此期间，员工除了学习，还有六次至七次的考试。按照规定，连续两次考试排名最后的员工要推迟到下一期学习。如果还是没能通过考试的话，那么，员工很有可能会被辞退。

劳动生产实习结束后，新员工先被派往华为的各办事处，主要目的是了解一线的销售情况，从而熟悉市场。然后，新员工就会被调往所在部门。

整个培训期下来，员工最深刻的体会恐怕就是那如炼狱般的生活。因而，华为的新员工培训也常常被称为"魔鬼训练"。但不可否认，培训的效果还是十分显著的，"华为人"三个字已经深深地印在他们的脑海中了。

对于这样的结果，任正非自然是满意的，他在《致新员工书》中说道：

实践改造了人，也造就了一代华为人。您想做专家吗？一律从工人做起，这已经在公司深入人心。进入公司一周以后，博士、硕士、学士，以及在内地取得的地位均消失，一切凭实际才干定位，已为公司绝大多数人接受，希望您接受命运的挑战，不屈不挠地前进，不惜碰得头破血流。不经磨难，何以成才。

华为的新员工正式开始工作后，就开始进入"一帮一"的训练模式。这就是华为非常有名的"全员导师制"，目的是使经验能够积累下来。任正非认为，最大的浪费是经验的浪费。

进入这个阶段后，华为会为每个新员工配一个老员工，作为其导师。在前三个月里，新员工的绩效由导师负责，与导师本人的工作绩效也是相牵连的。导师针对员工展开的培训，内容非常丰富，包括思想、技术、业务能力、生活等各个方面。导师和新员工之间要定期沟通，以使宝贵的经验和知识充分传播和扩散。

"导师制"的培训方式不止对新员工意义非凡，对老员工来说也同样获益良多。此法后来被普及到老员工，与公司的轮岗制度相结合。也就是说，在华为，无论处在什么位置上，只要在职一天，就都可能需要别人的指导。如此一来，华为任何一个人的培训都是不间断的。

任正非固有的军人作风造就了华为特有的管理培训模式，以至于华为培养出的人才后来在整个社会的人力资源市场都很抢手。任正非本人也强调：

华为不光为自己培养人才，还在为社会培养人才，这些员工到社会上后，也是社会的财富。

可见，任正非并不担心自己栽下的树，让别人乘了凉。正因为有这种无私的精神，华为才不至于陷入人才匮乏的境地。而从另一个侧面也可以反映出，社会对华为人才管理机制的认可和赞誉。

企业里的"丛林法则"

事实上我们公司也存在泡沫化，如果当年我们不去跟随泡沫当时就会死掉，跟随了泡沫未来可能也会死掉。我们消灭泡沫化的措施是什么？就是提高人均效益。

——任正非

TCL公司流传着这样一个故事：一群人向着远方的目的地前进，队伍走走停停，人们有说有笑，相处得十分融洽。可是，途中突然出现了狮子，在队伍的后面追赶着他们。每走过一段路，狮子就会吃掉队伍最后面的人。所有人的心里都充满了恐惧，他们也在不断挑战自己的潜能，一刻也不敢停歇。

这是一个"末位死亡"的故事，其实就是"适者生存"的"丛林法则"。很多企业中也存在着相似的"末位淘汰"的文化，华为就一直贯彻末位淘汰制，而且是很重要的一项用人制度。

任正非曾明确提出，华为的员工每年要保持5%的自然淘汰率。很多人也都曾对这一制度提出质疑。不光是企业，任何一个组织都必然存在落后者，但这些落后者之间是存在绝对和相对之分的。有人认为，对于那些相对的落后者而言，他们也很优秀，被淘汰是否可惜了？然而，这一制度的意义不止是完成优胜劣汰的使命，关键是它能够促进员工之间的竞争，帮助员工不断地提升自己的能力。

队伍不能闲下来，一闲下来就会生锈，就像不能打仗时才去建设队伍一样。不能因为现在合同少了，大家就坐在那里等合同，要用创造性的思维方式来加快发展。军队的方式是"一日生活制度、一日养成教育"，就是要通过平时的训练养成打仗的时候服从命令的习惯和纪律。如何在市场低潮期间培育出一支强劲的队伍来，这是市场系统一个很大的命题。要强化绩效考核管理，实行末位淘汰，裁掉后进员工，激活整个队伍。

华为虽然有着关于淘汰制度的明确规定，但在实施上也并不那么彻底。也难怪，华为自成立起就不断地在发展壮大，从十几个员工到十几万员工，吸纳的需求远比淘汰大得多。在华为的历史上，只有两次规模比较大的"淘汰运动"，还是在华为的早期。

第一次发生在1999年，当时是受中国移动和中国电信分拆的影响，华为因为损失了一部分订单而不得不在人力资本上节源，淘汰率达到了10%。第二次发生在2001～2003年的全球电信行业低迷期，华为一方面要减少招聘数量，一方面加大淘汰的力度，使淘汰率达到了3%～5%。

淘汰是为了更好地发展，不管是对个人还是对公司。任正非认为，实行末位淘汰既是对优秀员工的保护，也是对相对处于劣势员工的激励和培养。在华为，被淘汰的员工并没有都被解雇，他可以选择再培训，也可以进行"内部创业"，华为依然为他们搭建了一个不错的平台。任正非说过：

由于市场和产品已经发生了结构上的大改变，现在有一些人员已经不能适应这种改变了，我们要把一些人裁掉，换一批人。因此每一个员工都要调整自己，尽快适应公司的发展，使自己跟上公司的步伐，不被淘汰。只要你是一个很勤劳、认真负责的员工，我们都会想办法帮你调整工作岗位，不让你被辞退，我们还在尽可能的情况下保护你。但是我们认为这种保护的能力已经越来越弱了，虽然从华为公司总的形势来看还是好的，但入关的钟声已经敲响，再把公司当成天堂，我们根本就不可能活下去。因为没有人来保护我们在市场上是常胜将军。

末位淘汰并不只是针对员工，对干部也是一样的。任正非指出，淘汰制度有利于干部队伍的建设。在员工的监督下，干部会更有压力，但同时也会更好、更有效地行使权力。而干部之间的竞争，更会让他们将不断提升自己作为发展目标。这样一来，干部的能力和表现都会有所提升，从而更有效地促进公司的发展。

末位淘汰的核心是激发员工的危机感，目的是提高人均效益。如果你不能让自己变得更优秀，那么，你随时都有可能被淘汰出局。用竞争的艺术来鞭策员工，无疑是促进企业前进的一个强大推动力。

让员工快乐地工作

> 快乐的人生，无论处境多么困难，只要你想快乐一定会快乐。
>
> ——任正非

随着社会生活压力的增大，忧郁症已经成为一个普遍的社会问题，它也渐渐地成为了困扰企业的一个突出问题，发生在部分企业的员工跳楼事件足以为世人敲响警钟。

从2006年开始，有关"华为员工自杀与自残"、"患忧郁症和焦虑症的员工持续增多"等传闻就不断出现，而这些传闻也并非空穴来风。

华为领导者任正非本人也十分不解，伤痛之余也深感担忧。他在给华为党委的一封信中这样写道：

华为不断有员工自杀与自残，而且员工中患忧郁症、焦虑症的不断增多，令人十分担心。有什么办法可以让员工积极、开放、正派地面对人生？我思考再三，不得其解。

如果要评选中国最累的企业的话，华为必定入围，它的艰苦奋斗史足以证明这一点。华为能够发展壮大到今天，不是全凭机遇的眷顾，它所取得的每一份成就都是具有"狼性"的华为人凭借不屈不挠的意志攻打下来的。华为获取了利益，华为人也取得了成功，但不可否认，他们所背负的也是高于其他企业员工数倍的压力。这些压力如果不能得到及时的缓解，很容易造成心理上的不健康状态，甚至让人走上极端的道路。发生在华为的几起员工自杀事件就是最真实的写照。

为了回应社会上的各种传言，任正非写了一篇题为《要快乐地度过充满困难的一生》的文章。文章中尽是任正非想要传递给华为员工的正能量，他认为员工要摆正对待财富的态度，倡导他们学会调整心态，真正体会到工作与奋斗的乐趣。

任正非认为，抑郁、焦虑等问题表面上看是员工压力问题，可从深层次挖掘的话，它实际反映出的是华为员工在财富面前的自我束缚和近视思维。拥有财富本身是一件好事，它可以让人们更好地享受生活与工作，而不是为了这个目标去生活和工作，本末倒置必然会让人迷失方向。

于是，任正非给公司的管理层人员提出了要求：

（1）引导员工懂得高雅的文化与生活，积极、开放、正派地面对人生。人生苦短，不必自己折磨自己。不以物喜，不以己悲。同时也要牢记，唯有奋斗才会有益于社会。

（2）要因势利导，使他们明白奋斗的乐趣，人生的乐趣，不厌恶生活。华为有几位高管经常周末、深夜一大批人喝茶（务虚会），谈谈业务，谈谈未来，沟通沟通心里的想法，这种方法十分好。我们的主管不妨每月与自己的下属或周边人喝喝茶，明确传达一下自己对工作的理解和认识，使上下都明白如何去操作。不善于沟通的人，是难做好行政主管的。

当然了，乐观、豁达的心态不是说有就有的，但却是可以培养的。所以，任正非又给员工提出了明确的建议：

首先，员工不能成为金钱的奴隶。金钱可以在某种程度上衡量一个人的价值，但它一定不是人们应该追逐的奋斗目标。

其次，员工要承认差距的存在，并努力改变现状。差距是刺激人们前进的一个很有效的动力，但不能陷入盲目攀比的境地，而是通过提升自己来缩短这种差距。

最后，员工要懂得扬长避短，增强自信心。在一个充满竞争的集体里面，员工难免会担心自己被淘汰。所以，员工的忧虑往往来自对自己弱势的担忧。但是，人无完人，聪明的人善用自己的优势来增强自己的自信心，而不是只关注自己的缺点每天忧心忡忡。

对于任正非的观点和建议，很多人还是表示担忧：对于员工出现的这些问题，难道只靠他们自己去调节？

任正非所提出的只是一些心理调适的方法，他希望员工能够实现真正的自我解放，希望他们能够走出去，多参加活动。但是，他不主张以公司的名义以及组织的方式来安排员工，而是倡导员工自觉自愿参加活动，并且自己承担费用。任正非认为，只有这样才能真正达到自娱自乐的目的。

公司不予以任何补贴。凡是补贴的，只要不再补贴了，这项活动就死亡了。"青春之歌"是一个好的名字，一歌、二歌……五歌……各具特色，吸引不同性格与生活取向的人。其实就是各种俱乐部。员工在这些活动中，锻炼了自己，舒缓了压力，也进行了有效的沟通，消除自闭、自傲……只要这些活动不议论政治，不触犯法律，不违反道德规范，我们不去干预。一旦有违规，我们可以对有关员工免除其行政职务，以及辞退等方式来解决。总之释放员工的郁闷，应通过多种途径和管道来解决，靠组织是无能为力的。

另外，关于社会大众指责说在华为工作很辛苦，压力太大，任正非也明确表示，华为不会因此而放松标准。

在技术领域，在与西方的差距很大，技术基础底子很薄的情况下，华为走出了一条赢家之路。我们不比外国人更精明，靠什么打赢？只有更努力。

所以，华为不会放弃艰苦奋斗的文化理念，这是它存在至今的灵魂支柱。不过，任正非所做种种也充分表明，华为会给予员工更多的关注，特别是他们的心理。而通过对这些事件的反思，华为也有了新的目标，那就是让员工快乐地工作。

延伸阅读

员工素质攸关企业生死

我走过许多国家，考察过众多的工厂，无一不被员工的敬业精神所感动。我多次在员工教育会上进过，我们要赶超发达国家，就应向他们学习长处。公司近些年的发展迅猛，除了万门机进入世界一流水平，大量投产开局外，还在进行处理能力极强、中继容量数万门的智能网的SSCP点的研究。一旦成功，将担负起中心城市各种新业务的汇接。如果，我们的员工素质不高，培训不严，因经验不足，处理不当，造成全网瘫痪，这是多么可怕的局面。因此，从难从严，从实际出发，各级组织，加强员工培训，是一项长期的艰巨任务。

下面二则空难可以看出。韩国航空公司的班机降落时已经发生事故，几分钟后就发生爆炸。而在该机组空姐的疏导下，两分钟内全体人员撤离飞机。最后一名空姐检查完确认机上已无人，跳出机舱，这时飞机已陷入大火之中，旋际，连串的爆炸开始。

我国××航空公司的图154飞机，在××机场检修时，自动驾驶仪的偏航回路导线，被错接到倾斜控制系统上，而倾斜回路的导线被错接在偏航控制回路上。如果飞行前做一次严格的检查，如果飞行员训练有素，在塔台工作人员的指挥下，处理果断一些，160人的生命将会得以挽救。而命运之神一次一次被错过了。这是缺乏严格管理而导致的。

市场部去国外考察，他们报告，国外企业十分重视员工培训，他们将在一两年内，通过员工现场报告，将工作水平提高到国际水平。我十分高兴。希望每一个部门都认真对待这个问题。我们生存下去的唯一出路是提高质量，降低成本，改善服务。否则十分容易被外国垄断集团，一棒打垮。

REN ZHENG FEI

第 4 章　员工才是企业的主人

只有企业的员工真正认为自己是企业的主人，分权才有了基础，没有这样的基础，权力分下去就会乱。让有个人成就欲望者成为英雄，让有社会责任者（指员工对组织目标有强烈的责任心和使命感）成为领袖。基层不能没有英雄，没有英雄就没有动力。

去英雄化是职业化的必然选择

少年不知事的时期我们崇拜上李元霸、宇文成都这种盖世英雄，传播着张飞'杀'（争斗）岳飞的荒诞故事……当我走向社会，多少年后才知道，我碰到头破血流的，就是这种不知事的人生哲学。

——任正非

任正非在事业上可以说是取得了非常大的成功，但他从未以英雄来标榜自己。他对自己有一个风趣的认识，坚持自己是"从一个'土民'被精英抬成了一个体面的小老头"。

在任正非的字典里，"英雄"二字有着非凡的意义，他甚至将"英雄主义"的理念贯彻到了公司的管理当中。在他看来，国家和民族需要英雄，企业同样也需要英雄。这并不是任正非个人精神追求中的理想主义，他确实将英雄思想灌输给了每一位员工。任正非曾明确表示，让有成就欲望者成为英雄，让有社会责任者（指员工对组织目标有强烈的责任心和使命感）成为领袖。

华为早期的动员会上，员工们经常能够听到任正非总裁提起"英雄"二字。任正非推崇英雄主义，但他在企业管理中所树立的英雄与人们所理解的传统意义上的英雄是不同的，至少不完全相同。在这个问题上，任正非有其独到的见解，他也给"华为英雄"赋予了不一样的意义：

什么是华为英雄？是谁推动了华为的前进？不是一两个企业家创造了历史，而是70%以上的优秀员工，互动着推动了华为的前进，他们就是真正的英雄。如果我们用完美的观点去寻找英雄，是唯心主义。英雄就在我们的身边，天天和我们相处，他身上就有一点值得您学习。我们每一个人的身上都有英雄的行为。当我们任劳任怨、尽心尽责地完成本职工作，我们就是英雄；当我们艰苦奋斗，不断地否定过去，当我们不怕困难，愈挫愈勇，您就是您心中真正的英雄。

任正非所讲的不是为时代和正义牺牲的英雄，而是做企业所需要的英雄，是真正能够带动企业前进的人。而且，任正非所推崇的并不是个人英雄主义。对此，他还特意做出强调：

华为公司不会只有一名英雄，每个项目组也不会只有一人成功。每一个小的改进，小组都开一个庆祝会，使每个人都享受到成功的喜悦。你也可以邀请更多人参加，让更多人知道。当你乐滋滋的时候，你就是你心目中最崇拜的英雄。不要因为公司没有发榜，英雄就不存在。公司的管理总是跟不上你的进步，不要因为它的滞后而否定了你。

树立"英雄"的榜样可以有效地激励员工，但任正非并不希望员工放大个人英雄主义色彩，他更期待的是集体英雄的涌现。

任正非的英雄思想确实带领华为走过了创业初期的艰难阶段，但在企业管理过程中，他并没有将这种理念贯彻始终。这并不是计划之内的结果，而是企业探路发展过程中的一种必然趋势。那么，任正非是从什么时候开始不再强调英雄的作用？又是什么让他做出这样的改变呢？

无论是个人还是组织，其成长都是要付出一定的代价的。如果"不谈英雄"对于华为来说是一种成长的话，那么，这种认知的获得必然是付出代价的结果。

对华为有一定了解的人，对李一男这个名字一定不会感到陌生。华为的起步阶段英雄色彩正浓，因而那也是一个英雄辈出的特殊时期，李一男不得不算作其中之一。李一男的才华深得任正非的赞赏，且成为了华为的"开国元勋"。华为能够有今天，李一男也是功不可没的。但是，李一男却未能与华为一起走下去。

2000 年，李一男离开华为自立门户，成立了港湾网络有限公司，与华为成了竞争对手。然而，李一男的创业之路并不顺利，几年内连续遭遇了业绩滑坡、融资上市受阻以及并购失败等窘境。六年后，李一男带着他的港湾网络重回华为的怀抱。任正非依然委以重任，李一男就此担任华为 EMT（经营管理团队）之外的"华为副总裁兼首席电信科学家"一职。两年后，李一男再度离开华为，成为百度首席技术官，之后加盟中国移动。李一男在事业上起起伏伏，华为最终也没能成为他的归宿。

既然说到了李一男，那么，在华为另一个不得不提的功臣便是郑宝用。他一直追随任正非创业，是任正非的左右手。在李一男离开不久后，郑宝用的身体便出现了比较严重的问题。郑宝用一度卧病不起，给华为带来了不小的难题。

至此，任正非开始了深刻的反思。很早以前，他还经常将郑宝用与李一男作为典范，在企业内部进行广泛的宣传。但当华为陷入困境的时候，任正非发现，个别的英雄并不能成为华为发展下去的动力。企业的发展需要专业化、职业化的管理体系，而不是靠一两个人来支撑的。

任正非曾经发表过一篇题为《无为而治》的文章，其中写道：

华为曾经是一个"英雄"创造历史的小公司，正逐渐演变为一个职业化管理的具有一定规模公司。淡化英雄色彩，特别是淡化领导人、创业者的色彩，是实现职业化的必然之路。只有职业化、流程化才能提高一个大公司的运作效率，降低管理内耗。第二次创业的一大特点就是职业化管理，职业化管理就使英雄难以在高层生成。公司将在两三年后，初步实现IT管理，端对端的流程化管理，每个职业管理者都在一段流程上规范化地运作。就如一列火车从广州开到北京，有数百人搬了道岔，有数十个司机接力，不能说最后一个驾车到了北京的就是英雄。即使需要一个人去接受鲜花，他也仅是一个代表，并不是真正的英雄。

任正非的这段话预示着华为个人英雄时代的终结，并清楚地表达了公司未来的发展方向——职业化道路。其实，这一转变并不意味着任正非完全摒除了他的"英雄情结"，也不是在否定企业英雄的意义，他只是想要建立一种不依赖于人的制度，他也看到了全体员工而不是个人在企业发展过程中所发挥的作用。他是不再宣扬英雄了，但他更期待的是华为能够快速进入人人皆英雄的时代。

"华为公司基本法"第一章核心价值观的第二条提到：认真负责和管理有效的员工是华为最大的财富。从此便可看出，华为需要的不再是个人英雄。任正非曾这样说过：

在时代面前，我越来越不懂技术，越来越不懂财务，半懂不懂管理，如果不能民主地善待团体，充分发挥各路英雄的作用，我将一事无成。从事组织建设成了我后来的追求，如何组织起千军万马，这对我来说是天大的难题。

这也是任正非在认识上发生转变的关键，他深刻地认识到，华为的成功最主要的是来源于员工和客户等众人的力量，而非个人的力量。

企业发展至今，华为曾经的英雄主义思想已经不再被提及，但是企业内外的个人崇拜还是难以避免的，特别是对任正非本人。一直以来，任正非似乎都是一个谜一样的人物，他低调的作风更给他这个人增添了许多神秘色彩。然而，这样的一个成功人士又怎么可能不引发人们的崇敬之情呢？但是，任正非早就有意淡化英雄色彩，他本身就反对个人崇拜。他意识到华为的生存靠的是全体员工，他也希望员工能够重视自身的价值。

有人称，华为的企业文化是独一无二的。对此，任正非同样不敢居功，他表示说：

（华为企业文化）不是我创造的，而是全体员工悟出来的，我那时最多是从一个甩手掌柜，变成了一个文化教员。业界老说我神秘、伟大，其实我知道自己名实不符。真正聪明的是十三万员工，以及客户的宽容与牵引，我只不过用利益分享的方式，将他们的才智黏合起来。

任正非曾努力破除员工对他个人的崇拜，他从来都是一个低调的人，因而也没有必要把功劳揽在自己的身上。在他看来，不是他成就了华为，而是所有的员工成就了华为，成就了他。任正非坚持认为，他的成功之处在于能够与众多的优秀员工一起工作。任正非曾形象地描述道：他是被优秀的员工"夹着前进"，没有了退路后，他就不得不被"绑着"、"驾着"往前走，而一不小心，他就被"抬"到了"峨眉山顶"。

很多人发出质疑：华为不再宣扬英雄，那特殊人才又将被置于何地呢？其实这一点大可不必担心，这只是华为管理思维的一种转变，只是不再将树立"英雄"作为一种策略来实行企业管理，也并不意味着华为不重视人才。相反，任正非如今想要强调的是，华为倚重每一位人才，也重视每一位员工的价值。

华为淡化英雄主义色彩，进入终结英雄的时代，但它并不是要将英雄逼入"末路"，而是迎向更美好的未来。

"高薪"打响人才争夺战

> 2000 年后华为最大的问题是什么？……是钱多得不知道如何花，你们家买房子的时候，客厅可以小一点，卧室可以小一点，但是阳台一定要大一点，还要买一个大耙子，天气好的时候，别忘了经常在阳台上晒钱，否则你的钱就全发霉了。
>
> ——任正非

人才是高于资本的企业的第一资源。因此，企业不单单要引进和培养人才，更重要的是留住人才，重用人才，让他们充分实现自己的价值。

华为进入快速扩张期后，对员工的需求量也陡然增加。此前，华为一直是通过人才市场招聘员工的。但随着企业的发展，这种方式已经难以满足公司获取人才的需求了。华为开始改变策略，把目光盯在了各大高校上，开始实行新的人才招聘计划。为此，华为在北京、上海等大城市的主流媒体上大做广告，也在各著名高校里举办专场招聘会。

人才本就是市场竞争的重要环节，因而各企业之间自然也免不了拼抢一番。许多年前的清华就上演了这样一幕，华为和中兴两大企业在这里展开了一场人才争夺大战。

1998 年 10 月中旬，中兴通信来到清华大学，准备在这里招募人才。然而，当时校方怕过早的招聘信息会对学生的学习产生影响，故而没有让中兴即时举办招聘会，而是在研究生学院举行了一个简单的见面会。

见面会上，中兴被研究生学院的领导告知，11月份的时候才能来进行招聘，中兴只好暂时"空手而归"。

然而，华为也盯上了这块"肥肉"，其招聘团队在10月27日这天就进了清华园。10月31日，华为正式举行招聘会。招聘会上，招聘人员告诉大家，被选中的学生11月8日就可以签约，而之前的7天主要进行初试和复试。

11月1日，中兴的招聘团队再次来到清华大学，这时他们才发现被别人抢了先。于是立即增加人手，将负责招聘的工作人员派到学生宿舍里面去进行宣传。由于受到华为的影响，中兴的招聘会开得很匆忙，当场就签下了四十多人。

当时，很多人已经同中兴签了约，但却仍然出现在了华为公开发布的录用名单上。面对这种情况，双方都不肯让步，就此展开了直接交锋。

华为一方认为，有些学生虽然已经与中兴签订了协议，但协议上并没有单位的公章，并不具备法律效力。所以，学生们有重新选择的权利。而中兴一方则声称："如果与我们签署的协议没有法律效力，我们明年就不再来招聘了。"就这样，两家公司在清华你来我往，展开了一场激烈的论战。

最终，华为还是成功地挖到了欲与中兴签约的七八个人。

与中兴的这场"抢人"大战又一次让人们看到了华为的"狼性"风采，在当时来看也是华为一向的做事风格。但更重要的是，华为让社会大众看到了它对人才的渴求，这对吸引更多的优秀人才有着重要的意义。

那么，华为为什么能够在"人才争夺战"中屡屡获胜，在全国范围内的各大高校网罗到优质的毕业生呢？除了人们对华为的认同之外，这主要得益于它使出的"杀手锏"——高薪。用华为的说法来讲就是，他们提供的是"有竞争力"的薪酬待遇。

相比之下，华为的待遇的确要比其他公司高出很多，对刚毕业的大学生而言也确实很优厚。2000年，华为在南开大学招聘时给出的是"月薪不低于4500元"的承诺。据统计，当时在华为，学士的月薪是7150元，年终大概有10～16万元的分红，双学士月薪是7700元，硕士是8800元，而博士则达到了10000元。就当年的情况来看，这个薪资水平要比深圳一般的公司高出15%～20%左右。

华为优待员工不止体现在高额的工资上，它还提供了很多人性化的福利。比如，身在外地的新员工到华为报到时，期间花费的火车硬卧车票、市内交通费、体检费等都由公司来承担。对于个人来说，这可能只是一笔不足挂齿的小额费用，但对华为来说却是一笔不小的开销，因为华为一次性招聘就可能高达数千人。

另外，每一位新员工报道后都要接受公司统一的培训，而正式上岗前的培训期间，他们的工资和福利照发不误，大部分企业一般都没有这样的待遇。

华为对新员工的投入不止这些，长年设置的负责培训员工、干部的费用开支，各种培训费用支出，培训场所的建设、维护等都是大笔开支。由此可见，华为对人才的需求和重视。相比之下，应聘者也更愿意为这样的企业服务。

在任正非看来，华为就是典型的"三高"企业——高效率、高压力、高工资。而且他认为，能够把白纸一样的毕业生培养成为可以在市场或研发上独当一面的、成熟的、优秀的员工，是一笔相当合适的投资。

一位摩托罗拉的员工曾就华为的这种人才战略感慨道："摩托罗拉要挖华为的人很难，可华为要挖我们的人就容易多了。"可见，华为的高薪"法宝"有着怎样的杀伤力。

不用"终身契约"绑定人才

不管是对干部还是普通员工，裁员都是不可避免的。我们从来没有承诺过，像日本一样执行终身雇佣制。我们公司从创建开始就是强调来去自由。

——任正非

20世纪末，日本企业依靠"终身雇佣制"、"年功序列制"和"企业工会制"击败了美国企业，占领了世界经济领导者的地位。

没错，终身雇佣制曾经是日本企业最具特色的用人制度。即员工一旦成为企业的一员，就要在这个企业工作到退休。就如今的经济环境而言，很多人都期望能有一份稳定的工作，因而终身雇佣制相对来说也是企业留住人才的一个有效策略。但是，为什么今天的企业没有实施这一制度呢？甚至在华为也有这样明确的规定：企业不搞终身雇佣制。

在经济环境相对稳定的传统经营模式下，终身雇佣制完全可以成为劳资关系的平衡点。对员工来说，这是一种牢靠的保障，而对于企业来说，它可以不必担心员工跳槽的问题，双方就这样促成了一个利益共同体。但这一切都是以企业发展背景为前提的，缺少了这个前提，一切假设都将成为空谈。

激烈的市场竞争彻底改变了传统的企业运营模式，无论是企业的运作还是竞争的优势都发生了巨变。就拿ABB公司来说，为了适应市场的变化——由西部和北部向东部和南部发生了迁徙，它不得不将美国和欧洲的分公司裁掉 5.4 万名员工，然后又在亚太地区重新招聘了 4.6 万名新员工。

全球的经济一直在不断变化，因而终身雇佣制在企业当中也面临这严峻的考验。IBM 也曾做过承诺——永不解雇员工，但 20 世纪 90 年代初的经济危机也让它开始大量裁员。可见，经济环境决定企业的用人制度。即便是日本，也早就进入了用人制度转型的时期。

从中国人的传统来看，到一家好的单位工作，就相当于找到了"铁饭碗"，可如今哪里还有这样牢靠的保障？再好的企业也不会因为你的优秀而甩给你一张终身契约。

华为所实行的就是"自由雇佣制度"，其中的"自由"就是，公司与员工双方具有对等的选择权利，员工自愿为公司做贡献。这一制度可以促使每位员工都成为自强、自立、自尊的优秀人才，从而成为公司优势竞争力。

随着用人制度的改变，企业的人力资源开发和人才的培养也有所变化。不采取终身雇佣制的最终目的不是为了有一天与受雇者解除劳动关系，员工如果能够努力为企业做贡献的话，那么，企业也会尽可能地提高员工的"可雇性"，即提高员工在职场上的竞争力。总的来说，这也算得上是企业对员工所采取的一种培训措施。华为采取自由雇佣制度也是为了实现这一目的，一方面提高了员工的"可雇性"，一方面又增进了员工的危机意识，可使内部机制保持激活状态。

华为走过一个阶段后，部分老员工的创业激情就呈现出了下降的状态。针对此种状况，任正非郑重指出：

我们不搞终身雇佣制，但这不等于不能终身在华为工作。我们主张自由雇佣制，但不脱离中国的实际。

说到中国的实际，这也是做企业不得不考虑的一个关键问题，就比如中国人比较关注的保障问题。员工如果总是诚惶诚恐的，担心自己被这种"自由"的制度甩掉，他又怎么可能全心全意地为企业服务呢？考虑到这些实际，华为给每一位员工建立了个人账户，每年向他们发放退休金，离开公司时也可以将这笔钱带走。另外，即便公司认为员工不合格，员工也不会立即被裁掉，他们还可以进行再培训。如此一来，只要员工肯努力，即便没有终身受雇的保障，他们也不会轻易被裁掉。

所以，企业不执行终身雇佣制，也要采取一定的措施来适当地消除员工的不安。企业是需要员工具备一定的危机感，这样才能促使他们上进，但并不是要他们人人自危。企业的管理者需要掌握好这个平衡点。

这样一种制度下，双方处在对等的位置上，领导要尊重员工，员工要珍惜机会。总之，利益共同体的建立对双方来说都是一种保障。

ESOP 上马，公司人人有份

> 股权激励机制使我们能够吸引和保留人才，员工持股计划为
> 公司持续发展发挥了极其有效的激励作用。
>
> ——任正非

2011 年，任正非登上了"福布斯全球富豪榜"，在人们发出恭喜之声时，他本人则自嘲地说过："不好意思，我拖了中国富豪的后腿……""我占的股份微乎其微，不足 1.5%……"

没错，任正非是以 11 亿美元的资产荣登富豪榜的，作为全球通讯行业的引领者以及中国最大的民营企业老板，这个数字确实有些寒酸了。不过这样的结果也在情理之中，因为在世界 500 强企业中，华为是唯一一家全员持股的非上市公司。

让全员持股，华为这一大胆的决定在国内民营企业中属于绝对是一大创举。也有很多人发出质疑，认为这一举措太过冒险。然而，任正非却并不这么认为：

公司的竞争力成长与当期效益的矛盾，员工与管理者之间的矛盾，这些矛盾是动力，但也会形成破坏力，因此所有矛盾都要找到一个平衡点。管理者与员工之间矛盾的实质是什么呢？其实就是公司目标与个人目标的矛盾。公司考虑的是企业的长远利益，是不断提升企业的长期竞争力。员工主要考虑的是短期利益，因为他们不知道将来还会不会在华为工作。

解决这个矛盾就是要在长远利益和眼前利益之间找到一个平衡点。

华为的全员持股计划（ESOP）是 1997 年建立的，但内部股权激励计划早在 1990 年就开始了，华为发展至今已经经历了四次较大规模的股权激励计划，都是针对华为的员工开展的。

华为从 1990 年起开始实行员工持股制度，让员工享受公司的资本增值。华为发放年底奖励时，同时会授予在此工作超过一年的骨干员工一定数量的股权认购额度，员工可按照自己的意愿购买股权并按照规定获得分红。股份不允许在员工之间进行买卖，员工离开公司时，华为会对其股份进行回购。

华为的股权激励计划几乎都发生在企业困难时期，并且几次扭转了华为紧张的局面，带领华为走出困境。

第一次实行股权激励时，华为正处在创业之初的艰难时期，拓展市场、扩大规模以及加大科研的投入等都需要大量的资金，可当时的民营企业融资是很困难的，所以华为选择内部融资。这样，华为既不需要支付利息，降低了财务上的风险，又可以惠及公司内部员工，增强员工的归属感，激发员工的工作热情。

当时股价为每股 10 元，15% 的税后利润用来进行股权分红。那么，员工的报酬就由工资、奖金和股权分红三部分组成。

第二次股权激励是 2000 年 IT 业泡沫时期，也是华为遭遇的史上第一个冬天。当时业界正遭受毁灭性的打击，融资极其困难。于是，2001 年年底的时候，华为再次搬出股权政策。不过这一次，华为进行了期权改革，推行的是虚拟受限股。

也就是说，华为员工购买并持有的均为虚拟股票。他们享有分红权和股价升值权，但没有所有权和表决权。股权不能转让或出售，员工离职后也会自动失效。老员工的股票最后也要转化为期股，而员工们的主要股权收益也不再是固定的分红，而是与期股相对应的公司净资产的增值部分。另外，员工所获期权的额度要以公司的评价体系为依据，且行使期限和兑现额度都有限制。

两年过后，华为尚未走出泡沫经济的影响，就赶上了"非典"对海外市场出口贸易的打击，同时还要面临与大企业思科之间的产权官司纠纷。除了自愿降薪运动，华为再次发起了股权激励计划。为了稳住员工，渡过企业难关，华为将配股额度放大了很多，同时将参股权更多倾向了骨干员工，而且兑现方式也发生了很大改变。

在上一次的股权改革中，员工每年的股权兑现额度被限定在了四分之一，而这一次，对于持股较多的员工可以兑现的比例还不到十分之一。此次配股还多了一项规定，即员工的股权在三年内不允许兑现，这三年内员工一旦离开公司，将享受不到任何股权待遇，即所持股权作废。这一次改革，表面上使员工的利益受损了，但却成功地带领华为走出了困境，实现了销售业绩和净利润的突飞猛涨。

2008年，美国次贷危机引发了全球经济危机，世界范围内的企业都或多或少地受到了波及。华为第四次采取股权激励措施应对危机，推出"饱和配股"。

这次配股几乎涉及到了所有工作满一年的华为员工，但持股量按工作级别进行匹配，且设定了持股上限。对于已经达到持股上限的老员工，则不再参加配股。

全员持股的计划可以说是"前无古人，后无来者"，但却成功地将华为带上了成功之路。这一措施将员工个人与企业的未来紧密地联系在了一起，可谓是"一荣俱荣，一损俱损"，双方形成了利益共同体。员工参股后，他的努力既是为了公司也是为了个人，目标就是实现公司的发展和个人财富的增值。通过内部融资的方式，在缓冲公司现金流紧张局面的同时，还可以增强员工的归属感，保持队伍的稳定性。如果员工缺少购买股权的资金，公司还会为他们提供贷款的担保，以确保每位员工的参与性。

之后，华为又有新动作，将员工持股的计划进行了推广。经过不断地发展创新，华为已经跃居为世界第二大电信网络供应商，其收入的三分之二都来自国外，但全球 15 万名员工中只有约四分之一外籍员工，而高管的团队也以中国人为主。作为一个中国企业，这样的局面似乎并没有什么不妥，但却遭到了许多西方国家的批评，称其国家安全可能受到威胁，从而处处制肘华为。

对于这些指控，华为当然予以否认。但聘用外籍管理人员，对于华为自身的发展也确实十分必要。于是，华为抛出橄榄枝，仿照国内的持股计划推出新的员工激励计划，以吸引西方高管。

当员工成为企业的主人后，"为人打工"的顾虑就会减少，而这正是推动企业不断向前发展的关键。

四通集团联合创始人段永基曾经问过任正非，是否担心自己所持股份太少而被推下台。而任正非的回答也一如既往地出乎人们的意料：

如果他们能够联合起来把我赶走，我认为这恰恰是企业成熟的表现。如果有一天他们不需要我了，联合起来推翻我，我认为是好事。

延伸阅读

凤凰展翅，再创辉煌
——在"市场部集体大辞职四周年颁奖典礼"上的讲话

我首先认为不应该是发奖章，而是发纪念章，因为发奖章就一定得有评委，而评委的水平至少要比获奖人高。我认为你们的精神是至高无上的，没有人可以来评论你们，你们过去行为的检验是不需要任何人来评价的，你们的精神是永存的。

市场部集体大辞职对构建公司今天和未来的影响是极其深刻和远大的。我认为任何一个民族，任何一个公司或任何一个组织，只要没有新陈代谢生命就会停止。只要有生命的活动就一定会有矛盾，一定会有斗争，也就一定会有痛苦。如果说我们顾全每位功臣的历史，那么我们就会葬送我们公司的前途。如果我们公司要有前途，那么我们每个人就必须能够舍弃小我。四年前的行为，隔了四年后我们来作一次评价，事实已向我们证明那一次行为是惊天地的，否则也就不可能有公司的今天。毛生江从山东回来，不是给我们带来一只烧鸡，也不是给我们带来一只凤凰，因为虽说"烧不死的鸟是凤凰"，但凤凰也只是一个个体，凤凰是生物，生物是有时限的。我认为他给我们带来的是一种精神，这种精神是可以永存的。孙总是市场部集体大辞职的带头人，但她受伤害最小。在市场部集体大辞职中毛生江是受挫折最大的一个人，经历的时间也最长，但是他在这四年中受到了很大的锻炼，也得到了很大的成长。孙总给《华为人》报交代，要写一篇文章，把这种精神好好记述，并号召全体干部向他学习。

大家已经看到了我们高层领导的干部任职资格标准，知道了对高层干部的评价标准也发生了变化。如果没有市场部集体大辞职所带来对华为公司文化的影响，我认为任何先进的管理，先进的体系在华为都无法生根。市场部集体大辞职是一场洗礼，他们留给我们所有人的可能就是一种自我批判精神。如果说四年前我们华为也有文化，那么这种文化是和风细雨式，像春风一样温暖的文化，这个文化对我们每个人没有太大的作用，必须经过严寒酷暑的考验，我们的身体才是最健康的。因此市场部集体大辞职实际上是在我们的员工中产生了一次灵魂的大革命，使自我批判得以展开。作为我个人也希望树立一批真真实实烧不死的鸟做凤凰。有极少数的人是真正"在烈火中烧"，如果说他们能站起来，那他们对我们华为人的影响是无穷的。

孙总去非洲之前专门向我交代，这次市场部活动一定要让各部门、各个口的有关领导来受一次教育，一定要好好向毛生江学习。如果没有这个精神，那么以后的改革还是会有问题的。好在总算有这一次的榜样，好在总有四年历史的检验。有人痛苦三个月是没有什么问题的，半年或许也是没什么问题的。但是四年，相当于人的生命的多少分之一，不是谁都能够受住这么长时间的考验。所以向市场部，特别是向毛生江，学习这种精神，我认为是华为公司员工可以遵循的一种标准。人的生命是有限的，但他的精神是抽象的，是永恒的，我认为应把这种精神记述下来，流传下去。我相信这种精神是可以在华为公司传播下去的。传播下去的基础是什么？就是我们在公司坚定不移地推行任职资格标准。只要不顺应这种标准，那么你永远也爬不上来，只要顺应这种标准，那牺牲则必然在自我之中了。自我批判的目的是不断进步，不断改进，而不是停留和沉溺于自我否定。所以，我们每个人要对照任职资格标准，拼命学习，不断修炼和提升自己。我认为今天的意义非同小可，我相信一定会对我们的发展产生重大的影响。这四年来是由于一部分人能忍受痛苦，能给我们后人做一次榜样，华为才发展到今天。同时我认为明天更伟大，明天更需要我们加强自我批判。

第二个问题我要讲的就是，去年你们的工作做得不错，你们也做了总结，去年销售额达到120个亿，特别是货款回收达到88亿。应该说去年的市场环境非常困难，回收货款的环境也错综复杂，但是我们都做得非常优秀。这两项行为，如果让我们用一种方式来表达的话，这也是一种壮举，它奠定了2000年我们敢于发展的基础。这两个事情合在一起就是壮举，孤孤零零一件事情可能不仅不是壮举，有可能还是悲剧。大家想一想，如果去年销售额只有七八十个亿，我们今天敢坐在这儿开会吗？因为，可能产生不了利润，甚至成本高到不能分摊。没有良好的市场销售量的支撑，作为领导的心里面没有底，那今年敢不敢发展？其实敢不敢大发展也就是一念之间，战争的胜负往往也就是将领在一瞬间对这个事情的决策。如果觉得去年才卖那么一点，今年也不可能卖得再多了。我们没有利润，不敢再投入，不敢去抓住机会，也许会裁掉一点队伍，或者不敢招聘优秀员工，那么，我看我们今年大发展是没有希望的。不是我们不想发展，而是我们不敢发展。

再试想一下，你们去年销售额120个亿，而货款回收只有50个亿，这么多款没有收回来，怎么还会有信心？心中想：2000年即使我们能卖200亿，货款也这样收不回来，现金流会不会中断？资产负债率相当的高，我们还敢不敢再发展？如果再发展，当现金流一旦中断，我们公司会不会全军覆没？如果卖了120个亿收不回货款把我们拖得半死，还不如只卖七八十个亿。

如果说这两个行为只有一个是成功的，我认为那不能叫壮举，只能叫作悲剧，可能就会葬送华为公司。大家回想一下五六月份的情况，五六月份的市场既萧条又混乱，西方公司低价抛销，恶性抢占市场，我们整个市场系统沉不住气了。在这个时候孙总踩了刹车，我加了油门。孙总踩刹车是指削掉销售计划40个亿，但要求不能再降价。我加了油门是指让总裁办的人都去收款。结果销售目标完成得这么好，货款回收这么好。在市场出现混乱时，我们保持了队形不乱，大家排着队，打着鼓，唱着歌，齐步向前进。结果刚好我们就把可能出现的悲剧变成了壮举。孙总在非洲也委托我感谢你们两个部门，是你们给公司很大的帮助。如果说五六月份这种混乱状态没有停下来，或者我们萧条下去，或者我们消沉下去，或者我们顺应这种自然发展而不抗争下去，很可能我们今天就会变成一个连生存都很危险的公司。

第三点我想说的就是，我们今年最重要的市场举措就是建立地区客户经理部（地区客户代表处），要以改善客户关系为中心来建立，到时我们的客户代表管理部、国内营销部、区域机构管理部可共同对这个地区客户经理部或地区客户代表处实施管理。这就是说，我们要把碉堡建到每一个前沿阵地去。中国总共有334个本地网，将来即使联通或是其他网络营销商估计也会按这种结构来布局，我们不分对象都提供优质服务。所以我认为，我们地区客户经理部的建立是非常正确的，他会使我们的工作做得更加精细，因为各个层面客户满意度的提高是保证我们持续增长的基础。

我们在全国各地建立了很多合资企业，大家知道客户经理部就是一个个碉堡，而本地化合资就是通向这些碉堡的一条条战壕。我们在多层次上和客户建立了全方位的关系，我可以说这一点西方公司是做不到的，没有一个人会为西方公司卖命而到一个偏远的地方去守阵地，甚至守上几年而不回家。西方公司实行的价值观和我们公司的价值观不一样，我们有很多在地区工作的地区客户经理们非常辛苦，生活条件也很差，但是他们从不退缩。我们要把这一个个碉堡建设起来，今年还要再扩大这些碉堡的覆盖，我们只要守住这一个个碉堡，挖通一条条战壕，我们就会有更大的收益。我们还可以用些收益反投进去改善服务，我们会有更好的条件。这是个战略的决策，因此各个部门，各个办事处主任都要认真进行这个部门的建立，不要打折扣，不要看到他们房子装修得好一点，一个人住一间就眼红，否则你自己下去。随着市场的发展，只要是客户关系比较密切的，都应该建立地区客户经理部。但是我们和客户间的合作也应是有原则的，丧失了原则是不好的，无限制的屈从也是不能成功的。在改善客户关系方面也要有指导书，可以按照指导书去做。

我认为这是公司的一个新的战斗举措。所以，公司在新的一年中的市场举措大家要理解，特别是如果有些人要分到艰苦地方去，我希望他不要计较，要向毛生江学习，打起背包就出发。

我的讲话完了，谢谢大家！

REN ZHENG FEI

第 5 章　"灰度"是管理的一种境界

　　管理就像长江一样，我们修好堤坝，让水在里面自由流，管它晚上流，白天流。晚上我睡觉，但水还自动流。水流到海里面，蒸发成空气，雪落在喜马拉雅山，又化成水，流到长江，长江又流到海，海水又蒸发。这样循环搞多了以后，它就忘了一个还在岸上喊"逝者如斯夫"的人，一个"圣者"。它忘了这个"圣者"，只管自己流。这个"圣者"是谁？就是企业家。

一个企业，一个王国

> 制定一个好的规则比不断批评员工的行为更有效，它能让大多数的员工努力地分担你的工作、压力和责任。

> ——任正非

1998 年，华为进入快速扩张期，销售额达到 89 亿元，与三年前相比增长了六倍。公司基本实现了"农村包围城市、最终夺取城市"的战略目标，其核心产品已经成功打入了国内各发达省份和主要城市的市场。在交换机领域，华为也打败了许多国际企业，成为与上海贝尔并肩的两大供应商之一，占领了国内 22% 的市场份额。

在已经取得的这些成绩面前，总裁任正非并没有得意忘形，他每天都在思考怎样进入第二阶段的创业，同时也意识到了企业所面临的各种新的问题和矛盾。

任正非认为，华为在经营管理上的最大的一个问题就是"土味儿"太重，企业内部缺乏规范性。正所谓：变则通，通则久。于是，任正非开始思考管理变革的问题。他决定建立更加统一规范的价值观和企业文化，从而带领华为从"游击队"转向"正规军"，为公司的可持续发展探索有效的动力机制。于是，"华为基本法"在这样的背景下应运而生了。

"基本法"的确立在商业领域内掀起了不小的波澜，它是中国第一部总结企业战略、价值观和经营管理原则的"法律法规"，属于企业经营管理工作的纲领性文件。它的出现标志着华为进入"宪法企业"时代，象征着王国化管理正式开启。

"华为基本法"不是一蹴而成的，从1995年的思想萌芽，到1996年管理大纲成型，再到1998年审议通过，历经数年。在这段期间，华为也发生了巨大的变化，无论是资产的增值还是规模的扩大。但就是在这些辉煌的巨变下，"基本法"还是出台了。

任正非思考现代管理思想和制度化的问题不是一时兴起，公司确实是进入了前景更好的阶段，可华为原有的管理体系却支撑不起公司更长远的发展了。

人员和网络的扩张，使华为的管理日益复杂，销售人员的业绩评估以及薪酬的分配一下子都成了亟待解决的问题，但华为却找不到合理的依据。还有，各部门和岗位的职责与权限也存在着严重的问题。特别是在引进ISO9001标准后，业务流程体系进行了重整，可员工的职责与权限却变得越发不清晰。另一方面，企业文化也变得越来越模糊，甚至达到了"千人千面"的地步。华为人一直将企业文化挂在嘴边，但当你问到它到底是什么的时候，谁也解释不清。

管理大师德鲁克曾经说过："一个始终贯穿的主题是，各个企业中的决策者必须勇敢地面对现实，必须抵制'人人都知道'的常规，以及昨天确定性的诱惑，因为这些将变成对明天有害的迷信。"

因此，任正非找到了人民大学的专家，委托他们为华为建立一套完整有效的文化体系，也就是后来我们看到的"华为基本法"。为了避免专家们不清楚华为制定"法律"的初衷，任正非曾多次强调：

如何将我们十年宝贵而痛苦的积累与探索，在吸收业界最佳的思想与方法后，再提升一步，成为指导我们前进的理论，以避免陷入经验主义，这是我们制定公司基本法的基本立场。

"基本法"的成立确实为企业的制度管理开创了一个先河，也是华为管理制胜的重要法宝之一。然而，就在外界对其赞不绝口抑或争相效仿之时，任正非又开始钻研国际公司的管理模式，并对"基本法"大加否定，认为它是是软弱和无用的，至少针对华为而言是这样的。

　　任正非放开眼界，分别到IBM、贝尔实验室以及惠普等国际大公司进行访问。在与他们交流的过程中，任正非发现了问题根本，即"基本法"的语言模式难以同这些全球化的大公司接轨。也就是说，华为要想实现企业目标，真正为客户创造价值，就有必须以整个行业的价值观以及标准的流程和制度为首要考虑的问题。

　　"基本法"在流程中缺乏评价和奖励的价值尺度，因而很难发挥长远的作用。作为"基本法"的起草者之一，吴春波教授也曾说过："'基本法'当时的局限性很明显，关于企业的核心价值观、流程和客户方面的问题提的都很少。"

　　据此种种，任正非提出对"基本法"进行修订。"丰富人们的沟通和生活"，"聚焦客户关注的挑战和压力，提供有竞争力的通信解决方案和服务，持续为客户创造最大价值"等，成为新的核心价值观。"基本法"的一点点完善才真正将华为从"游击队"改编为"正规军"，让华为走上了一条真正的职业化之路。

　　"华为基本法"是中国迄今为止现代企业中最完备、最规范的一部"企业宪法"，总计六章、103条企业内部规章，涵盖了企业发展战略、产品与技术政策、组织建立的原则、人力资源管理与开发，以及与之相适应的管理模式与管理制度等方方面面的内容。

　　"基本法"的问世是为了优化管理，那么，任正非的管理目标又是什么呢？很简单，"无为而治"。

　　"无为"并不是指什么都不做，而是要遵循大千世界的规律，尊重人

100

的个性，实际是"有所为有所不为"。这也是任正非所坚信的管理企业的最高境界。比如，一些企业的老板，他们整天打高尔夫球，你看不到他在公司办公，公司依然能够持续健康地发展下去。这就是任正非所期望的"无为而治"的管理境界，即不需要人为的控制，也能实现发展目标。

新经济形势下，企业所需要的不再是"推一步，走一步"的员工，而是能自发地、自觉地按照规范和目标行事，实现自我控制、自我管理的员工，让他们充分发挥自己的潜力，维护企业的利益，实现企业的目标。

慢慢淡化了企业家对它（企业）的直接控制（不是指宏观的控制），那么，企业家的更替与生命终结，就会与企业的命运相分离了。长江是最好的无为而治，不论你管不管它，都不废江河万古流。

这就是任正非想要建立的商业王国，他也一直在为此努力。制度的建立并不是企业管理的终点，制度体系的建立是为改变人提供理论依据和参考标准，企业价值观念的传承才是最终的目标。

"灰度"哲学开创管理新思维

> 管理不是非黑即白，而是介于黑白之间的平衡力量，即灰色。
>
> ——任正非

任正非不是思想家，但他绝对是众多企业家中最具思想力的代表之一，从他在管理华为时所持的"灰度"理念就可以看出来。

一篇回忆毛泽东和身边工作人员的文章中提到过一句话——水至清则无鱼，任正非对此大为赞同。

任何事情都不会以极端的状态出现，黑白只是哲学上的两种假设。现实中真正生活成功的人，大多真正理解了灰色。

在哲学观的问题上，任正非所推崇的是灰度哲学，坚持"合二为一"的理念，即不强调黑白分明。不过，任正非的观念与毛泽东的思想理论还是有一点不同的，他反对"斗争哲学"。受灰度理论的影响，任正非强调开放与妥协的思想，他崇尚的是合作精神。

企业要跟上时代的步伐，就要不断地变革。这是最基本的前提，任正非也深知这一点。于是，二次创业时，为了与国际管理接轨，华为进行了一系列变革。此时，任正非便提出一个灰色观点，以实现管理上的变革。

变革初期，公司的各项管理都十分严格，但当各种变革措施落实到实践，一切管理实现流程化、制度化之后，公司的管理松弛度就发生了变化，一改以往的严厉作风，而更多地要求干部和各部门主管学会灰色管理。

最初，很多管理人员不理解什么是灰色。任正非为他们做出了讲解，灰色思维打破了矛盾着的事物所呈现出的一分为二的状态，矛盾着的事物不再以单一的"非黑即白"、"是非立辨"的形式出现，人们可以在介于二者之间的地带做出判断和选择。

那么，采用这种管理思想的原因又是什么呢？任正非解释道：

我们处在一个变革时期，从过去的高速增长、强调规模，转向以生存为底线，以满足客户需求为目标，强调效益的管理变革。在这个变革时期中，我们都要有心理承受能力，必须接受变革的事实，学会变革的方法。同时，我们要有灰色的观念，在变革中不要走极端，有些事情是需要变革，但是任何极端的变革，都会对原有的积累产生破坏，适得其反。

任正非认为，如果不要求管理者持灰色的理念进行管理，企业的变革就很容易走上极端，那么，华为将无法实现与国际管理接轨的战略目标。另外，业务的整合调整、利益的重新分配等也都是变革的必经之路，而为了消除这些变动所带来的负面影响，管理者也必须利用灰色管理的方式来处理其间产生的矛盾，如此才能找到均衡各方的平衡点。如果立场太过鲜明的话，只会激化矛盾而不能解决问题。最后，面对企业的变革，管理者也需要用新的思维来应对，而此前的精确管理模式已经不能适应企业的发展了。

在变革中，任何黑的、白的观点都是容易鼓动人心的，而我们恰恰不需要黑的或白的，我们需要的是灰色的观点。介于黑与白之间的灰度，是十分难掌握的，这就是领导与导师的水平。没有真正领会的人，不可能有灰度。

在新思想的指导下，领导者的职责则也重新进行了调整，即：创建正确的组织评价体系，使个人追求与组织目标相统一，同时，能容忍每个人不同个性的自由张扬，但又要疏导和抑制自我情绪对他人和组织的破坏性影响。

任正非的灰度管理哲学不禁让人想到了传统的"中庸之道"。"中庸之道"是中国古文化中儒家的经典代表，它主张的是"取中贵和"，讲求的是"不偏不倚"，即凡事取折中之法。而通过"中庸之道"，人们又想到了企业管理中的"妥协"智慧——妥协、宽容、让渡等。其实，在很多人看来，企业中的"妥协"式管理是不明智的，甚至会成为阻滞企业发展的绊脚石。不过，任正非所讲的"妥协"与人们以往的认识是有所区别的，他的这种管理模式非常务实，而且通权达变。

为了达到主要的目标，可以在次要的目标上做适当的让步。这种妥协并不是完全放弃原则，而是以退为进，通过适当的交换来确保目标的实现。明智的妥协是一种让步的艺术，妥协也是一种美德，而掌握这种高超的艺术，是管理者的必备素质。

任正非所提倡的"灰度"不是简单地将西方的管理理论移植过来，而是结合自身的实际发展状况，将中国的传统管理理念也融到了里面。更准确地说，西方的方法更多的是起到了标准化的作用，运用它的科学性和严谨性来改良中国企业的管理模式，而又不违背传统的管理原则。

事实上，任何一个企业都不可能始终坚定自己走在正确的发展方向上，都是在不断地尝试、不断地摸索中发展过来的。任正非最初也不能肯定他为华为制定的变革策略是正确的，但事实证明，他的尝试成功了，所以华为有了更可观的发展。

均衡发展，破除"短板效应"

> 以前我认为跳芭蕾的女孩是苗条的，其实是粗腿，很有力量的，脚很大的，是以大为美。华为为什么能够超越西方公司，就是不追求完美，不追求精致。
>
> ——任正非

华为其实一直都走在变革的道路上，无论是二十年前，还是二十年后，因为这是支撑华为持续发展的重要动力因素。那么，华为的变革思路都出自哪里呢？难道都是任正非的突发奇想？当然不是。答案很简单，就两个字——借鉴。

作为企业的领导者，任正非一直将企业的生存和发展放在首位，因而他一直放眼世界，关注着全球的企业动向，不断地从它们身上获取经验，来解决华为的问题。

华为发展的初期阶段，任正非曾多次出访日本，在看到了日本企业的精细化管理后，任正非意识到了华为企业管理中存在的问题——粗放、低效、发展不均衡等。于是，任正非在他提出的"2001 年管理十大要点"中将"均衡发展"作为了华为管理任务的第一条。

任正非曾在《北国之春》一文中强调：

华为组织结构的不均衡，是低效率的运作结构。就像一个桶装水多少取决于最短的一块木板一样，不均衡的地方就是流程的瓶颈。

相信很多人对管理学中的"木桶理论"并不陌生，即一个木桶能盛下多少水，是由最短的那一块木板决定的。

在管理改进中，一定要强调改进我们木板最短的那一块。为什么要解决短木板呢？公司从上到下都重视研发、营销，但不重视理货系统、中央收发系统、出纳系统、订单系统等很多系统，这些不被重视的系统就是短木板，前面干得再好，后面发不出货，还是等于没干。因此全公司一定要建立起统一的价值评价体系，统一的考评体系，才能使人员在内部流动和平衡成为可能。比如有人说我搞研发创新很厉害，但创新的价值如何体现，创新必须通过转化变成商品，才能产生价值。我们重视技术、重视营销，这一点我并不反对，但每一个链条都是很重要的。

很显然，企业的成功不单单是几个人的功劳，而是取决于它的整体状况，任何一个突出的薄弱环节都可能成为企业的硬伤。而"木桶理论"充分表明，对企业而言，"最短的木板"就是它的劣势，而且是决定生死的劣势。

从华为的前期来看，企业的重点是经营，对于当时的华为来讲，这无疑是明智的。因为那时的华为还很弱小，先存活后发展，这是必然的道理。特别是像华为这样的高科技公司，要壮大就必须将企业的效益放在第一顺位。不过，几年后，华为就依据现状转换了战略重点，通过引进世界一流企业的管理体系，来强化内部的管理。

为了弥补管理上的"短板"，华为开始强化管理，推行以IPD（集成产品开发）、ISC（集成化供应链）为核心的管理变革。

对于公司各级主管干部而言，关于他们自身的变化非常大，他们所面临的是角色定位和角色转换的问题。随着个人绩效承诺制度的实施，他们已不再是单纯的职能部门或职能管理者，公司将经营职能也赋予了他们。也就是说，各部门的主管或干部已经转化为集管理职能和经营职能为一体的管理者，借此来实现干部经营能力和管理能力的均衡。

从企业整体来看，均衡发展的目标要在几个层次上实现：在个体层面，是实现个人能力与工作职责的动态均衡；在组织层面，是实现部门经营目标与管理效率的动态均衡；在公司层面，是实现功与利、经营与管理、组织战略目标与组织能力的动态平衡。

华为的均衡发展策略无疑是成功的，吴春波在其题为《华为：均衡发展模式的成功》的文章中写道："2005 年，伴随着华为国际化步伐的加快，华为重新梳理了自己的使命愿景和发展战略。其战略定位于：1. 为客户服务是华为存在的唯一理由，客户需求是华为发展的原动力；2. 质量好、服务好、运作成本低，优先满足客户需求，提升客户竞争力和赢利能力；3. 持续管理变革，实现高效的流程化运作，确保端到端的优质交付；4. 与友商共同发展，既是竞争对手，也是合作伙伴，共同创造良好的生存空间，共享价值链的利益。

"从上述战略不难看出，华为的战略既关注经营（第一条），又关注管理（第二条）；既关注企业外部（第一条与第四条），同时也关注企业内部（第二条与第三条）。可以说基于其经营管理哲学的华为战略，是一个充满了均衡的战略。"

不过，均衡发展所取得的还只是阶段性的成功，均衡的道路还要一直走下去。一次，任正非在华为大学干部高级管理研讨班上发表的讲话中还在强调均衡发展的问题：

过去公司采取的是"强干弱枝"政策，要加强组织均衡管理。什么叫"强干"？过去是重市场研发，现在是重研发市场，忽略了公司均衡发展，我们的枝很弱，要从干部管理这方面开始改变。

我们公司是重技术不重管理，西方则是管理重过技术，我们再也不能走"强干弱枝"的道路了。我们的高层干部都想不到要均衡发展，怎么可能让基层干部和基层员工想到均衡发展？我们要跳出固有思维方式，要在各个领域全面发展，做不好这一点，我们就不具备全球业务运作的能力。

企业要想获得最后的胜利，必然要实现动态上的平衡。华为已经通过实践充分证明，均衡是支撑企业发展的软实力，是一种不可战胜的力量！

干部要敢于做主

现在流程上运作的干部，他们还习惯于事事都请示上级。这是错的，已经有规定，或者成为惯例的东西，不必请示，应快速让它通过去。执行流程的人，是对事情负责，这就是对事负责制。事事请示，就是对人负责制，它是收敛的。我们要简化不必要确认的东西，要减少在管理中不必要、不重要的环节，否则公司怎么能高效运行呢？

——任正非

华为很早就萌发思想，寻求国际化的发展道路。经过几年的探索，国际化进程虽然进展不顺利，但在这个过程中华为还是有所收获的，那就是看到了自身与国际先进企业之间的巨大差距。

当初，华为邀请到了日本神户钢铁公司的岩谷真弓女士，请她对市场部的领导干部进行培训。培训结束后，通过对华为的观察，岩谷女士向当时还是副总裁的孙亚芳提出了七个问题。其中最严重的，也是最核心的问题就是：华为的管理效率和劳动生产率太低。

比如，在签订商务合同的问题上，华为与客户洽谈、签约所花费的时间大概是日本企业平均水平的五倍。领导者们意识到，这些问题如果不解决的话，华为将很难继续向前发展。

事实上，在那之前华为就已经在进行以流程型和实效型为主导的管理体系建设了。然而，很多干部仍然没有改变以往的行事作风，即对上级领导负责的心态。凡事都向上级汇报请示，办事效率怎么可能不低？

于是，任正非所提出的"华为2001年管理十大要点"的中另一个要点就是"对事负责"。

为什么我们要强调以流程型和时效型为主导的体系呢？现在流程上运作的干部，他们还习惯于事事都请示上级。这是错的，已经有规定，或者成为惯例的东西，不必请示，应快速让它通过去。执行流程的人，是对事情负责，这就是对事负责制。事事请示，就是对人负责制，它是收敛的系统。我们要简化不必要确认的东西，要减少在管理中不必要、不重要的环节，否则公司怎么能高效运行呢？

为了推行流程化IT管理变革，华为还曾花重金请IBM的专家做指导顾问。在此过程中，任正非更加意识到华为的现状有多严峻。处于"增产不增效"这种滞胀状态的华为，根本就不具备与国际竞争对手相抗衡的实力。因此，任正非明确指出，华为的首要任务就是，梳理经营管理流程，提高企业运作效率。要完成这一任务，任正非认为，必须贯彻落实"对事负责"的思想态度，彻底摆脱人为因素对经营运作的影响。否则，华为将没有未来。

任正非从日本访问归来后写下了《北国之春》这篇文章，文章中再次强调了"对事负责，而非对人负责"的经营管理理念。

华为由于短暂的成功，员工暂时的待遇比较高，就滋生了许多明哲保身的干部。他们事事请示，僵化教条地执行领导的讲话，生怕丢了自己的乌纱帽，成为对事负责制的障碍。

对人负责制与对事负责制是两种根本不同的制度。对人负责制是一种收敛的系统；对事负责制是依据流程及授权，以及有效的监控，使最明白的人具有处理问题的权力，是一种扩张的管理体系。而现在华为的高中级干部都自觉不自觉地习惯于对人负责制，使流程化 IT 管理推行困难。

其实，任何处于初期阶段的企业采用"对人负责"的机制都是可以理解的。这时，企业规章、流程还不太健全，也没有现成的依据作参考，因而需要管理人员根据自己的经验和能力去判断。如此一来，下属就必须积极地与上级领导沟通，这样才能做出有效的决策。但是，当企业壮大后，这种机制就跟不上企业的发展速度了，必须实行变革，以流程化的运作为依靠，从而减少对管理者的依赖。这是提高企业运作效率的唯一途径，也是企业获得发展的出路。

我们让最有责任心的人担任最重要职务：到底是实行对人负责制，还是对事负责制，这是管理的两个原则。我们公司确立的是对事负责的流程责任制。我们把权力下放给最明白、最有责任心的人，让他们对流程进行例行管理，高层实行委员会制，把例外管理的权力下放给委员会。并不断地把例外管理，转变为例行管理。流程中设立若干监控点，由上级部门不断执行监察控制，这样公司才能做到无为而治。

要有一个唱反调的"蓝军参谋部"

> 要想升官，先到"蓝军"去，不把"红军"打败就不要升司令。"红军"的司令如果没有"蓝军"经历，也不要再提拔了。你都不知道如何打败华为，说明你已到天花板了。
>
> ——任正非

近来，在回应"反攻美国"的问题时，任正非再次提到了华为的"红军"和"蓝军"。这一话题吸引了大众的眼球，因为许多在华为工作了很多年的员工都不知道公司竟然还有这样一个听起来如此"有趣"的部门。

华为在公司内部的战略与发展委员会下设了一个特殊机构——蓝军参谋部。其主要职责包括：

1. 从不同的视角观察公司的战略与技术发展，进行逆向思维，审视、论证红军战略、产品、解决方案的漏洞或问题，模拟对手的战略、产品、解决方案策略，指出红军战略、产品、解决方案的漏洞或问题；

2. 建立红蓝军的对抗体制和运作平台，在公司高层团队的组织下，采用辩论、模拟实践、战术推演等方式，对当前的战略思想进行反向分析和批判性辩论，在技术层面寻求差异化的颠覆性技术和产品；

3. 协助各BG（运营中心）的蓝军部建设，负责蓝军体系的流程、平台建设和运作，组织进行经验与能力的共享。

准确来说，"红军"代表的是企业现行的战略发展模式，而"蓝军"

代表的则是其竞争对手或挑战现行战略发展模式的新思维。相对于"红军"而言，"蓝军"的主要任务其实就是与其唱反调，虚拟各种反对"红军"的声音，模拟各种信号，甚至制造一些危言耸听的言论或警告，以使红军时时处于"危机"之中。

任正非的说法或许更直白一些——"蓝军"要想尽办法来否定"红军"。任正非其实是希望通过这种特殊的"自我批判"方式，为企业提供有价值的或决策性建议，从而确保华为始终走在正确的发展道路上。

有人表示不解：这种"红蓝对抗"的模式何以称得上是自我批判？答案很简单，不管是"红军"还是"蓝军"，都是由华为的内部队伍组建的。表面上看，他们是敌人，可实际上他们都是自己人，自己人对自己人的批判，难道还不算是自我批判吗？

负责唱反调的"蓝军"在华为并不是一个新的组织，因为早在十多年前，这个部门就已经成立了。所以，华为的批判精神由来已久，而任正非本人也始终在强调"在自我批判中进步"的观念。另外，华为内部还不时举办理性的民主生活会，其不变的主题就是"批判与自我批判"。那么，华为究竟为什么要进行自我批判呢？相信很多人都想知道答案，任正非对此做出了解释：

华为还是一个年轻的公司，尽管充满了活力和激情，但也充塞着幼稚和自傲，我们的管理还不规范。只有不断地自我批判，才能使我们尽快成熟起来。我们不是为批判而批判，不是为全面否定而批判，而是为了优化和建设而批判，总的目标是要导向公司整体核心竞争力的提升。

我们处在 IT 业变化极快的十倍速时代，这个世界上唯一不变的就是变化。我们稍有迟疑，就失之千里。故步自封，拒绝批评，忸忸怩怩，就不止千里了。我们是为了面子而走向失败，走向死亡，还是丢掉面子，丢掉错误，迎头赶上呢？要活下去，就只有超越；要超越，首先必须超越自我；超越的必要条件，是及时去除一切错误；去除一切错误，首先就要敢于自我批判。

自我批判说白了就是自我否定，它不止要求人们对所犯的错误加以否定，还包括对以往成功经验的批判。不可否认，要做到这一点是需要人达到一定境界的。

然而，华为要想获得更好的发展，就必须将其作为一个硬性的指标来执行。因而华为做出了明确的规定：对于没有自我批判意识的员工，各部门的领导不能提拔；两年后，如果还不能掌握和使用这种自我管理方法，作为管理人员必须降级使用。

华为是以一种强硬的方法来实现自我批判理念的顺利推行，其最终目标是实现组织的改造与优化以及整个企业的向前推进。而华为所获得的快速成长，也是其管理团队不断否定过去，否定自我的结果。

没有自我批判，克服中国人的不良习气，我们怎么能把产品造到与国际一样的高水平，甚至超过同行。他们这种与自身斗争，使自己适应如日本人、德国人一样的工作方法，为公司占有市场打下了良好基础。如果没有这种与国际接轨的高质量，我们就不会生存到今天。

在某段时期内，华为及其领导人遭到了互联网上不少负面信息的攻击。从信息的内容来看，明显是华为内部的员工的"杰作"，其中充满了抱怨、抨击以及所谓的"揭秘"等。面对这样的状况，公司高层展开了激烈的讨论，目的是找到一个及时有效的应对措施。最终，管理者们的意见还是达成了统一，即保持灰度、开放、妥协的态度。

在任正非看来，"人多嘴杂"并不一定是一件坏事。不满的意见也是一种客观现实，这说明华为是存在问题的。至于这个过程中产生的负面影响，靠堵和查是不能解决的，反而容易陷入恶性循环的舆论怪圈。于是，公司经商议决定成立"心声社区"，其主要职能是鼓励员工就公司的制度、政策、决定等发表意见和看法，不好的、不赞成的观点都可以，员工之间也可以进行自由辩论。也就是说，这个"社区"是一个民主论坛，人们可随意发表意见。而几年后，这个论坛竟真的成了华为高层领导收集民意、倾听员工心声的重要平台。

2012年1月，华为搜集了员工在"心声社区"上反映的意见，并以专题汇总的方式编辑成《公司问题》，随后便将其分发给公司高层领导和各级干部进行学习和反思。

任正非也曾表示说："当初做这个决定是冒了风险的，现在看来这风险是冒对了，也证明了一条道理，人的思想是不能被禁锢的。让人说话天不会塌下来，而且还能起到'补天'的作用，要相信'人必有一善，集百人之善，可以为贤人；人必有一见，集百人之见，可以决大计'。"

由此可见任正非的远见卓识，他一直以一种包容的心态来面对企业内部的不同之声，这也是自我批判的一种体现，即先接受他人的批判，并以此作为基础来进行自我反思。

当初，华为为了获取更多的意见，刻意在公司倡导和配置反对的声音，因而在组织体系上构建了"蓝军"。如今来看，"蓝军"的效用并不是一时的，它依然可以在组织中发挥效能。因而，任正非特意强调了它的重要意义：

我们在华为内部要创造一种保护机制，一定要让"蓝军"有地位。"蓝军"可能胡说八道，有一些疯子，敢想敢说敢干，博弈之后要给他们一些宽容，你怎么知道他们不能走出一条路来呢？

华为善于从"蓝军"的优秀干部中，选拔"红军"司令。任正非坚信，只有能够打垮华为的人，才是企业未来真正的主人。即只有看到华为短处的人，才知道改革应该顺着什么方向进行。这便是"红军"和"蓝军"对抗的最终目的。

延伸阅读

一个职业管理者的责任和使命

——在对高级副总裁进行作文考试前的讲话

作为高层管理者，我们怎样治理这个公司，我认为这很重要。以前我也多次讲过，只是这篇文章（《无为而治》）给我们画龙点睛，更深刻地说明了这个问题。我希望大家来写认识，也是对你们职业素养的一次考试。考不好怎么办呢？考不好你还可以学习，我们是托福式考试，以最好的一次为准。学不好怎么办呢？学不好你还可以调整，你辞去高级职务往下走。因此要深刻理解公司制定三、四、五级干部任职资格标准的深远意义。我们坚持这个干部考核标准可能在相当长的时间内不会改变，每年大家都要提交述职报告，要填任职资格表格。二月份我将主持把高级副总裁以上的组织评议做完，我认为要一次一次刷新你们的思想，让你们理解公司对高级干部的要求。

我们要选一些填得好的任职资格表格、述职报告公开印刷，让下面人看看，让年轻人找到灯塔，找到目标，他也就掌握了标准，学会了做人。这次的作文当然也会全文发表。我和 HAY 公司顾问谈话时说过，过两三年后，公司管理规范了，华为要引入一批"胸怀大志、一贫如洗"的人进入公司，来激活沉淀层，不能让我们这些人功成名就了就在这里过日子，这是不行的。我想强调一下什么是一个职业管理者的责任和使命。我们已经公布了高层干部任职资格评价标准（公司 10 号文件），《无为而治》这篇文章和公司 10 号文件是相吻合的，和我过去讲的许多要点也是

116

吻合的，所以我想借这篇文章来测验一下大家对事物的真实认识。

第一点，我想强调一下什么是职业管理者的责任与使命。

一个职业管理者的社会责任（狭义）与历史使命，就是为了完成组织目标而奋斗。以组织目标的完成为责任，缩短实现组织目标的时间，节约实现组织目标的资源，就是一个管理者的职业素养与成就。权力不是要别人服从您，而是要您告诉他如何干。因此，围绕组织目标的有效实现，个人所处的位置，承担的使命，应如何理解？怎样理解公司的组织目标的实现？我在《华为的红旗能打多久》上讲过，在历次很多讲话上都讲过，但大家都听不进去，今天就要考一次，你听不进去也要写。一个职业管理者他的职业就是实现组织目标，因此，实现组织目标不是他的个人成就欲所驱使，而是他的社会责任（狭义）无时不在地给他压力。

这就是无为而治的动机。

为了实现组织目标，要有好的素养与行为，我希望大家重视对自己的定位认识，加强个人职业素养的提升。

第二点，我想谈一谈一个担任高层职务的职业管理者的应有心态和行为特征。

华为曾经是一个"英雄"创造历史的小公司，正逐渐演变为一个职业化管理的具有一定规模的公司。淡化英雄色彩，特别是淡化领导人、创业者的色彩，是实现职业化的必然之路。只有职业化、流程化才能提高一个大公司的运作效率，降低管理内耗。第二次创业的一大特点就是职业化管理，职业化管理就使英雄难以在高层生成。公司将在两三年后，初步实现 IT 管理、端对端的流程化管理，每个职业管理者都在一段流程上规范化的运作。就如一列火车从广州开到北京，有数百人搬了道岔，有数十个司机接力，不能说最后一个驾车到了北京的就是英雄。即使需要一个人去接受鲜花，他也仅是一个代表，并不是真正的英雄。

我们需要组织创新，组织创新的最大特点在于不是一个个人英雄行为，而是要经过组织试验、评议、审查之后的规范化创新。任何一个希望自己在流程中贡献最大、青史留名的人，他一定就会形成黄河的壶口瀑布、长江的三峡，成为流程的阻力。

这就是无为而治的必须。

我上面说的是仅对高级管理者的，我没有说基层不要英雄，炸碉堡还是需要英雄的。基层干部不能无为而治。不当英雄，你也无法通向中高级管理者，谁会选拔你呢？对基层干部我们的原则是呕心沥血，身体力行，事必躬亲，坚决执行，严格管理，有效监控，诚信服从。与高级干部标准反过来，形成一个对立统一的悖论。

第三点，已经付了报酬，按劳获得了待遇，"英雄"不应作为额外索取的名义。

在职业化的公司中，按任职资格与绩效评价，付了报酬，已经偿还了管理者对职业化管理的贡献，个人应不再索要额外的"英雄"名义的报酬。为此，职业化管理者是该奉献时就奉献，而不是等待什么机会。

我们的价值评价体系也要学会平平静静。如果我们的价值评价体系，只习惯热闹，那我们就会导致高层管理者的"行为英雄化"。

实现无为而治，不仅是管理者实现"从心所欲不逾矩"的长期修炼，更重要的是我们的价值评价体系的正确导向。如果我们的价值评价体系的导向是不正确的，就会引发行为英雄化。行为英雄化不仅仅是破坏了公司的流程，严重的还会导致公司最终分裂。在这个问题上，我认为高级干部的价值评价体系导向比个人修炼更重要。个人修炼当然也重要，但小草再怎么浇水也长不成大树。如果价值评价体系不正确的话，那我们的导向体系就错了，我们公司就永远发展不起来。

我们将逐步引入西方公司职业化的待遇体系，如工资、奖金、期权、期股……都是回到让职业管理者默默无闻、踏踏实实地工作上去。我们实现了这些，高层更不应成为英雄。

这就是无为而治的基础。

REN ZHENG FEI

第6章　客户不是上帝，而是魂

　　为客户服务是华为存在的唯一理由，客户需求是华为发展的原动力，我们坚持以客户为中心，快速响应客户需求，为客户提供完善的服务，持续为客户创造长期价值成就客户。成就客户就是成就我们自己。

企业生存下来的唯一理由是客户

> 以客户的价值观为导向，以客户满意度作评价标准。瞄准业界最佳，以远大的目标规划产品的战略发展，立足现实，孜孜不倦地追求、一点一滴地实现。
>
> ——任正非

企业要靠谁来养活？答案显而易见——客户。任谁都知道客户是上帝，是各大小企业的衣食父母，这是一种普遍的商业价值观。但是，把客户当成上帝，对一个企业来说真的就够了吗？在任正非看来，客户应该被赋予为一个企业的灵魂。

华为生存下来的理由是为了客户。全公司从上到下都要围绕客户转。我们说客户是华为之魂，而不是一两个高层领导。建立客户价值观，就是围绕着客户转，转着转着就实现了流程化、制度化，公司就实现无为而治了。

任正非给予客户如此高的定位，并不是"假、大、空"的做派，也不是宣传企业的手段，而是真得参透了"客户至上"的理念。

阿尔卡特对于人们来说并不陌生，曾在电信产业处于领军地位，其掌舵者瑟奇·谢瑞克也是业界颇具影响力的一号人物。

21 世纪初，任正非在法国拜访这位传奇人物时，他曾说道："我一生投资了两个企业，一个是阿尔斯通，一个是阿尔卡特。阿尔斯通是做核电的，经营核电企业要稳定得多，无非是煤、电、铀，技术变化不大，竞争也不激烈；但通信行业太残酷了，你根本无法预测明天会发生什么，下个月会发生什么……"

当时的华为仍处在艰难的爬坡阶段，而瑟奇这样的困惑和迷茫同样引起了任正非的重视。难以想象，像阿尔卡特这样的业界的领路者都出现了困扰，那么等待华为的又将会是什么呢？

回国后，任正非在华为内部展开了一场大讨论，从而更加确定了"以客户为中心"的思想线路。因为此次讨论所得出的结论是，华为的明天一定是依附于客户的。

企业到底为了什么而存在？这是一个值得深思的问题。一个企业找到了其存在的理由，才能找准它的发展方向。否则，企业很容易走上岔路。在很多人看来，办企业不就是为了赚钱吗？他们认为，企业就是为了赚钱而存在的。如果一个企业以这个目标为导向的话，那么，它极有可能在发展的过程中忽视了客户。既然这样，客户为什么还要选择这个企业？没了客户，这个企业还如何盈利？

做企业必须要有一个清晰的目标，这是企业发展的动力和导向。在看待这个问题时，企业家们的考虑是不同的。产品、技术、利润、市场份额等，答案五花八门。但是，这些能够引领企业长远地走下去吗？

企业做的是产品，客户买的却不单单是产品。企业、产品和客户，三者之间所形成的这种关系必须引起人们的注意。任正非指出，客户在选购产品的过程中，最注重五个问题，它们分别是：高质量和稳定可靠的性能；强大的功能和有竞争力的价格；能够满足需求的领先技术；及时有效且质量高的售后服务以及产品、技术和公司的可持续发展。所以说，企业在产品、技术以及服务上所做出的努力，其最终的目的是满足客户。如此说来，企业若想获得长足的发展，有什么理由不把客户放到第一位呢？

华为内部流传着这样一个故事：有一年，任正非去新疆视察工作，刚从业务一线上提拔上来的新疆办主任特意租了一辆加长林肯去接机。任正非下飞机看到那辆车后非常生气。任正非觉得用办事处的车来接他就可以，如果车不够用的话，他也可以打车走。任正非批评了那位主任，还生气地说道："再说你只要派司机来就可以了，为什么还要亲自来迎接？现在你应该待的地方是客户的办公室，而不是坐在我的车里！"

按照任正非以往的习惯，出差或度假时，他是不会通知当地公司的负责人的，下机后，他一般都是直接乘坐出租车前往酒店或会议地点。

在任正非的身上，人们很难看到传统的领导作风，他也不喜欢他的下属搞这些"讲排场"的事情。针对公司的这种现象，任正非还提出过严厉的批评。

我们上下弥漫着一种风气，崇尚领导比崇尚客户更厉害，管理团队的权力太大了，从上到下，关注领导已超过关注客户。向上级汇报的胶片如此多姿多彩，领导一出差，安排如此精细，如此费心，他们还有多少心思用在客户身上？

于是，任正非又针对这种现象提出了"脑袋对着客户，屁股对着领导"的要求。这一理念并不是任正非的个人作风，华为的高层领导们都是认同的。华为的一位高管曾就这个问题加以说明："华为这样的做法，并不代表着领导层的道德觉悟有多高，这不是我们的出发点。重要的是，它体现着华为的价值观：客户重要，还是领导重要，这才是大是大非，关系到公司的胜败存亡。"

从表面上来看，客户正是把握着企业命脉的关键者。但事实上，"命运掌握在自己手中"是绝对的真理，企业的生死存亡关键还是看自己怎么做。"以客户为中心"是商人皆知的常识，而华为之所以能够成功地走到今天，就是因为它至今还没有丧失这一常识。

中国人民大学的一批 EMBA（高级管理人员工商管理硕士）学员在英国兰开斯特大学交流访问期间，将工业革命时期的英国与今天做了对比，看过以往的辉煌再看今朝，人们多少会感到震惊。讨论期间，有学员向英国教授提起了华为，教授说："华为不过是走在世界上一些曾经辉煌过的公司走过的路上。这些公司在达到顶峰之前也是客户导向的，也是不停奋斗的，但达到顶峰后它们开始变得故步自封，听不进客户的意见了，于是就衰落了。"

这些话听起来似乎有些不中听，可事实上，这位教授的评价是非常客观的。每一个企业在发展的过程中都会喊出"以客户为中心"、"客户第一"、"客户至上"等口号，但真正能把这一理念落到实处的企业并不多。很多企业发展到后期就开始盲目地追求利润而忽视了客户，这样的企业最终都难逃失败的命运。

所以，为了华为的基业长青，任正非始终坚持"为客户服务是华为存在的唯一理由，客户需求是华为发展的原动力"这一战略。

先实现客户的梦想

华为的追求是在电子信息领域实现顾客的梦想，并依靠点点滴滴、锲而不舍的艰苦追求，使我们成为世界级领先企业。

——任正非

清晰了"以客户为中心"的企业价值观后，人们要思考的问题就是：如何以客户为中心？说白了就是，企业究竟应该如何对待客户？任正非坚持的理念是"以客户的价值观为导向，以客户满意度为评价标准"，其实就是从客户的角度出发，满足客户的需求。

华为在产品研发上的最大的一个特点是，一旦产品立项通过，公司立马就会组建 PDT，即由市场、开发、服务、制造、财务、采购和质量人员组成的团队。PDT 会在产品开发的过程中起到管理和决策的作用，并通过某些部门的提前加入而更加快速有效地确定客户的需求，以求更有效地提供服务。

"满足客户的需求"，这在华为从来不是一句空话，他们真正做到了从客户角度出发，实现客户的梦想。

印尼 M8 项目是华为在海外开发的第一个融合计费项目，该项目在整个通信行业都是屈指可数的。华为得到了客户的信任，接下了"全网搬迁原有计费系统"的项目，也接受了对方提出的"在六个月内交付商用"的要求。抛开这个项目不谈，对方提出的期限要求就是一个很大的难题，这个数字基本上只是常规期限的一半。

如此艰巨的任务，对于参与到这个项目当中的所有华为工作者来说，都承受着工作上和心理上的巨大压力。在与客户就项目的问题进行沟通的过程中，华为先后派了四五批专门搞研发的专家团到现场，与客户进行面对面的交流。其中大规模的交流就有两次，每次都有不少于20人的专家参与。华为之所以会这么做，原因很简单，就是要了解客户的真正需求，哪怕是很细微的问题也不放过。华为工作者认为，只有在这些问题上不留死角，最终才能实现优质的交付。此处也体现了华为"实现客户梦想"的决心。

在讨论项目的过程中，双方的五六个团队就待在酒店里，白天开会商讨，晚上还要输出会议纪要，双方还要彼此进行确认。在此期间，当地的华为员工起到了十分关键的作用，他们不但要工作在一线上，还要做翻译，在双方的沟通中担任重要的桥梁角色。研发部的工作人员也十分用心。对客户所提出的问题，他们都尽可能地做出了解答；而对于对方所提出的要求都仔细地进行了分类整理。然后，他们会与客户耐心、坦诚地沟通，直到双方达成一致意见。

有的人认为，这个项目本身时间就很紧迫，华为还花了大量的时间在前期的准备工作中，这种做法是不明智的。但是，这个项目完成后，人们不得不承认，正是由于华为在前期投入了大量的人力、物力来做准备工作，它准确地把握了客户的需求，在突出重点的基础上确保了工作进度，该项目才最终得以成功地交付客户使用，并在指定的期限内完成了目标。这个项目结束后，华为受到了印尼合作方极高的评价。

任正非指出，没有对客户需求的最精确的了解，就不可能真正地服务于客户。客户的梦想如果不能实现，那么，企业的梦想最终也会成为泡影。所以，任正非将"实现客户的梦想"作为华为的企业使命。

任正非在一次讲话中提到：

十年以前，华为就提出：华为的追求是实现客户的梦想。历史证明，这已成为华为人共同的使命。以客户需求为导向，保护客户的投资，降低客户的 CAPEX（资本性支出，指资金、固定资产的投入）和 OPEX（运营成本，指当期的付现成本），提高了客户的竞争力和盈利能力。至今全球有超过 1.5 亿电话用户采用华为的设备。我们看到，正是由于华为的存在，丰富了人们的沟通和生活。今天，华为形成了无线、固定网络、业务软件、传输、数据、终端等完善的产品及解决方案，给客户提供端到端的解决方案及服务。全球有七百多个运营商选择华为作为合作伙伴，华为和客户将共同面对未来的需求和挑战。

华为以客户的需求作为起点，已经在一个阶段取得了成功。那么，华为究竟是如何探知以及满足客户需求的呢？是否也作为发展重点，形成了一定的管理体系呢？

为了了解客户最实际的需求，华为在各个产品线和地区部都成立了 Marketing 组织。目的就是贴近客户，了解客户的需求，同时将有关客户需求的信息快速有效地反馈给公司负责产品研发的部门，使其针对客户的需要来改进产品。另外还有华为完善的客户服务机构，更是让人感到贴心。总而言之一句话，有华为设备的地方就有华为的服务机构。

相信很多企业在服务客户上都做了不少，可真正能够取得成功的还是不多。所以，企业在努力的过程中必须以客户的价值观为导向，然后以客户的满意度作为检验成果的标准。

当年，整个行业出现 IT 泡沫后，关于制造商的选择，客户们不敢在贸贸然地做出决定了。他们往往会在谨慎地比较后，做出理性的选择。这种情况对于行业内的许多商家来说是极为不利的，任正非却并未对此感到担心。当时，各个企业的经营状况都不乐观，这个时候想要通过产品来吸引客户的眼球是不太可能的。在遭遇过危机之后，客户会更加看重企业的运营状况，谁也不愿意找一家随时都有可能倒闭的企业来合作。也就是说，客户不会再只选择产品，还要选择公司。任正非抓住了客户的这种心理，也可以说是一种新的价值观。之后，他便着手在公司资源的分配上做出调整。他的目的很简单，就是要让客户看出，华为是一家有实力的公司。

在企业运作相对困难的情况下做出这样的调整，很多人对任正非的这一举动表示怀疑。在一般人看来，越是困难的时候，企业越应该把有限的资源投入到有用的地方去，即所谓的"花钱花在刀刃上"。面对种种质疑之声，任正非不改初衷，依然坚持自己的做法。对此，他给出了明确的解释：

有些员工老是埋怨华为公司修了两个漂亮楼，浪费。我们在给生产总部做核算时，把玻璃幕墙拿下来，给市场部，算在市场部的核算里，作为他们的经营成本进行核算。为什么？因为这个玻璃幕墙是为市场部建的。因为客户来了一看，说这个公司很漂亮，不像垮的样子，把合同给它吧！所以说这个房子也是客户掏钱建的，不是我们掏钱建的，这一点一定要明白。我们是为客户服务，客户看了舒服，我们就为他建。因此，在这个阶段，我们的思路就是使客户对我们寄予一种安全感。这次我们在发展过程中，在上海要建立一个房子。市场部是少数派，据理力争，最后把我们多数派说服了，修了一个美国 AMBOY 公司设计的上海研究所的基地，当然也包括市场部的办公机构和展厅。这里面有一条走廊，有 22 米宽，35 米高，650 米长，我看里面可以降五架直升机了，可以在房子里面进行飞行表演了。市场部说五年以后要把客户吓一跳，把他们震住，把合同给我们。

要想谈下客户，就要迎合客户的价值观，任正非想要告诉我们的就是这个观念。道理很简单——道相同，方可与之谋！

客户的价值观于企业而言起着重要的导向作用，是客户满意度的前提，也是企业得以发展的根基。因而，任正非特别重视客户价值观的问题，也在不断地对其加以强调：

客户的价值观是通过统计、归纳、分析得出的，并通过与客户交流，最后得出确认结果，成为公司努力的方向。沿着这个方向我们就不会有大的错误，不会栽大的跟头。所以，现在公司在产品发展方向和管理目标上，我们是瞄准业界最佳，现在业界最佳是西门子、阿尔卡特、爱立信、诺基亚、朗讯、贝尔实验室等，我们制定的产品和管理规划都要向他们靠拢，而且要跟随他们并超越他们，如在智能网业务和一些新业务、新功能问题上，我们的交换机已领先于西门子了，但在产品的稳定性、可靠性上我们和西门子还有差距。我们只有瞄准业界最佳才有生存的余地。

只有得到客户的认同，企业才有机会为他们服务，为他们实现梦想。也只有这样，企业才能完成自己的使命，实现自己的目标。

"你赢，我赢"

客户的利益就是我们的利益。通过使客户的利益实现，进行客户、企业、供应商在利益链条上的合理分解，各得其所，形成利益共同体。

——任正非

1988 年，被华为定义为"服务年"；2000 年，华为扛起了"服务的华为，增值的网络"的旗帜；2001 年，"你赢，我赢"成为了华为新的服务思维；2003 年，华为在 IBM 的帮助下正式实施"三大转移"（工程向合作方转移、维护向用户转移、客服中心向技术支援转移）的服务战略；2008 年，"新运维，新价值"作为华为服务理念新鲜出炉……

以上就是华为服务理念的一个发展简史，它呈现出了华为自创立以来在客户服务理念上的飞跃。人们看到的是华为在落实"以客户为中心"这一核心理念时所做出的努力以及他们所取得的进步。

华为的服务理念一直在不断地更替，但企业的核心价值观是不变的，那就是：以客户为中心，聚焦客户关注的挑战和压力，提供有竞争力的通信解决方案和服务，持续为客户创造最大价值。

当任正非提出将"实现客户的梦想"作为华为的追求时，很多人就在思考：客户在意的到底是什么？其实，答案就如人们所想的那样简单——利益。当然了，它不单单指利润，也包括客户想要在这个商业过程

131

中所期望得到的其他价值。在这个问题上，任正非就有一个清晰的认识。

企业不能只为实现股东利益最大化，也不能以员工为中心，管理的任务是争得为客户服务的机会，因为客户是企业价值的源泉，没有了客户，企业就失去了立足之本。现代企业竞争已不是单个企业与单个企业的竞争，而是一条供应链与供应链的竞争。企业的供应链就是一条生态链，客户、合作者、供应商、制造商命运在一条船上。只有加强合作，关注客户、合作者的利益，追求多赢，企业才能活得长久。因为，只有帮助客户实现他们的利益，华为才能在利益链条上找到华为的位置。只有真正了解客户需求，了解客户的压力与挑战，并为其提升竞争力提供满意的服务，客户才能与你的企业长期共同成长与合作，你才能活得更久，所以需要聚焦客户关注的挑战和压力，提供有竞争力的通信解决方案及服务。

任正非提出这样的观点，并不是说他不在乎企业和员工的利益而完全服务于他人，恰恰相反，他正是出于企业长期发展的考虑，才会提出这样的理念。在任正非看来，只考虑自身利益的企业，很难长久地做下去。

一切商业行为都是围绕利益展开的，商人无利而不往，这是买卖的起点，也是建立客户关系的根本前提。但是，作为一个商人，如果只关注自己的利益，那么，他将很难找到可以长期合作的伙伴。要知道，一个没有稳定客户资源的企业，随时都有可能面临倒闭的危机。所以说，努力为客户创造价值，其实是一件双赢的事。就单纯地拿利益来说，你让客户挣到钱了，他自然就愿意依附于你。这样一来，企业的利润还需要发愁吗？

正所谓"有舍才有得"，任正非也是基于这一点提出了"多让些利益给客户"的观点。只有帮助客户成功了，企业才能走向成功。这便是任正非给予人们的启示。而为了更有效地帮助客户创造更大的价值，任正非又提出了"深淘滩，低作堰"的全业务运营理念。他在一次表彰大会上讲道：

深淘滩，低作堰，是李冰父子两千多年前留给我们的深刻管理理念。同时代的巴比伦空中花园、罗马水渠、澡堂……已荡然无存，而都江堰仍然在灌溉造福成都平原。为什么？李冰留下"深淘滩，低作堰"的治堰准则，是都江堰长盛不衰的主要"诀窍"。其中蕴含的智慧和道理，远远超出了治水本身。华为公司若想长存，这些准则也是适用于我们的。深淘滩，就是不断地挖掘内部潜力，降低运作成本，为客户提供更有价值的服务。客户绝不肯为你的光鲜以及高额的福利多付出一分钱的。我们的任何渴望，除了用努力工作获得外，别指望天上掉馅儿饼。公司短期的不理智的福利政策，就是饮鸩止渴。低作堰，就是节制自己的贪欲，自己留存的利润低一些，多一些让利给客户，以及善待上游供应商。将来的竞争就是一条产业链与一条产业链的竞争。从上游到下游的产业链的整体强健，就是华为生存之本。物竞天择，适者生存。

任正非在其他企业的生死存亡中得到了一些启示，很多企业为了眼前的利益而节约成本，从而忽视了技术上的研发和创新，甚至在营销上的投入也减少了，直接找外包公司来做。结果，这些企业可能取得了一时的风光，但最后都一点点地走向没落，从此成为无人问津的失败者。在金融危机的环境下，这种现象更是屡屡发生。灾难面前，它们之所以躲不过，就是败在了核心竞争力这一关键关节上。金融危机之于电信行业而言，尤为如此。

于是，任正非提出了"深淘滩，低作堰"的战略，目的就是在对内和对外两个方面做出充分的准备。对内而言，深度挖掘自身的潜力是为了加强企业的核心竞争力，即在研发和营销上多投入、多探索，以保证企业的根基。对内的挖掘是为了更好地对外展现实力，这时还要以"低

133

作堰"来加强保障，就是舍得让利。这样一来，无论企业遭遇怎样的金融危机，它都可以安然度过。因为，只有客户是企业最直接的保障。

为了实现共赢，让利是比较直接的方式，除此之外还可以走一些间接的途径。在这一点上，任正非的远见卓识依然得以体现。

2008 年的金融危机致使全球的很多行业都发生了或多或少的变化，电信行业也逃脱不掉，走上了从传统电信业转型为信息服务业的道路。在一个阶段内，他们最主要的任务就是找到新市场。在这样的背景下，华为重新部署了传统电信服务网络，旨在帮助运营商快速进入目标市场，从而抓住投资的先机。此时，尽快部署网络是华为的首要目标及核心任务，其目的就是帮助客户抢占市场先机。

华为之所以能够在这场战役中成功转身，从一些数字上就可以找到原因。2009 年，华为仅在上半年就部署了 26 万多个无线站点。按照这个速度来看，几乎每分钟都有一个华为所承建的站点上线。这样的交付效率并不容易达到，所以它也成了华为的核心竞争力。

华为所构筑的一流的交付平台为客户抢占市场先机提供了有力的保障，因而华为必然会成为首要的选择。

企业能够为客户提供的不止是产品本身，但凡是客户需要的，都应该是企业关注的，且都可以发展成为有效的竞争力。为客户创造利益的本身就是为企业自身创造利益，"共赢"的理念是不变的真理。

像经营产品一样经营客户关系

我不是不见人，我从来都见客户的，最小的客户我都见。

——任正非

做企业的人都知道企业的生存系于客户的道理，因而也都十分重视客户关系的经营。那么，华为在这一点上与其他企业之间到底有什么不同呢？区别在于，华为不仅仅是将其作为发展和管理企业的一种理念来宣传，更是将其落实到了市场营销与业务拓展中来，让其发挥实质的作用。华为真正做到了将"客户关系"作为一门科学在研究，就像他们所研发的产品一样。

华为为此还专门提出了一个"一五一工程"，意思是一支队伍、五个手段和一个资料库。其中的五个手段包括：参观公司、参观样板点、现场会、技术交流、管理和经营研究。这是华为为客户设下的一个专门的服务体系，是华为制度化的一个组成部分。它是员工必须奉行的一个准则，也成为了华为的企业文化之一。

另外，华为在营销战略上有两条线，一条是产品线，一条是客户线。产品的营销主要包括售前、产品宣讲、技术交流、答标、市场策略等工作；客户的营销则是把客户关系关注在运营商客户上，具体还包括关注客户的家人，关注客户的一举一动，关注客户的喜好以及需求等。

任正非也对技术服务人员提出过这样的告诫：

客户是我们的衣食父母，你们的工资收入和各项福利不是我给的，而是客户给的，客户才是你们真正的老板。我们要为客户提供优质产品和一流服务，让客户在华为得到尊重，受到感动，维护良好的客户关系。

华为在客户的营销上的确做得非常细致，刘平在《华为往事》中写道："为经营好客户关系，华为人无微不至……能够从机场把对手的客户接到自己的展厅里；能够比一个新任处长更早得知其新办公地址，在他上任第一天将《华为人》报改投到新单位。这些并不稀奇的'常规武器'，已经固化到华为企业制度和文化中了。"

不可否认，正是因为华为的用心经营，其客户关系才得以慢慢地渗透到了市场的每一个角落。任正非在一篇题为《天道酬勤》的文章中写道：

设备刚出来，我们很兴奋，又很犯愁，因为业界知道华为的人很少，了解华为的人更少。当时有一个情形，一直深深地印在老华为人的脑海，经久不褪：在北京寒冬的夜晚，我们的销售人员等候了八个小时，终于等到了客户，但仅仅说了半句话——"我是华为的……"就眼睁睁地看着客户被某个著名公司接走了。望着客户远去的背影，我们的小伙子只能在深夜的寒风中默默地咀嚼着屡试屡败的沮丧和屡败屡战的苦涩。是啊，怎么能怪客户呢？华为本来就没有几个人知晓啊。

由于华为人废寝忘食地工作，始终如一虔诚地对待客户，华为的市场开始有了起色，友商看不到华为这种坚持不懈的艰苦和辛劳，产生了一些误会和曲解，不能理解华为怎么会有这样的进步，还是当时一位比较了解实情的官员出来说了句公道话："华为的市场人员一年内跑了500个县，而这段时间你们在做什么呢？"当时定格在人们脑海里的华为销售和服务人员的形象是：背着我们的机器，扛着投影仪和行囊，在偏僻的路途上不断地跋涉……

人们形象地形容道：华为在以"宗教般"的虔诚感动客户。最初，华为的市场就是这般得来不易。所以，华为人更懂得每一个客户的珍贵之处。

另外一个值得研究的是，对待不同客户之间的差异问题。华为提出了"普遍客户"的概念，是相对于关键客户而言的。客户对于任何企业来说都是有区别的，有的是大客户，有的是小客户。一般企业在对不同的客户时是有所差别的，这是一个不可否认的事实。但在华为，客户不分大小，职务不分高低，只要是和产品销售有关的人员，必须全面攻克。

任正非就对此做出了解释，他在一次讲话中提到：

我们有二百多个地区经营部。有人说撤销了可以降低很多成本，反正他们手里也没合同，我们还要不断地让他们和客户搞好关系。我相信这就是我们与西方公司的差别。我们每层、每级都贴近客户，分担客户的忧愁，客户就给了我们一票。这一票，那一票，加起来就好多票，最后，即使最关键的一票没投也没有多大影响。当然，我们最关键的一票同样也要搞好关系。这就是我们与小公司的区别，做法是不一样的，小公司就是很势利。我在拉美时，与胡厚昆谈话，胡厚昆讲到了拉美市场拒绝机会主义。有合同，呼啦啦就来了，没合同，呼呼呼就走了。我认为他们的关系是不巩固的，至少普遍客户关系不巩固。

在华为人的眼中，客户都是一样的。他们不会轻视订单量小的客户，在合作的过程中也不会一味地与对方的高层领导接触。

一年春节，黑龙江的设备出现了问题，一个本地网交换机中断。华为的技术人员人在深圳，但他还是在 24 小时之内赶到了事发地。技术人员检查发现，该客户在网络上运行着的机型有很多种，而出现问题的设备并不是华为的。另一方面，出现故障的设备的厂商一直没有回信。华为的技术人员见状就主动帮助客户对故障设备进行了检修，最终机器得以顺利运行。

很多企业对客户关系的经营主要发生在售前，客户的售后服务根本得不到保障。但在华为，客户关系的经营是贯彻始终的。

华为在客户关系的经营中还提到，要建立从上到下的全方位客户关系。很多人在与客户交涉的过程中只与对方的高层领导或项目负责人接触，这是很多企业洽谈业务的作风，但这偏偏就是客户关系经营的一种局限。华为如今能拥有如此庞大的客户群以及牢固的客户关系，同其所编织的从高层到执行层的关系网络密切相关，华为与各地区电信局的合作就是一个最好的例子。

华为刚成立的时候，跨国公司在电信行业内占据着巨大的市场份额，他们多与省级单位合作，因而总有一些县级地区顾及不到。当时的县级电信局是有采购权的，这对华为来说是一个相当不错的契机。后来，县局的采购权被收回，全部收至省局，但华为在县级地区的投入却并没有撤回，也没有减少。

后来，中国电信再次陷入分拆局面，电信运营商增至七个。跟随这一脚步，华为也相应地成立了七个运营商系统部，从运营商的总部到省分公司都设立了分支机构。另一方面，运营商的采购权被收回后，除了地市公司之外，省公司的部分采购权也被收回，大都开始采用集中采购的方式。这时，相对于那些原本只做总部和省公司的跨国公司而言，华为的局面变得非常不利。就这样的情况来看，一般人会选择撤出地市公司的销售渠道，然后将资源投入到更有发展的市场上去。然而，华为最终的做法让人大跌眼镜。任正非不走寻常路，反而在那些地区投入了大量的人力和物力。他们在各地建立起了客户服务中心，更加贴近客户，依然诚心地为他们提供服务。

华为所采取的一系列举措让人震惊。可事实上，华为看重的并不是县局的决策权或购买权，而是他们对设备的建议权和评估权，他们在集中采购的过程中同样发挥着重要的作用。华为重视客户，他们自己也才能被重视，才会被选择。

延伸阅读

坚持客户导向，同步世界潮流
——公司 C&C08 交换机设备签定仪式上的讲话

感谢北京市给我们这个机会，我认为今天进入北京市不是一个商业活动的问题，它代表的意义要更加深刻。北京网的重要性和复杂性在中国和世界都是非常高的，中国不要很长时间就会成为世界第一通信大国，而且中国通信网，特别是首都通信网的经验将会对其他国家产生重要影响。

华为已经在二十多个国家开局，因此，如果我们在北京取得经验将是我们在国际市场上站稳脚跟的一个重要基地，基于这一点，我非常感谢北京邮电管理局、北京市话局、郊区局和有关专家和领导给予的支持和信任。

华为是一家年轻、充满活力而专注于电信业的公司，它成立于1988年，在短短八年时间中，以每年超过100%的速度取得了飞速的发展。1996年产值25个亿，1997年预计可达到50～60个亿。现有员工3100人，其中40%从事开发与研究，35%从事市场销售和技术支持，12%从事行政管理，13%左右的人员从事生产制造。明年我们公司可发展到5000来人，国家教委已经批准了在三十多个院校给我们1500名学生，现在各个大学感到压力很大。公司的年轻体现在它的员工身上，全公司员工的平均年龄才26岁左右，其中已经有60%取得了硕士、博士和高级工程师的头衔和学历，许多人已经是掌握先进技术、从事电信研究工作已达五年以上。正是这些高素质、高学历的青年男女正在积极地推动着公司的快速发展。公司建立起了完整的生产管理和质量保证体系，获得了国际权威机构 DNV 和 SQCC 两家的 ISO9001 认证。ISO9001 涵盖了设计、开发、生产、安装和服务的质量保证模式，保证了公司从设计到进行质量管理这一方针的实施，它也是我们与其他国家和伙伴建立合作机构的质量保证基础。

华为能在中国激烈的通信市场竞争中和与世界电信巨子的较量中脱颖而出的原因，除了坚持以顾客为导向，拥有令人赞叹的产品可靠性记录外，最重要的是它对研究开发的高度重视。公司拥有 1200 名研究开发人员，每年将销售 10% 投入研究发展。研究发展总部设在深圳，在美国硅谷、北京和上海建立了研究发展分支机构。

公司的 C&C08 交换机作为市话和农话设备在许多地区得到了广泛应用，至今已交付了近 700 万线，它集成了许多先进功能，能为业务复杂的全本地网提供一体化的华为数字交换平台。同时 C&C08 也开始运用为网间接口局（Gateway）、长途汇接局和国际长途局。在 Unicom 的 GSM 网间接口局国际招标中，C&C08 已经中标，提供了联通公司第一个 GSMGateway。C&C08 已经作为 C2 级长途汇接局在网络上运行并极有可能在海外提供国际长途局。已经研制成功的最先进的 C&C08STP 设备，使华为跻身进入世界少数几家能提供此类设备的通信巨头行列。这类设备应用在信令网的最高层，是建立高效、高可靠性、智能化的现代电信网的基础。

在先进业务提供方面 C&C08 也走在了前列，广东省 Internet 接口局，全中国第一个商业试验网——深圳商业网，提供了虚拟网、ISDN、可视电话、Internet 访问、主叫号码显示、无线漫游等多种业务，在香港的密集商业区提供了大容量的 NP 智能网平台。在建设国家信息高速公路中，由信息委统一安排正在安装中国第一套基于光纤息同缆混合网（HFC）的双向话音数据业务。实现光纤到路边（FTTC）、光纤到大楼（FTTB），提供最新 ITUV5.2 标准接口。

随着电信网的不断发展，电信运营商需要各种新的技术来提供电信增值业务以提高整个网络的服务水平，智能网和电信智能业务已经发展成为华为公司的一大支柱。公司的智能网产品提供了 CallingCard、VPN、NP 等各项先进业务，同时我们也是智能电信增值业务的主要供应商，还有大容量的语音邮箱、排队机、查号系统、综合信息系统等。我们的查号系统已经占领了中国近 80% 的市场，我们为上海国脉提供了多达 500 座席的用于传呼的排队机，提供中国近 80% 的综合系统。

SDH 设备是信息高速公路的主干道，华为提供的 155/622 兼容的 SDH 具有相当的优点，使其能在众多的竞争者中脱颖而出。它已被许多地区所采纳，1997 年年初该系统还将进一步升级到 2.5Gb/s，为大容量电信网和宽带通讯筑路建桥。我们实用的宽带多媒体通讯技术，可以实现会议电视、远程教学、远程医疗、视像点（VOD）、远程游戏等业务，这拉近了人与人之间的距离，也拉近了不同民族之间的距离，这也是我们这家通信公司致力于高科技所追求的目标。

公司仍在从事着许多其他的先进技术，这些技术都是构成先进电信网的重要环节，正是这些先进的潜在技术的不断运用使公司持续不断地发展，并拥有广阔的空间。公司目前提供了具有世界先进水平的电信网全方位解决方案，正是依靠这些先进的技术使得我们能为世界许多国家的电信发展提供服务。

以顾客为导向是公司的基本方针，公司本着贴近客户的原则在全国建有 33 个办事处和 33 个用户服务中心，与 22 个省管局建有合资公司，在莫斯科设立代表处，在其他国家正在兴建合资工厂，在东欧十多个国家安装了设备，为香港提供了商业网、智能网和接入网。为了满足用户的要求，我们还会做出我们更大的努力。

REN ZHENG FEI

第 7 章　平静就是一种灾难

　　十年来我天天思考的都是失败，对成功视而不见，也没有什么荣誉感、自豪感，而是危机感。也许是这样才存活了十年。我们大家要一起来想，怎样才能活下去，也许才能存活得久一些。失败这一天是一定会到来，大家要准备迎接，这是我从不动摇的看法，这是历史规律。

总裁患上"焦虑症"

> 繁荣的背后，都充满危机，这个危机不是繁荣本身必然的特性，而是处在繁荣包围中的人的意识。
>
> ——任正非

在很多人看来，任正非就是一个"焦虑症患者"。表面上看似乎真的是这样，因为不管华为取得了怎样的成就，任正非对其始终都充满了担忧。

当年，华为用两年时间进行研发、实验以及市场推广的 C&CO8 数字程控交换机，终于在国内市场站住脚，取得了规模商用，成为了广大农村通信市场的主流设备之一。这是华为在自主研发道路上的重大突破，华为员工为此欢欣鼓舞，同时也为公司未来的发展更加充满信心。

而此时的任正非并没有与他的员工一同陷入喜悦中，而是进行了深刻的思考。在任正非看来，当时的中国无疑是世界范围内最大、发展最快的市场，因而必然会出现拼死争夺的情势。国内外产品齐聚很容易导致市场严重过剩的危机局面，而为了获得市场，大家一定会拼命削价，展开一场价格竞争的恶战。那些跨国企业本身就有着雄厚的经济实力，而且早已占领了大部分中国市场，因而这样的局势并不会对它们产生太大的影响，但对于中国还维持着分散经营的企业来说，必将困难重重。

1996 年，华为全年销售额达到 26 亿元，华为渐入顺利发展的佳境。

就在人人都喜气洋洋的时候，任正非却尖锐地提出：面对眼前的成功，华为人要有一个清醒、理智的认识，否则成功带来的不是繁荣，而是危机。

就在这一年，任正非在华为内部发起了惊天动地的"市场部领导集体辞职"的运动。当时，很多人以为这会给华为造成混乱。可事实上，市场部经过整改后，连续三个月创造了历史最佳业绩，月销售额甚至升至3.15亿元。在这一段时期内，华为捷报频传，首先与深圳商业网、广东视聆通等顺利地签订合同，然后与天津HONET签订并实施综合接入系统备忘录，之后中国联通深圳公司与深圳市邮电局纷纷使用08机做专用接口局……每一项目带给华为的不止是利益，新领域、新市场的拓展，都是战略性的突破。

在一次表彰大会上，任正非向奋战在前线并做出成绩的华为人，提出了表扬，并号召全公司的工作人员向他们学习。在庆功会上，任正非还不忘提醒大家警惕危机。

繁荣的背后都充满着危机。这个危机不是繁荣本身的必然特性，而是处在繁荣包围中的人的意识。艰苦奋斗必然带来繁荣，繁荣以后不再艰苦奋斗，必然丢失繁荣。"千古兴亡多少事，悠悠，不尽长江滚滚流。"历史是一面镜子，它给了我们多么深刻的启示。忘却过去的艰苦奋斗，就意味着背弃了华为文化。

关于对危机的阐述，任正非最著名的言论还要属他的"冬天论"。在华为的发展史上，任正非总共四次拉响"冬天"的警报。每一次，他都要求华为的高层管理人员牢固树立危机意识，戒骄戒躁。

2000年，任正非第一次发出"冬天"预警，这也是他最具影响的危机预言。此时，人们正处在新世纪的狂欢中，IT行业也是一派欣欣向荣的景象，世界各地的IT精英们都充满了乐观与自信，他们深信这是属于他们的时代。这一年，华为的销售额突破到152亿元人民币，以29亿元的净利润抢占全国电子百强之首的位置。而任正非却在这时以极其冷峻的口吻宣布道：华为的冬天到来了。

任正非的宣告并非危言耸听。放眼全球，这一年的局势并不乐观——美国科技股暴跌，互联网泡沫破灭；纳斯达克指数仅一年的时间就下跌了 56%；思科、爱立信、摩托罗拉等公司也都停止了持续增长的状态；朗讯和北电等纷纷掉入亏损的局面……

任正非认为，网络股的暴跌至少会对建设预期产生两到三年的影响，而电信设备制造业也必然会惯性地进入收缩。

事实证明，任正非的预期并没有错。之后不久，整个业界都进入了低迷期，所有的 IT 行业都陷入了前所未有的困境。

事实上，危机意识并不是任正非一个人的专属，很多企业家也都习惯保持高度警惕。

作为公认的成功企业家，微软的创始人比尔·盖茨也常常告诫他的员工——"距离破产只有 18 个月"，以使他们时刻保持危机感；海尔集团 CEO 张瑞敏，是中国最负盛名的企业家之一，他也曾描述过自己的经营感受——"永远战战兢兢，永远如履薄冰"。

由此可见，每一个充满忧患意识的领导，大多可以撑起一个成功的企业。在取得胜利时，他最关注的不是企业的成功，而是企业还能走多远，又或者企业是否有可能会面临危机，怎样的危机，以及该如何应对危机。

企业家是否具有危机意识，关系着整个企业的命脉，它反映出的是企业应对环境变化的反应能力。"生于忧患，死于安乐"，这是历史留给后人的宝贵财富。一个组织越是沉浸于过去的辉煌，就越容易跳入安逸的温水中，从而忽略了外部环境的变化，而一旦危机来临，他们只能陷入措手不及的慌乱中。对于一个企业来说，缺乏危机意识绝对是一个致命伤。领导者没有危机意识，就没有变革的意愿，渐渐地丧失的就是变革的能力和转换核心竞争力的动力。而没有创新的企业就只能停滞不前，因而在未来的竞争中也没有任何战力可言，落败只是早晚的事。

因此，企业家一定要有危机意识。

任正非显然是中国讲危机最多且最尖锐的一个企业家，甚至是把危机"常态化"了的企业家。他把危机意识融入到了企业文化中，然后传递到每一个人，让员工也无时无刻地处在这种紧张的忧患环境中，为的就是抑制他们的盲目乐观，从而时刻保持战斗状态。

企业本身就是一个经营危机的事业，任正非更是将危机的经营发挥到了极致。任正非作为一个企业家，他的忧患意识以及对企业经营管理的深度思考，已经将华为的成长基调推向了一个一般中国企业所不能企及的思想高度，这也是华为不断前进的内在动力。

失败这一天终会到来

我们公司的太平时间太长了，在和平时期升的官太多了，这也许就是我们的灾难。泰坦尼克号也是在一片欢呼声中出的海。而且我相信，这一天一定会到来。

——任正非

任何事物都有其自然的发展规律，就像生命的轮回一样。企业也不例外，按照这种说法，企业最后的结局便是失败、破产、灭亡。任正非在这一点上的认识是最深刻的，他的危机意识在这个认识的过程中起到了决定性的作用，而且让他预见到了最坏的结果，即华为的末路。

危机并不遥远，死亡却是永恒的，这一天一定会到来，你一定要相信。从哲学上，从任何自然规律上来说，我们都不能抗拒，只是如果我们能够清醒地认识到我们存在的问题，我们就能延缓这个时候的到来。

任正非坚信，失败这一天一定会到来。因而，他也一直在呼吁全体员工准备迎接。在他看来，只要做出了准备，即便不能避免危机，至少也可以最大限度地降低受损。

危机的到来是不知不觉的，我认为所有的员工都不能站在自己的角度立场想问题。如果说你们没有宽广的胸怀，就不可能正确对待变革。

所以，任正非坚持把这种失败即将来临的意识传递到企业的每一个人。华为不止需要某个人、某个部门或某个管理决策层具有危机意识，而是全体员工"严阵以待"。

为了强化员工的危机意识，任正非甚至将这种思想纳入企业的发展规划中，将其作为一项重要战略。"华为基本法"中亦有明确规定：为了使华为成为世界一流的设备供应商，我们将永不进入信息服务业。通过无依赖的市场压力传递，使内部机制永远处于激活状态。

这条规定出台后，曾遭到了很多人反对。大家也就此在讨论会上展开了激烈的辩论，反对方认为，"不进入信息服务业"这个决定是不明智的。在当时的多数人看来，发展信息服务业不仅能对促进企业现有产品的销售产生巨大的推动作用，而且它本身的市场发展空间也具有非常大的潜力，其利润可能要比传统的硬件设备收入更可观。总之，他们认为华为应该抓住这样的机会。

对于华为为什么不走信息服务的道路，任正非最后做出了解释：

我们把自己的目标定位成一个设备供应商，我们绝不进入信息服务业就是要破釜沉舟，把危机和压力意识传递给每一个员工。

进入信息服务业有什么坏处呢？自己的网络卖自己产品时内部就没有压力，对优良服务是企业的生命理解也会淡化，有问题也会互相推诿，这样企业是必死无疑了。在国外我们经常碰到参与电信私营化这样的机会，我们均没有参加。当然，我们不参加，以后卖设备会比现在还困难得多，这迫使企业必须把产品的性能做到最好，质量最高，成本最低，服务最优，否则就很难销售出去。任何一个环节做得不好，都会受到其他环节的批评，通过这种无依赖的市场压力传递，使我们内部机制永远处于激活状态。这是置之死地而后生，也许会把我们逼成一流的设备供应商。

不得不承认，任正非的视角是独特的，但其说出的道理也是无可辩驳的。因而，他最终还是将这大多数人给说服了。

任正非说得虽然肯定，但预见性的事情谁也没有保证。对于可能到来的失败，人们好似并不能做什么，但也一定不能什么都不做。他把这种思想传递给每一个人，就是希望他们做出应对的准备。

世界上我最佩服的勇士是蜘蛛，不管狂风暴雨，不畏任何艰难困苦，不管网破碎多少次，它仍孜孜不倦地用它纤细的丝织补。数千年来没有人去赞美蜘蛛，它们仍然勤奋，不屈不挠，生生不息。我最欣赏的是蜜蜂，由于它给人们蜂蜜，尽管它有时会蜇人，人们都对它赞不绝口。不管您如何称赞，蜜蜂仍孜孜不倦地酿蜜，天天埋头苦干，并不因为赞美产蜜少一些。胜不骄，败不馁，从它们身上完全反射出来。在荣誉与失败面前，平静得像一潭湖水，这就是华为应具有的心胸与内涵。

华为未必会走到穷途末路的那一天，但其发展道路不可能一直风调雨顺，狂风暴雨是一定会有的，任正非对此坚信不疑。他希望华为真到那一天的时候，华为的每一个员工都能像蜘蛛一样，不管遇到什么样的挫折和打击，都要坚强面对，然后付出自己最大的努力去应对危机。

躲不过的"寒冬"，迎面直击

> 我们还太嫩，我们公司经过十年的顺利发展没有经历过挫
> 折，不经过挫折，就不知道如何走向正确道路。
>
> ——任正非

如果说任正非不是一位"焦虑症患者"的话，那么，他至少也算得上是一个预言家。"萎缩和破产一定会到来"的论断让人记忆犹新，而"没有什么事物可逃脱衰退和死亡"也是一个自然的发展规律，华为虽未走向衰败，但它也先后经历了几次冬季的蛰伏期。

1998 年，华为经过几年的努力终于成长为国内通信制造业霸主，甚至取代上海贝尔成为国内通信市场的领军企业。但此时，国内电信行业的局势却发生了一些变化，比如电信市场的分拆。

受电信市场分拆的影响，各地的电信部门都在进行组织调整和企业内部建设，因而网络建设工作也出现了停滞的状态。面对这种局面，华为出现了自创业以来首次年增长率没有超过 50% 的状况。于是，任正非感受到了"寒意"。

2000 年，纳斯达克股灾成为了全球电信产业下滑的导火索，而中国市场也未能幸免于难，华为自然也要受到牵连。另外，由于策略的失误还错失了小灵通和 CDMA 这两大业务，更加阻滞了华为的增长态势。

同年，任正非在《华为的冬天》中阐述了"失败一定会到来"的观

点，并预言"华为冬天"的到来。对于一个正处在上升发展阶段的企业而言，这一信息确实显得有些突兀，但任正非的猜测也不无道理。

作为一个企业的领头人，任正非当然也希望公司能够长期处于稳定发展中，太平的时间越长越好，但这却是事物发展规律所不允许的。结合现状，任正非便看到了一个自然的发展规律的必然结果。

华为的危机，以及萎缩、破产是一定会到来的。

现在是春天吧，但冬天已经不远了，我们（要）在春天与夏天就要念着冬天的问题。我们可否抽一些时间，研讨一下如何迎接危机？IT业的冬天对别的公司来说不一定是冬天，而对华为可能是冬天。华为的冬天可能来得更冷更冷一些。（因为）我们还太嫩，我们公司经过十年的顺利发展没有经历过挫折，不经过挫折，就不知道如何走向正确道路。磨难是一笔财富，而我们没有经过磨难，这是我们最大的弱点。我们完全没有做好不发展的心理准备与技能准备。

经济低迷将许多企业都带入了困境，但华为也借此寻找到了新的出路。此后，华为将更多的精力放到了海外，开始调整海外业务的进攻姿态。

2002年，华为的整体销售额虽然下降了17%，但海外市场的销售额却增加了210%。据统计，从2000年到2004年，华为的海外复合增长率为122%。至此，华为已经恢复元气，仅2004年这一年的销售额就达到了460亿元，实现了新的突破。

然而，就在这大好形势下，任正非第二次宣告了"冬天"的到来。电信行业已经回暖，所以，这一次是华为自己的问题。华为同其旧部李一男所率领的港湾之间的竞争正如火如荼地进行着，而另一方面，世界范围内的电信巨头也纷纷将目光转向了华为，开始注意其动向。英国的《经济学家》曾评论道："华为这样的中国公司的崛起将是外国跨国公司的灾难。"如此情形，那些跨国大公司又怎么可能坐以待毙？果不其然，不久之后，思科就与华为发生了知识产权纠纷。

华为最终还是挺过了冬日的严寒，继续上路前行。到了 2009 年，华为的收入从十年前的 152 亿元人民币增长到了 218 亿美元，一跃成为仅次于爱立信的全球第二大电信设备制造商。

然而，就在大家为此感到无比骄傲的时候，"冬天"的警报又拉响了，华为再次进入"过冬"预警状态。这次的"冬天"是就经济大环境而言的，但对华为来说其实称得上是"暖冬"。

经济危机确实波及到了很多行业，但电讯还是要继续发展的。糟糕的经济环境反而会促使人们在价格上多做考虑，而这恰恰对华为在市场上的竞争非常有利。

著名企业战略专家姜汝祥曾分析说："未来 4 ～ 5 年，就是华为提升核心竞争力的时候，在战略、组织、制度层面改善提升，以应对下一轮的经济复苏。"

当时，任正非给华为的核心管理层及部分产品线的高管写了一封邮件，内容是他转发的《财富》上发表的一篇题为《思科准备过冬》的短文，以及他为此文写下按语，其中有一段是这样说的：

思科的今天，就是我们的明天。当然我不是在激励人们，而是在警示人们，他们比我们更早地感知到市场竞争的艰难与残酷。思科比我们聪明，他们对未来的困难早一些采取了措施，而我们比较麻木而已。

可见，任正非在任何时候都不敢放松警惕。任正非认为，华为即将面临的危机是经济全球化所带来的危机，经济全球化导致的直接结果就是竞争越来越残酷，特别是电子行业。那么，在如此激烈的竞争下，任何企业都有可能倒下。因而，华为必须小心"过冬"。

2012 年，华为全球销售收入达 2202 亿元人民币，其中净利润为

153.8 亿人民币，同比增长了 32%。统计显示，在过去的八年里，华为的复合增长率达到了 30% 左右。而专业人士也做出了分析，预计华为在未来的三到五年内，增长率仍能达到 10%。

对此，任正非依然坚定地表示：

历史上的大企业，一旦过了拐点，进入下滑通道，很少有回头重整成功的。我们不甘倒下，那么我们就要克己复礼，团结一致，努力奋斗。

在大多数人看来，华为的成功之路很顺利，似乎也是必然的，但人们看到的只是华为的辉煌，其背后的艰辛，以及华为所面临的一个又一个困难，外人是难以理解的。

与成功相比，更要注重失败

> 失败并不可怕，失败是一种光荣，一个经常失败的人一定会
> 比一个从不失败的人强，因为他勇于创新，勇于突破。
>
> ——任正非

在竞争日益激烈、市场变化愈发迅速的情况下，企业遭遇失败的概率也明显增加。而任正非更是非常确定地指出："失败这一天是一定会到来的。"

那么，面对不可避免的失败，企业应该做些什么呢？任正非认为，此时唯一可以做的就是总结和学习，经验和教训就是最好的老师，它能够帮助人们不被失败打倒。

当年，任正非出访美国，走进了 IBM。在这里，他得到了重要启发，也找到了他想要学习和借鉴的"材料"。

20 世纪 80 年代初，IBM 正处在赢利巅峰期，作为一个大企业，它有着优越的产业地位，但由于受到个人电脑及网络技术发展的影响，其赖以生存的大型机市场遭到了重创。直到 20 世纪 90 年代，IBM 还是不可避免地陷入了重重危机之中。IBM 与许多其他公司一样，发展到一定规模后开始出现各种问题，不仅机构重叠、官僚主义盛行、管理混乱，而且产品线拉得过多也太长，从而造成了资源的浪费。曾经风华一时的商业巨贾眼看就要倒下，直到 LouGerstner 的出现。

面对眼下的惨状，LouGerstner 不得不实施改革，第一步就是大裁员，IBM 从 41 万人裁到 26 万人。在此期间，LouGerstner 提出了至关重要的四项主张：（1）保持技术领先；（2）以客户的价值观为导向，按对象组建营销部门，针对不同行业提供全套解决方案；（3）强化服务，追求客户满意度；（4）集中精力在网络类电子商务产品上发挥 IBM 的规模优势。

此次改革，IBM 负担了 80 亿美元的行政改革费用。还好，改革发挥了效用，IBM 逐渐恢复了元气。到 1996 年的时候，公司的销售额就增长了 100 亿美元，其股票市值也翻了四倍，创下了九年来的最高点。

任正非带队在 IBM 听了整整一天的管理介绍，对其管理模式大为欣赏。之后，他便写下了《我们向美国人民学习什么》这篇文章，其中写道：

听了一天的管理介绍，我们对 IBM 这样的大公司，管理制度的规范、灵活、响应速度不慢有了新的认识。对这样一个庞然大物的有效管理有了了解。对我们的成长，少走弯路，有了新的启发。华为的官僚化虽还不重，但是苗头已经不小。企业缩小规模就会失去竞争力，扩大规模，不能有效管理，就会面临死亡，管理是内部因素，是可以努力的。规模小，面对的都是外部因素，是客观规律，是难以以人的意志为转移的，它必然抗不住风暴。因此，我们只有加强管理与服务，在这条不归路上，才有生存的基础。这就是华为要走规模化、搞活内部动力机制、加强管理与服务的战略出发点。

IBM 起死回生的经验给了任正非很大的启发，也让他更加自信。任正非很清楚，管理不善也是华为发展扩张中的最大"病症"，只是一直没有找到有效的解决办法。所以，任正非希望通过学习世界大公司的先进管理法来进行自治，特别是那些经历过失败的企业。最终，他在 IBM 这里找到了"解药"。

成功是一个讨厌的教员，它诱使聪明人认为他们不会失败，它不是一位引导我们走向未来的可靠的向导。它往往会使我们以为八年的艰苦奋战已经胜利。这是十分可怕的，我们与国外企业的差距还较大，只有在思想上继续艰苦奋斗，长期保持进取、不甘落后的态势，才可能不会灭亡。繁荣的里面，处处充满危机。

回国后，任正非立就在华为内部开展了一场轰轰烈烈的学习运动，之后又将 IBM 请进门来，由其亲自指导华为的改革。

我们只有认真向这些大公司学习，才会使自己少走弯路，少交学费。IBM 是付出数十亿美元直接代价总结出来的，他们经历的痛苦是人类的宝贵财富。

甚至在录用干部时，任正非也会将这个人是否经历过重大挫折作为考量指标。他曾在一次干部培训时讲道：

一生走得很顺利的人，你们要警惕一点，你们可能把华为公司拖进了陷阱……人的一生太顺利也许是灾难，处于逆境中的员工注意看，就会发现受挫折是福而不是灾。

另外，在干部培养方面，任正非也十分重视失败经验，他强调：华为要在成功的项目中发现和培养干部，更要在失败的项目中发现人才。任正非指出，在创新和发展的道路上，那些所谓的现成的模式都是不合适的，失败是一个必经的过程。但是，绝不能因为害怕失败，而惧于创新，停止突破。

哈佛商学院的埃米·埃德蒙森教授曾经花费了很长时间，对各种组织进行了深入研究。他发现某些组织也都会花费大量时间对其所犯的错误和经历的失败进行分析，但之后的收效却不大，也没有实质性的改变。究其原因，还是管理者对失败缺乏真正的认识。

马云曾说过一句话："失败者总习惯找失败的理由，而成功者找的是方法。"所以，该如何总结是一个关键问题。任正非也一直在强调，要学会在失败中总结，善于总结，总结失败的原因，总结别人的优势和自己的差距。

"总结"这两个字，谁都知道它的意思，但是全世界善于总结的人没有几个。成功了，我们要总结，总结我们成功的地方，下一回发扬光大；失败了，我们也要总结，总结我们错误的地方，下回不再犯同样的错误。通过每一次总结，不断修正我们的方向。只要不断地修正方向，我们肯定会成功。

从泥沼里爬出来的才是圣人，烧不死的鸟才是凤凰。

没有成功，只有成长

什么叫成功？是像日本那些企业那样，经过九死一生还能好
好地活着，这才是真正的成功。华为没有成功，只是在成长。

——任正非

2007年9月，阿里巴巴主办了第四届中国网商大会。会上，主持人提到马云时，说他是一个成功人士。而马云当即回道："我从来没有认为自己是个成功的人，郭先生（鸿海精密集团董事长郭台铭）刚才也说过这样的话，我们是在不断努力地学习进取，我想如果哪一天有人承认自己是成功的，那么也就意味着这个人开始走向失败。"

无独有偶，在通讯领域里，也有一个非常有成就的企业家与马云有着相似的观点，他就是任正非。

历经十多年的艰苦奋斗，华为已经走上了飞速发展的道路。2000年，华为凭借史上最好的业绩，占据了全国电子百强之首。十几年的时间就可以交出这样一份答卷，足以得到业界的认可和世人的赞扬。但任正非却不接受这样的赞誉，他认为，华为还只能算是一个正在成长的孩子。华为还在成长，它都还没有遭受过大挫折，因而无法确认它具有怎样的抗打击的能力，即危机来临之时，它是否依然能够屹立不倒。

2001年，任正非带领一行人来到了日本。据悉，从20世纪90年代初开始，日本企业在短短十年时间内，先后经历了低增长、零增长、负增长的局面。出于对近现代工业发展史的了解，任正非知道日本民族善于精工，且在产品经济时代大放光芒，取得过非常骄人的成绩，因而对其充满敬意。

回国后，任正非便写下了《北国之春》，他在文中写道：

谁能想到，这十年间日本经受了战后最严寒和最漫长的冬天。正因为现在的所见所闻，是建立在这么长时间的低增长时期的基础上，这使我感受尤深。日本绝大多数企业，近八年来没有增加过工资，但社会治安仍然比北欧还好，真是让人赞叹。日本一旦重新起飞，这样的基础一定让它一飞冲天。华为若连续遭遇两个冬天，就不知道华为人是否还会平静，沉着应对，克服困难，期盼春天。

在任正非眼中，只有像日本企业那样经历了的寒冷"冬天"，并且能够好好地存活下来，才能算得上是一家具有抗打击能力的成功企业。所以，华为要想走上成功之路，就必须经过"严寒"的考验。

然而，华为已经在发展的道路上顺利地走过了十多年，却还没有遇到过真正意义上的"冬天"，至少还没有经历日本企业所经历的磨难。任正非认为，这并不符合客观规律。所以，任正非在日本就常常思考：华为某一天如果也面临了这样的困境，那么，它该如何应对？

华为成长在全球信息产业发展最快的时期，特别是中国从一个落后网改造成为世界级先进网，迅速发展的大潮流中，华为像一片树叶，有幸掉到了这个潮流的大船上，是躺在大船上随波逐流到今天，本身并没有经历惊涛骇浪、洪水泛滥、大堤崩溃等危机的考验。因此，华为的成功应该是机遇大于其素质与本领。

所以，任正非在企业发展上所表现出的忧心忡忡不无道理。太平时间太长了，对企业来说就是一种隐患，泰坦尼克号的覆灭对企业人来说就是一种警示。而任正非也发现，华为的一些员工似乎已经陷入到盲目乐观和骄傲自满的境地，于是他提醒道：

他们就像井底之蛙一样，看到我们在局部产品上偶然领先西方公司，就认为我们公司已是世界水平了。他们并不知道世界著名公司的内涵，也不知道世界的发展走势，以及别人不愿公布的潜在成就。

因而，即便别人给予了任正非诸多的赞誉和充分的肯定，他也从不认为自己或者华为是成功的。在他看来，成功是没有止境的，而华为远远达不到成功的"标准"。

大家说是不是想做世界五百强？我说，我们公司从上到下杜绝这个名词，我们永远不说进入五百强，至少不是一代、二代人、三代人能够实现的。我说的一代、二代人不是说华为公司的领导一代、二代，而是说华为公司垮了再起来，再垮再兴起，才有可能。

有些过程不亲身经历，企业就成长不起来，更谈不上成功。而且即便是成功了，企业也还是要继续成长。任正非指出，成功只是对过去的一种评价，只有时刻保持艰苦奋斗的优良传统，才能不被过往的成功所束缚，才能在更高的领域获得进步。

所以，任正非坚持认定：华为没有成功，只是在成长。

反骄破满，在思想上艰苦奋斗

——在十大杰出员工表彰大会上的发言

成功是一个讨厌的教员，它诱使聪明人认为他们不会失败，它不是一位引导我们走向未来的可靠的向导。华为已处在一个上升时期，它往往会使我们以为八年的艰苦奋战已经胜利。这是十分可怕的，我们与国内外企业的差距还较大，只有在思想上继续艰苦奋斗，长期保持进取、不甘落后的态势，才可能不会灭亡。繁荣的里面，处处充满危机。

在这个世界上除了懒汉、二流子之外，90％的人都在身体上艰苦奋斗，吃大苦、耐大劳是人们容易理解的。但什么人在思想上艰苦奋斗呢？并不为多数人所理解。科学家、企业家、政治家、种田能手、养猪状元、善于经营的个体户、小业主、优秀的工人……他们有些人也许生活比较富裕，但并不意味着他们不艰苦奋斗。他们不断地总结经验，不断地向他人学习，无论何时何地都有自我修正与自我批评，"每日三省吾身"，从中找到适合他前进的思想、方法……从而有所发明，有所创造，有所前进。

思想不经磨炼，就容易钝化。那种善于动脑筋的人，就越来越聪明。他们也许以身尝试，惹些小毛病，各级领导要区分他们是为了改进工作而惹的病呢？还是责任心不强而犯下的错误？是前者，您们要手下留情。我们要鼓励员工去改进工作。在一个科学家的眼里，他的成果永远是不完善的，需要不断地优化。我们产品办、中研部、中试部的员工有这种感觉时，您就进入了科学家的境界。我们生产的工艺、产品的加工质量，您每天都充满去改进的欲望时，难道您还看不见爱迪生的身影吗？我们的市场营销要从公关策划型向管理型转变，高中级要做势，基层要做实。这种"做势做实"需要我们多少人去琢磨？我们那些读了几年人的销售工程师，在理论上再提高，多读一些书，读书又读人，读人再读书，难道就不会转变成战略专家吗？知识点滴在积累，方法在一点一滴去实践，成绩一点一滴去创造。只要动脑筋，善于用纸笔去总结，几年后您再来看自己，就有些奇怪进步为什么这么大。华为是一个大学校，它在改造人，培养造就人。一个思想上的懒汉，真是虚度了这么宝贵的年华。为什么会有大厨师？为什么会有名小吃？难道思想上不艰苦奋斗会有这些成就吗？一个机关干部不断去改善您的运作程序，不断去改善周边合作，下了决心去总结，推行ISO9000、MRPII会有这么难吗？华为人做任何事都十分认真，而且第一次就把它做好，这种风气已广泛为员工接受。只有在思想上艰苦奋斗，才会在管理上赶上日本。当我们的产品质量非常好，成本又低，销售还会这么难吗？销售不难，可以减一些人，成本又进一步下降，竞争力又进一步增强，管理的"马太"效应不就发生了吗？

当然华为要培养优秀的科学家、营销专家、管理家，但我们整个培养工作要实行"低重心"战略。要重视普通员工，普通岗位的培训。要苦练基本功，培养过硬的钳工、电工、厨工、库工、工程师、秘书、计划员、统计员、业务经理……每一个人、每一件工作都有基本功。要把员工"做实"紧紧抓住不放，否则大好形势就浪费了。员工眼高手低的状况要克服，做一个踏踏实实的、在本职工作中有些作为的人，真正像江总书记希望的那样，向德国人民学习一丝不苟的实干精神。

我祝贺取得十佳荣誉的员工，我祝贺那些已达到优秀员工水平而又默默无闻的人。只要您认为您真正进步了，就自己请自己去吃一顿饭。这种进步的自我肯定，会进一步地陶冶您的心灵的。我真心地祝贺那些正在努力的员工，愿您们尽快成长，充分发挥自己的作用。

第 8 章　企业不会必然死亡

现在是春天吧，但冬天已经不远了，我们在春天与夏天要念着冬天的问题。IT 业的冬天对别的公司来说不一定是冬天，而对华为可能是冬天。华为的冬天可能来得更冷，更冷一些。我们还太嫩，我们公司经过十年的顺利发展没有经历过挫折，不经过挫折，就不知道如何走向正确道路。磨难是一笔财富，而我们没有经过磨难，这是我们最大的弱点。我们完全没有适应不发展的心理准备与技能准备。

生存是第一要务

一个人再没本事也可以活 60 岁，但企业如果没能力，可能连 6 天也活不下去。如果一个企业的发展能够顺应自然法则和社会法则，其生命可以达到 600 岁，甚至更长时间。

——任正非

企业存在的意义是什么？关于这个问题的答案，管理学的发展史上流传着两种完全不同的说法。

美国商学院得出的结论是：企业存在的意义是最大化每股的中期收益。即便到现在，这个结论也被商业领域奉为圭臬，很多企业都将其作为导向。然而，在管理界被誉为预言家、哲学家的查尔斯·汉迪却有着不同的意见。他说："我们必须吃饭才能活下去，这不是没有道理，但是如果我们活着就是为了吃饭，那就大错特错了。"也就是说，查尔斯·汉迪认为，创造利润的确是企业的重要任务，但不是最终目的，企业的最终目的是使自身发展得更平稳、活得更长久。

很显然，任正非在企业管理中所推崇的是查尔斯·汉迪的观念。在华为二十多年的经营发展历程中，任正非对"活下来是真正的出路"这一观点始终坚信不移。

只有生存才是最本质、最重要的目标，才是永恒不变的自然法则。因为优秀，所以死亡。创业难，守业难，知难不难。高科技企业以往的成功，往往是失败之母，在这瞬息万变的信息社会，唯有惶者才能生存。

1987年，44岁的任正非和另外五个人凑了2万块钱，在南油新村的一栋破旧的居民楼里办起了公司，一个伟大的企业就这样诞生了。

华为刚刚成立，任正非面临的一个最大的难题就是如何让公司生存下去。那时，一般的写字楼一个月要好几千块钱的租金。于是，他们就租了个居民楼，一个月的租金最多才三四百块。另外，华为虽然自称是技术公司，但它最开始做的其实是贸易生意，跟技术一点都不沾边。因为他们既没有明确的方向，也没有钱，只能先走一些赚钱的路子。

华为发展至今，已经成为这个行业的领跑者了。但即便已经站在了业界的最前端，生存的问题却依然是困扰着华为的一大难题。

在商业领域里，每天都有腐化的企业倒下去，当然也有新星脱颖而出，这就是现实的市场淘汰赛。而在飞速发展的电信行业内，这种竞争更为残酷。从目前来看，华为从这场战斗中暂时生存了下来。华为没有被如狮虎一般的竞争对手所消灭，但这并不意味着暂时成为了霸主的华为就没有了生存的危机。因为即使它没有战败给对手，最终也有可能毁在自己的手里。他曾经在一次讲话中谈到：

我们是世界上活得较好的公司之一，我们活得好是我们有本事吗？我认为不是，只是我们的每一个发展阶段、每一项策略都刚好和世界的潮流合拍罢了。

常言道，人们最难战胜的敌人其实是自己。对此，任正非深有同感。"活下去，不要死掉。"一个企业只有认识到了这一点，清楚其所付出的全部努力都是为生存而奋斗时，它才会有所觉悟，即认识到它所面临的最大竞争其实就是同自己的竞争。所以，当华为把可持续发展的难题摆在面前时，它的竞争对手就不再是别人，而是自己。

此外，任正非还指出，找到活下去的理由和价值是华为活下去的根本所在。任正非看待这个问题，并不单单是从企业家的角度去考虑的，而是站在了更高的精神层面去审视的。所以，任正非提出，华为要想活下去，就必须为社会、为国家、为人类创造价值，这便是华为寻找的理由和价值。

其实道理很简单，即"先生存，后发展"。企业先活下来，然后才能创造利润。如果生存都保证不了的话，那么，就算企业有再远大的计划，也没有任何意义。

任正非坚信，华为之所以能够走到今天，与其"以客户为主导，以市场为先导"的危机意识有着重大的相关。

技术自立是唯一出路

您想提高效益、待遇，只有把精力集中在一个有限的工作面上，不然就很难熟能生巧。您什么都想会，什么都想做，就意味着什么都不精通，任何一件事对您都是做初工。

——任正非

20 世纪 90 年代初，中国的通信设备市场几乎被外来企业垄断了。面对这样的局面，中国人由于没有技术，干着急也束手无策。因为，中国的大门刚刚打开不久，经济发展还处于起步阶段，技术落后、实力不足就是国内企业的最大特征，所以，中国企业根本制造不出程控交换机。

此时，国内的企业也有意发展新技术，但国外企业对技术出口限制得非常严格。如此，中国只能不断地引进国外的高科技产品。当然，人们也期待着有一天能够引入真正的技术。然而，在这个问题上，任正非却有着清醒的认识：

外国人到中国是为赚钱来的，他们不会把核心技术教给中国人，而指望我们引进、引进、再引进，企业始终也没能独立。以市场换技术，市场丢光了，却没有哪样技术被真正掌握的。而企业最核心的竞争，其实就是技术。

任正非意识到，国内的市场几乎都被占领了，对于没有技术的中国企业根本就没有竞争力可言，那么，中国人就只能看着他们在自己的土地上淘金。作为一位爱国人士，这种局面正是任正非难以忍受的。

任正非是靠做代理起家的，但这仅仅是为了生存。从他的态度当中就能够感受到，他对这种贸易形式其实是深恶痛绝的。因为，正是这种方式使中国人逐渐失去了自己的市场。于是，在赚到第一桶金后，任正非便不安分了。他希望华为能够做出自己的产品，真正涵盖中国技术的产品。事实上，任正非最初就给华为制定了明确的发展目标，即"发展民族工业，立足于自主科研开发，紧跟世界先进技术，占领中国市场，开拓海外市场，与国外'巨头'抗衡"。为此，任正非还曾慷慨陈词：

在战场上，军人的使命是捍卫国家主权的尊严；在市场上，企业家的使命则是捍卫企业的市场地位。而现代商战中，只有技术自立才是根本，没有自己的科研支撑体系，企业地位就是一句空话。

于是，为了民族工业的独立，为了在市场上立足，任正非决定走技术研发的道路，要打造出属于中国人自己的品牌。任正非的勇气不得不令人佩服，此间彰显出的亮剑精神正是中华大地的崛起所必备的，放在企业的层面上来看，它也同样重要。

再高端的技术也要依靠人的智慧来创造，任正非当然也认识到了这一点。任正非本人就是一位充满激情的中年创业者，而跟着他的也都是一群受过高等教育、满怀抱负的年轻人。而任正非用他的热情，点燃了这帮年轻人的热血和斗志。于是，一支充满激情的铁军义无反顾地投入到了研究的热战中，每个人都积极地贡献着自己的智慧和创造性。

华为投入的第一款产品是一个24口的用户交换机——BH01。这一设备在市场上属于低端机，因而使用上也很受限制，只有一些小型的医院和矿山会采用。而且，当时市场上的同类产品很多，华为生产的BH01的不同之处，也仅是打上了自己的品牌而已。不过，为了创造品牌效应，华为在产品中注入了更优质的服务。BH01是华为销售的第一款自主品牌的产品，虽然没有技术上的创新，但也是华为在自主研发道路上迈出的突破性的一步。

华为出售的BH01售价低，而且服务过关，因而该产品一经上市便出现了供不应求的现象。然而，当华为接下了大笔的订单后，散件的货源却断了。也就是说，华为收了客户的钱，却交不出产品了。一旦客户上门追讨，华为必将面临破产的结局。为了化解这一次危机，任正非做出了一个重大决定，即自己生产这些散件。

华为开始按照BH01的电路和软件，进行自主设计和开发，型号定为BH03。新产品同样是24口的，功能上与原来的BH01也并没有什么差别，只是机壳看上去更漂亮一些。但是，这一次涉及到技术的组件以及软件都是华为公司自己做的。

可以说，这一次是华为打响的技术攻坚的第一战，所有的工作人员也都投入了全部的精力。楼里只有吊扇，但在机器运作的高温环境下，华为人依然夜以继日地工作。他们累了、困了，就在地铺上睡一会儿，甚至直接趴在工作的桌子上休息，醒来后再接着干。南方夜里蚊子多，值班的员工为了免遭蚊子的荼毒，就用现成的塑料包装把自己从头套到脚包裹个严实，为了保证呼吸，还会在裹脸的塑料袋上戳几个洞。

在如此艰苦的环境下，产品终于出来了。但是，他们又不得不面对另一个难题，即产品的测试。测试需要专门的设备，可这时的华为已经没有钱了。然而，研发这一关已经过了，任正非和他的同事们又岂会被这一问题难倒。没有设备，他们就自行进行检测。技术人员拿出了万用表和示波器，然后通过放大镜一个个地检查电路板的焊点。要知道，电路板上的焊点可是有成千上万个之多。而在对交换机的大话务量进行测试时，一般就把所有的人都叫来，每人同时拿起两部话机的话筒，进行性能的检测。

1991 年 12 月，BH03 交换机终于通过了全部的基本功能测试，通过了邮电部的验收，同时取得了正式的入网许可证。首批三台交换机顺利发货出厂，而此时的华为则惊险地挺过了一道难关。因为，公司之前收到的预付款已经全部用完，账上也没有什么资金了，如果这批货再不发出去的话，公司也会倒闭。

BH03 交换机生产出来了，但任正非内心却充满了担忧。不过，用户的反馈结果最终让他放下心来——产品性能很稳定，也没有出现任何问题。于是，BH03 交换机正式批量生产，同样在市场上取得了骄人的成绩。

BH03 交换机研制成功，并在市场上投入使用，终于让任正非和华为人松了一口气。然而，此时国内的市场经济正发生着巨大的变化。

继邓小平南方谈话之后，经过三年的治理和整顿，南方的经济进入高速增长期。然而，投资风的兴起和产业的急速扩张，迅速使经济出现了"发高烧"的现象。上千亿的房地产资金飞向南方几个飞速发展的地区，一场热炒狂潮突然向人们袭来。

这时，几乎所有的商人都跃跃欲试，但任正非并没有让这场"风暴"影响到自己。他没有为充满诱惑的利益所动，始终专注在自己技术的开发上。因为，任正非清楚地看到了电信行业竞争的残酷性。不发展的话，最终只能走向灭亡。任正非已经带领华为走上了这条路，他就没有想过要后退。因而，为了华为的生存和发展，任正非必须坚持。

处在民族通信工业生死存亡的关头，我们要竭尽全力，在公平竞争中自下而上地发展，绝不后退、低头，不被那些实力雄厚的公司打倒。

所以，当人们纷纷卷入经济飞增的狂潮中时，任正非思考的是：华为接下来做什么？毋庸置疑，当然是新产品的研发。任正非已经明确表示，技术发展不能停滞。可事实上，华为所缺少的正是技术力量。于是，任正非决定到人才的摇篮中去挖掘这股力量。他首先考虑的是华中理工大学（即现在的华中科技大学）和清华大学等高校，他诚邀这些大学的教授带老师和学生到华为来，说是参观、访问，但实际上就是为了寻求技术上的合作。

郭平就是在这种情况下来到华为的，他当时是华中理工大学的研究生。当时，郭平刚毕业不久，留在学校任教。年轻有为的郭平，被任正非身上所展现出的激情和梦想所吸引。而任正非也看中了郭平，当即就把他给"敲定"了。他让郭平担任华为第二款自主产品研发的项目经理，即后来研制出的 HJD48 小型模拟空分式用户交换机，可带 48 个用户。

郭平到华为后，不仅带来了技术，还带来了新的技术力量。后来成为华为重臣的郑宝用，就是由郭平引荐进来的。郑宝用的本科和硕士都是在华中科技大学读的，跟郭平是同学，毕业后也留校任教。那时，郑宝用刚考上清华大学博士不久，了解了华为后，便决定留在这里。

郑宝用是一位技术天才，一开始在郭平的项目组里同他一起研发 HJD48 交换机，并担当了 HJD48 交换机的软、硬件开发主力。有了他的技术支持，HJD48 小型模拟空分式用户交换机很快得以推出。而且，HJD48 交换机真正实现了技术上的突破，它里面的一块板就可以带八个用户，而之前的两款产品一块板只能带四个用户，大大提高了产品的集成度。与之前的两款产品相比，在产品类型上和功能上并没有什么区别，但却减少了产品所占的空间体积。如此一来，设备的容量提升了，成本也就下降很多。而质优价廉的产品，自然会受到用户的欢迎。

HJD48 交换机项目结束后，郑宝用的才华得到了充分的肯定，并担任起华为的副总经理兼第一位总工，主要负责华为产品的战略规划和新产品研发。也就是说，由他来主攻技术这一块。这时，公司经过几代产品的研发取得了突破性的进步，进入了企业发展的新纪元。

不久之后，华为的产品大批投入市场，公司的产值突破亿元大关，利润也达千万，拥有员工的规模也超过了 100 人。华为正式从一家程控交换机代理商转变成设备供应商。此时，华为的每一个人都喜气洋洋，公司内部也是一派繁荣的景象。然而，任正非却在这时做出了一个重要决定，即将先前获得的利润全部投入到新产品的开发中，即后来改变市场格局的 C&C08 交换机。

就当时的市场形势来看，国外的产品仍一如既往地抢占着市场份额，而国产的 04 机研发出来后也占领了部分市场，于是，任正非下定决心研制 C&C08 机。在日益激烈的市场竞争中，华为不进则退，只有不断地突破技术难关，研制出更新、更好的产品，才能够在市场上站住脚。

为了激励员工，任正非召开了动员大会。会上，任正非站在 5 楼会议室的窗边，激动地说道：

这次研发如果失败了，我只有从楼上跳下去。

如此可见，任正非的决心有多么坚定。这个决定在当时看来，属于把所有的鸡蛋都放在了一个篮子里。所以，如果这次研发真的失败了的话，那么，也许今天世界上就没有华为了。因而，从某种意义上来说，C&C08 交换机于任正非、于华为，都是一个关键的命运转折点。

1992 年，C&C08 交换机正式投入研发。这次研制工作，除了郑宝用之外，又加入了一位技术奇才，即后来在华为叱咤风云的人物李一男。

这一年，在读研二的李一男还只是华为的实习生。他和郑宝用一样，都是学光纤通信的。鉴于专业背景，二人均建议采用光纤作为交换机设备的连接材料。此前，国外的产品都是用电缆来做连接材料。相比较而言，电缆对维护要求特别高，因而在用户分散的地区，其铺设成本要高出很多。而光纤的维护要相对较低，并且适合远端服务，因而在偏远地区的市场更占优势，在广大的农村地区采用性更高。只不过，当时国内的光纤通信技术还不成熟，也没有一个统一的参照标准。所以，人们不知道需要什么样的光纤。于是，郑宝用和李一男二人通过深入的研究，自己制订了一个标准。

经历过无数次的试验和失败后，华为自主研发的第一代数字程控交换机 C&C08A 型机终于问世，真正实现了通信设备核心技术的首次突破。这一交换机是针对农村电话网络研制的，交换机的母机设在县电信局，可统一进行维护和计价，而远端运行模块则设在了乡镇，通过光纤进行连接。虽然，C&C08A 型交换机的容量比较下，只有 2000 门，但是，完成基本通话和少量新业务功能是完全没有问题的。而且，后来华为针对这一问题进行了改进，从乡里把终端拉到了村里。这套农话网络设备瞬间打开了中国农村市场，为华为日后在农村市场的发展奠定了基础。

同时，华为万门交换机的研制也获得了成功。当时，任正非手捧着华为的新产品站在一个大箱子上慷慨陈词，人人都陷入了欢庆之中。

但是，任正非并没有完全沉浸在这种喜悦之中，而是开始对以往的研发经验进行总结。因为，华为还要继续投入到新设备的研发中。随后，华为在 C&C08A 型机的光纤架构的基础上，开发研制出了接入网产品。

当时，城市里的电话网络都是通过电缆从电信局拉到小区，然后再从小区拉到用户家里。这样不但铺设的成本高，而且维护的费用也很大。华为设计出了光纤入户的技术，电话网络可直接从电信局拉到用户家里。相对而言，光纤容量要大得多，一根光纤就可以顶上一捆电缆，成本上自然要节省很多。

华为的研发之路越走越顺，除了有线电话设备，还研制出了无线通讯的 ETS 产品。该产品在原有的交换机上添加了无线接收设备，实现了乡镇与村之间的对接，将有线电话线直接从村里拉到各用户家里。如此一来，通信成本就又降低了。因而，这一技术在住户分散的地区得到了广泛应用。

掌握技术，做产品，说起来容易做起来难。从产品立项研发到生产控制，再到原料采购和后期的成品销售，每个环节都充满挑战，同时还有一些不可避免的困难，这些都需要参与其中的人员一步一步地克服。所以说，创业需要的是一种勇气，而敢于不顾一切地进行研发则需要更大的勇气。用任正非自己的话来说，就是：

华为是由于无知而踏入信息技术产业。

有人说任正非是歪打正着，可如果没有孤注一掷的勇气，那么，他也不可能带领华为走到今天。

而从今天来看，任正非当时选择的发展道路，几乎可以说是准确无误。在他看来，只有技术独立才能做到产业独立，这是国家走向自强的必经之路，也是企业立足发展的根本。企业要想获得生存和发展，就必须掌握核心技术，占领市场，这是实现增值的唯一途径。所以，任正非立志打造中国人自己的品牌；所以，任正非成功了。

蛰伏期的到来很必要

冬天也是可爱的，并不是可恨的。我们如果不经过一个冬天，我们的队伍一直飘飘然是非常危险的，华为千万不能骄傲。所以，冬天并不可怕。

——任正非

华为刚诞生就处在艰难困苦的时期，之后二十几年的发展中又几次经历危机。但这些困境并没有让华为人畏惧退缩，反而使他们始终保持着清醒的头脑，增强了"为了活下去而拼搏"的勇气与魄力。而这一切主要得益于华为的领导者——任正非。

任正非常常将那些积极的能量以意识的形式灌输给华为的每一个员工：

我们所处的行业方向选择太多而且还处在巨大变化之中，我们一直生存在危机中，华为的衰退和倒闭一定会到来，而只有时时警醒我们自己，我们才能进步，才能延迟或避免衰退和倒闭的到来。面对我们所处的产品过剩时代，华为人除了艰苦奋斗还是艰苦奋斗。

任正非认为，危机是驱使竞争企业之间不断缩小差距的动力。因而，当危机来临的时候，任正非不会退缩，他也不允许自己的团队退缩。任正非将哀兵必胜的策略运用到了极致，凭借超前的意识、对危机的正确认识以及对自我的否定，不断给华为注入动力，使其通过自我完善、自

177

我调整、自我优化来实现内部力量的整合。

在一次研发常委会议上，任正非在讲到大环境时给大家分析道：

大家一定要充分认识到客观规律不是随人的意志而转移的。现在是一个前所未有的困难时期，但这个困难不是华为公司一家的，这是全行业的困难，是全球的 IT 业的冬天，包括国内外的运营商、设备商，所有的都包含进去了，可以说无一幸免。当然，华为只能讲自己的冬天，我们更多地讲自己存在的问题。因为我们是行业中的一部分，行业的大环境我们改变不了。我们没有资格对别人指手画脚，我们要集中精力把我们自己的事情办好。

当前，整个全球经济在经受 IT 行业的痛苦，我们看清了全球出现一次泡沫化悲剧背后的原因，看清了事物的本质，就能够根据本质的原因调整我们的策略，使我们同步于世界的变化，这样我们公司危机就会小一点。

一直以来，任正非的危机言论就像一条无形的鞭子，一方面打破员工的盲目乐观，一方面又催促着他们不断向前。不过，他也会给予他们更多的鼓励，让他们在困境中看到希望。

冬天也是可爱的，并不是可恨的。我们如果不经过一个冬天，我们的队伍一直飘飘然是非常危险的，华为千万不能骄傲。所以，冬天并不可怕。我们是能够度得过去的，今年我们可能利润会下降一点，但不会亏损。与同行业的公司相比，我们的盈利能力是比较强的。我们还要整顿好，迎接未来的发展。

2007 年，华为进入新的高速发展阶段，销售额增至 125.6 亿美元，成功挤入全球通信设备商的前五强的行列。但也是这个时候，任正非第三次发出"冬天"预警。

当时，国内外经济形势确实都面临着严峻的挑战，国内企业更是陷入了前所未有的困境。早前，很多人认为，中国的商业是可以独立于世界自行发展的。可事实上，在中国经济同步于世界经济的同时，越来越多的行业也开始受到世界行情的影响，从而造成了成本上涨以及需求下降等局面。所以，这一次不仅是华为的"冬天"，也是整个国内商业的"冬天"。

任正非由于预测到了2008年的经济大危机，提前做了准备，改变经营策略。此时，当国际电信设备巨头还在思考如何应对危机时，华为却暗自酝酿了一场美国市场的"抄底"行动。

当时，华为北美区首席技术官查理·马丁表示：华为在北美市场的拓展计划本来已经搁置了，因为北美的市场已经很成熟，不是轻易可以渗透的。但经济危机的出现对华为来说却是一个突破良机。

虽然国际电信巨头们在美国市场上占据了优势地位，但金融危机会促使市场和销售策略趋于保守，而华为则通过有竞争力的价格和市场策略对北美市场发起进攻。

如此看来，"冬天"也并不那么可怕，华为至少还在其中尝到了"甜头"。而华为能够屡屡战胜"严寒"，主要是因其领导人的预见性，而使华为可以早早地做出准备，找到"过冬"的"棉衣"。

想"过冬"，要"取经"

> 现在是春天吧，但冬天已经不远了，我们在春天与夏天要念
> 着冬天的问题。
>
> ——任正非

当全球的电信市场呈现低迷的状态时，每个电信设备制造商都战战兢兢的。传统电信设备销售受阻，而新的技术纷纷在市场上浮出水面，但商机似乎又不那么明确。因而很多老牌厂商都不太敢冒险，特别是业界的巨头们。他们最担心的就是没能在困境中保存下实力，这样当市场恢复元气重新洗牌时，他们就可能找不到自己的位置了。

因而，越是恶劣的环境，厂商们之间的竞争越是激烈。"食物"就那么多，抢不到的话就只能"挨饿"。而此时的华为所面临的，就是如何在这种环境下独善其身。

当年，任正非带队出访日本，就是希望从长期陷入萧条的日本企业学到一些经验，以更好地应对危机。

任正非认为，日本企业十年间经历的低增长、零增长、负增长的情况，对于任何一个企业来说都是值得借鉴的宝贵经验。人们需要思考一下，日本企业究竟是如何度过这漫漫严冬的。

在日本，任正非先后走访了松下、东芝等多家著名企业，期间还与日本国情顾问竹内伦树教授进行了深入交流。此次出访日本，对任正非

来说获益颇多，算得上是取到"真经"了。

任正非在《北国之春》一文中对日本之行进行了总结，得到了四条重要经验，也找到了华为内部存在的问题。

经验一：增强危机意识。

在参观松下时，任正非发现在他们的办公区内到处都挂着同一幅画。画的内容其实很简单，就是一艘巨轮驶向一座冰山的场面，下面还配了一句话——"能挽救这条船的，唯有你"。任正非一直也在华为内部传播危机意识，但在松下的见闻让他重新把这个问题提到了新的高度，甚至提出了疑问：

在华为公司，我们的冬天意识是否那么强烈？是否传递到基层？是否人人行动起来了？

任正非就是希望，华为的员工们也能够将这个问题重视起来，真正将这种危机意识融入到实践中去。

经验二：强化集团战略管控能力。

通过对日本企业的观摩，任正非意识到，华为要在快速变化的市场中及时有效地制定出新的发展方向及战略举措，就必须强化集团战略管控能力，这样才能创造更大的整体价值和整体竞争优势。

20世纪七八十年代，日本企业是以实际营运优势而迅速崛起的，但最终还是走向了衰退。究其原因，正是战略的缺失导致企业整体竞争力下降的缘故造成的。

经验三：保持正确的乐观态度。

出访期间，任正非在日本一个偏僻乡村的小酒店内遇到一群旅游的退休老人。这些老人还为他们演唱了《拉网小调》。歌声里，任正非感受到了对方乐观、热情和无忧无虑的心态，这让他深受感动。任正非也发现，日本人在这漫长的萧条期内始终没有倒下，与这种乐观的态度有着莫大的关系。

松下创始人松下幸之助指出，经济越是不景气，企业经营的成本也越低，反而对扩大企业生产规模越有利。如此既能发展自身，又能创造就业机会，反而有益于经济的改善。同松下幸之助一样，任正非也认为危机是企业发展的契机。

不可否认，乐观的心态对于企业应对危机有着积极的作用。任正非虽然一直在向员工灌输危机思想，但他同时也会给予员工正向的鼓励，他只是不希望他们呈现出盲目乐观的态势。所以危机来临时，华为人没有恐慌，而是以积极乐观的态度去应对。

经验四：加强职业化建设。

细心研究就会发现，早期的华为应对危机时，凭借的并不是管理能力，而是一种精神力量。精神力量是很重要，但它不可能单枪匹马地一直支撑华为挺过所有的危机。

华为取得了一些不错的成绩后，有些员工就出现了骄傲自满的情绪，认为公司已经发展到了世界先进水平。对此，任正非及时地提出了批判。因为与思科、爱立信那样的国际巨头相比，华为还不具备竞争优势，特别是在公司的管理上。

任正非指出，华为还不习惯职业化、表格化、模板化和规范化的管理，因而很难与大企业进行竞争。于是，他明确提出，华为要开始加强职业化管理模式的建设，建立起"对事负责，而非对人负责"的流程制度。而这一举措也确实带领华为走向了一个新局面，为其国际化和规范化管理做好了充分准备。

从华为二十几年的发展历程来看，它确实是一个好学生。任正非带着它到世界各大先进企业取经学习，多次实现了华为有建设意义的改革，并使华为几次化险为夷，顺利从严冬走向暖春。因而，任正非统领华为的一个重要信念就是，不断地向其他具有宝贵经验的大企业学习。

为此，华为向员工下发了一份题为《沙暴中的爱立信》的学习材料，材料中讲述了爱立信公司对当前 IT 产业形势的分析，及其应对产业危机意欲采取的措施。任正非还为此文写了按语：

爱立信不愧是一家百年企业，在经历了 IT 业的大起大落后仍然能够保持清醒的头脑。我们对 IT 业危机还缺乏切身的感受，也没有像爱立信那样保持镇静，正视问题，看到光明，充满信心。友商是我们的一面镜子，我们要向爱立信学习。

要有现钱在手上

> 我们公司要以守为攻。大家总说：华为的冬天是什么？棉袄是什么？就是现金流，我们准备的棉袄就是现金流。
>
> ——任正非

如今人们看到的华为是一个实力雄厚的世界级先进企业，谁能想到，它当初只是一个只有2万元人民币启动资金的小公司。可以想见，华为在成立的头几年里不得不面对的窘况就是"缺钱"。

当初，三台首批BH03交换机终于成功包装出厂。这个月最后一天的晚上，华为在蚝业村工业大楼举办了一个庆功会。直到这时很多员工才知道，公司之前收到的订货预付款都已经用完了。如果他们再不发货的话，那么，公司极有可能会面临破产。

那时的华为，资金链非常紧张。借贷本就十分困难，而收到的订单预付款又必须全部投入到新产品的生产和开发中，华为时时都处在压力当中以及破产边缘。如此穷困的创业经历让任正非深刻地意识到了一个问题，那就是经营企业的过程中必须注意保持充裕的现金流。

在搞技术研发前，华为以代理香港的交换机为主营业务，因而对资金的需求量并不大。但当任正非想要做些改变，又不得不因为资金短缺而作罢时，他陷入了艰难的抉择中。任正非想要通过贷款来解决资金的问题，但当时的银行全是国有制，他们宁可把大笔的钱交给一个一大堆烂摊子的国有企业，也不愿意放贷给一家没知名度、没背景的民营企业。因此，任正非一直在思考：到底是安于现状继续做代理，还是寻求创新发展出一条新路？当华为的销售额突破了亿元大关后，任正非终于下定决心，改变企业的发展道路。

至此，华为开始投入 C&C08 机的研制。但此时华为又出现了新的问题，就是科研力量的欠缺。在准备大量招兵买马的时候，华为第一次受到了现金流不足的牵制。连续几个月发不出工资后，员工们的士气也大受影响。任正非多方奔走，也未解决贷款的事宜。后来，任正非不得不向大企业拆借，但其利息就高达 20% ~ 30%。但是，这已经是没有办法中的办法了。

据说，为了缓解公司资金紧张的问题，华为当时实行了一个内部政策——谁能够给公司借来一千万，谁就可以一年不用上班，工资照发。

2001 年，任正非预言的"冬天"终于到来了。华为在海外市场的拓展历经五年后依然举步维艰；国内市场因错失小灵通和 CDMA 的市场良机后，华为被中兴通讯紧紧压制。如此内外夹攻的情势，对华为来说必然是个逃之不过的"冬天"。而此时的任正非，也再一次认识到了现有流动资金的重要性。针对如何"过冬"这个问题，任正非向广大员工强调道：

我们公司要以守为攻。大家总说：华为的冬天是什么？棉袄是什么？就是现金流，我们准备的棉袄就是现金流。

在此困难之际，任正非认识到，如果原有的销售方法和销售模式不发生改变的话，那么，华为的紧迫局面也无法实现转变。于是，任正非破釜沉舟，决定从经营模式入手实施改革，要彻底改变以往的粗放模式。任正非认为，产品的价格可以低一些，但要保证拿到现金。

存在银行、仓库的钱算不算现金流呢？算！但钱总是会坐吃山空的。

所以必须要有销售额。大家有时对销售额的看法也有问题。我卖的设备原来是100块钱，我90元卖掉了就亏10元，这种合同坚决不做。坚决不做呢，公司就亏损了23元。因为所有的费用都分摊了，在座的开会的桌子，屁股坐的椅子，费用都分摊进去了，还要多拿23元贴进去才能解决这个问题，甚至可能还不止这个数。如果亏了10块钱卖，能维持多长时间呢？就是消耗库存的钱。消耗、消耗、消耗……看谁能耗到最后。就是谁消耗得最慢，谁就能活到最后。

任正非在困难的时候认识到了现金流的重要性，可事实上，在华为的整个发展历史上，都可以看到他对现金流的重视。而且，为了保证现金流的充裕，华为主要依靠贷款来获取资金。

1996年6月，时任国务院副总理的朱镕基来到华为，进行视察。他很看好华为的程控交换机，对其突入国际市场寄予了厚望。另外，他对华为在国内外市场竞争中所表现出的精神也大为赞赏，并对随行的四大银行行长提出要求，让他们在资金上大力支持华为。

当时，华为的年销售额虽然已经达到26亿元，并成功跻身于国内顶尖电信设备供应商的行列，但资金问题仍然是困扰着任正非的一大难题。不过，有了朱总理的"金口玉言"，华为也算是"得救"了。

这一年下半年开始，招商银行便与华为展开了全面合作。当时，资金短缺是很多省市电信部门共有的问题，因而用现金购买设备对他们来说是很困难的。就在这时，招商银行推出了买方信贷业务，就如同现在的房贷、车贷。对于那些购买华为设备的电信部门，招商银行会为其提供贷款，而华为则可以直接从银行提取划款。这样，电信部门没钱也可以买到设备，而华为则可以拿到现款，进一步缓解了资金紧张的问题。

第二年，华为销售额就突破了40亿元，但同时其负债也高达20亿元。虽然得到了招商银行的资金支持，但华为的资金瓶颈依然无法得到有效的改善。

后来，受国家金融政策放开的影响，国内各大银行也纷纷转向商业化运作。华为由于资信好，业务发展稳定迅速，便成为了银行乐于投资的对象。

2004年11月，华为与29家银行成功签订了借款协议，贷款金额达3.6亿美元，包括以三年为期的定期放款和循环放款。有了这些资金，华为便可以加快国际市场的拓展进程，从而更有利地推动华为在国际市场的发展速度。

2008年后，金融危机导致了全球的信贷紧缩。就连与华为往来比较密切的国开行也开始转向商业银行模式。由此可以预见，以后贷款也会变得越来越难。

华为是面向全球市场进行扩张的，如果没有巨大的现金流做后盾，以提供技术上的持续投入，那么，"以领先的技术领先市场"就只能成为空谈，华为也极有可能会因此失去市场。其实道理很简单，现金流充沛，研发时就可以多投入一些，以使产品的利润和空间增大，市场也就更容易推广。

现金流对于一个企业的发展起着至关重要的作用，它不止是进出数值的一种体现，同时也是一个企业是否稳健发展的重要标志。因此，在华为的整个发展过程中，保障现金流的稳定和充裕都是企业管理中的重中之重。甚至在某些特殊或困难的时期，任正非还会把现金流作为企业的战略来抓。

拉来强者当"靠山"

> 我们要善于建立同盟军……一旦春天到来，这些同盟军就可以生龙活虎出去抢单，我们就缓过劲来了。
>
> ——任正非

电信行业经过二十多年的发展，仍然处在竞争空前激烈的阶段。电信市场上的优胜劣汰表现出了一种明显且有规律的竞争态势，即：大鱼吃小鱼，快鱼吃慢鱼，群鱼吃单鱼。

生在这样一个竞争激烈的时代里，企业要想依靠单独的力量快速地发展下去，几乎是不可能的。从整体的形式来看，企业需要通过寻找相关的战略合作者，并与之形成资源、技术、生产、营销、渠道、品牌等方面的利益共同体和协同作战群，来更有效地应对不断增加的竞争成本和愈演愈烈的竞争态势，才能抵抗来自其他企业的竞争压力。

进入新世纪，随着电信行业低迷期的到来，任正非也深刻意识到同盟军的重要作用。他在一次内部讲话中说道：

我们要善于建立同盟军。在目前残酷的竞争环境下，宁亏我们不能亏同盟军，我们亏一点能亏得起，同盟军亏一点就死掉了。我们现在有二百多个同盟军，只要他们不做和我们竞争的事情，不伤害我们的利益，我们就要保护同盟军的利益。比如，我们的通信代理口，分销这个口会出现很大的困难。当价格越来越低，给代理的利益越来越少，你们要研究竟怎么才能保护我们的同盟军,我们希望有一定(数量)的同盟军。一旦春天到来,这些同盟军就可以生龙活虎出去抢单,我们就缓过劲来了。

华为真正开始重视同盟军的问题,是在其资金短缺的时候。那时,华为还处于企业发展初期。作为一家没有知名度、没有背景的民营企业,跟银行是借不到钱的,唯一的办法就是向大企业拆借,但这毕竟不是长久之计。于是,任正非开始寻找新的出路。

1993年,华为终于找到了一个比较好的融资办法,即与各地邮电部门的员工谈合作,向他们"要钱"。

华为与各地电信部门的直属企业——电信运营商洽谈成立合资公司,然后大量吸纳其员工入股。在此过程中,华为并没有把产品、技术等投放到这些合资公司。他们需要做的就只是担当最基础的销售代理,甚至在1996年以前都没有投入实际的资金,只是凭借"当地的资源优势"入股。后来,华为又开始与各地电信管理局展开合作,分别成立了沈阳华为、山东华为、北京华为、天津华为等共计27个合资公司。

为了吸纳更多的电信职工入股,华为对入股年限、入股数量没有设定任何限制,并许诺了50%~70%的丰厚红利,同时还告诉他们:华为的股票一旦上市,他们即可变为统一法人,随华为的股票一起上市。这么丰厚的报酬很难让人不动心,于是先后有一百多家地方邮电系统认购了华为的股票。

如此来看,不得不佩服任正非的聪明才智,因为在这个过程中他已经打通了另一条融资通道。这些人买了华为公司的股票后,他们就与华为形成了一个利益共同体,二者要共同担负起华为的命运——"华为赢,他们赚;华为亏,他们损"。那么在未来的竞标当中,电信部门的员工为了自己的利益,也会更加希望华为能够取胜。任正非在讲话中也有提到:

公司理顺了省、市各级政府的关系,得到了地方有力的支持,开始使中央机关了解我们、支持我们，大大改善了发展的外部环境。

所以，建立这种合资公司，看似是一种让利性质的组合，实际上却已经突破了以往的单纯的买卖关系。企业可以通过排他性，阻碍竞争对手入局，这样既能巩固已有市场，又能拓展并占领新市场。

事实证明，合资模式确实让华为取得了阶段性的成功，几乎将华为推上了国内电信设备供应商垄断者的地位。在国内，每一个省、直辖市和自治区都有华为的省级市场办事处和工程服务体系，每一个地区、市、县都设有客户经理，中国各运营商的所有相关部门几乎都被覆盖在内了。

在寻找合资商时，华为并没有将目光紧盯在国内。最初开拓国际市场时，华为在俄罗斯也成立了合资公司，销售双方共有的品牌。相同的道理，在国外建立合资公司对拓展海外市场大有裨益。

当然了，在寻找建立合资企业合作伙伴时，自身的实力很重要，谁也不会同一家没有发展前途的企业合作。所以，企业必须不断提升自身的核心竞争力，以吸引更多优势企业的关注，并获得与之合作的机会。

机遇等不得重重审察

天上掉下一块东西，人们觉得只要是馅儿饼就已经喜出望外了，实际上天上掉下的是块金子。

——任正非

罗曼·罗兰曾经说过："如果有人错过机会，多半不是机会没有到来，而是因为等待机会者没有看见机会到来，而且机会过来时，没有一伸手就抓住它。"

事实上，除了必备的能力和素质之外，每一个成功者至少还要懂得抓住机遇。在这一点上，人们或许更应该看看华为总裁任正非。尽管他本人从不承认自己是一个成功者，但也没有人能够否定华为的成功。

很少有中国企业能够在世界掀起波澜，但华为是一个例外，它曾经让欧美的电信巨头感到害怕；很少有中国企业家能够影响到全球行业格局，但任正非是一个例外，他一度被评为最有影响力的中国企业家之一。

如果不说成功的话，那么，任正非和他率领的华为，是如何走到这一步的呢？机遇，这一定是其中必不可少的因素。任正非不是一个机会主义者，但他却抓住了每一个机遇。

不可否认，任正非最大的特点便是善于发现机遇，敢于抓住机遇。他一度提倡的"狼文化"，其实就是在告诉人们要懂得对机遇的把握。华为所走的从来都不是稳扎稳打的路线，在任何机会面前，哪怕其中充满了风险，它也不会放弃。

创业初期，任正非便抓住了数字程控机市场的机遇。几代先锋产品推出后，华为抓准时机继续跟进，致力于 C&C08 交换机的研制。在这一设备获得成功的同时，加之随后万门机的研制经验，华为又瞄准了光纤通信的时机。事实证明，光纤作为连接材料要比电缆更优越。于是，华为推进了光纤技术的开发，并迅速在市场竞争中占了上风。

1994 年，中央开始推行"村村通"计划，即在农村各地都接入电话线。华为本就有意大范围地拓展农村市场，自然也不会放过这个机会。于是，结合农村的实际情况，华为研制出了 ETS450D。这一技术的优点在于，一个基站便可覆盖方圆 7000 平方公里的面积，而且能够绕过重重障碍，最重要的是质优价廉。毫无悬念，华为迅速成为了"村村通"工程最大的供应商之一。

接下来，任正非大胆地预测了未来电信技术的发展趋势，华为就将研发目标指向了 3G 技术。在任正非的指示下，华为投入了大量的人力物力，开始进行研发。关于这个项目，华为先后投入了将近 10 亿元人民币研发资金。而服务于深圳、上海、北京、美国、瑞典、韩国、印度等地的华为研究所的技术开发人员也都被召集起来，针对这一研发项目分工合作。深圳成立了 WCDMA 数据卡的研发中心，北京主要进行 WCDMA 手机的研发，美国主要担任芯片和核心技术的研发，瑞典主攻用户界面设计以及对消费者的研究，韩国主要负责工业设计和结构设计，印度主要是提供软件和算法支持。

后来，为了给 3G 项目筹备资金，华为甚至将旗下的安圣电气出售给了美国艾默生电气，以此获得了 60 亿元人民币的交易额。八年来，历经过无数次的失败后，华为终于攻破了 3G 项目。

2003 年年底，华为在国内推出了首款 WCDMA/GSM 双模手机。次年，华为在法国戛纳展上展出了中国第一款 WCDMA 手机。也是这一年，华为在香港发布了三款技术成熟、商用的 WCDMA 终端。从此，华为便成为全球为数不多的提供 3G 端到端解决方案的供应商之一。

更早的时候，天津电信的人提出的一个问题也让任正非嗅到了商机，因为有人说"学生在校园里打电话很困难"。于是，任正非下达了紧急指示：这是个金点子，立刻响应。之后，华为仅用了两个月的时间就做出了适合学生用的 201 校园卡。事实上，这一产品只需要在交换机原本就有的 200 卡号功能上进行一些改进就可以，甚至不需要太多的技术创新。此卡推出后，在市场上引起了强烈的反响，并迅速拓展到全国，并最终占据了市场份额的 40%。

人们无法规避的一个事实是，机会与风险往往是共存的。因此，也很少有人像任正非这样，抓住机会就不松手，而且义无反顾地去实施自己的计划。特别是在企业进入稳定发展阶段后，管理者们的胆子也越来越小，此时他们考虑最多的是如何躲避风险。但对于一个处于创业阶段的公司来说，机遇对它们来说不止是挑战，更重要的是它意味着生存。对于这样的公司而言，企业能否活下去，就看它能不能够抓住机遇了。

一般来讲，初创时期，公司如果想要活下去，那么，它此时要考虑的就不是技术了，而是市场。于是，任正非在最开始就提倡"狼性文化"。在这一点上，任正非也走了一些弯路，看重技术的他最初也没有意识到市场的重要性，而且固执地认为，好产品自然会赢得好市场。直到遭遇了几番打击，任正非才意识到市场的重要性。

任正非指出，只有正确地做出市场定位，找到客户，公司的产品才有卖出去的机会。这样把资金收回来，公司才能够维持接下来的运作。因而，对市场机遇的把握便成了重中之重。

其实，对任正非来说，不管公司处于什么阶段，他都不会轻易地放弃任何机会，他从不害怕冒险，哪怕这个风险有可能让他一无所有。事实上，任正非就是靠着这种魄力，带领华为走在离成功越来越近的路上。

再论反骄破满，在思想上艰苦奋斗

——在市场庆功及科研成果表彰大会上的讲话

今天我们庆祝市场部改组后，持续三月均创造了历史最好成绩，五月份达 3.15 亿（含莫贝克公司 3500 万）的销售额。同时庆祝，深圳商业网合同签订、广东视聆通多媒体通信合同签订、天津 HONET 综合接入系统备忘录签订并开始实施、中国联通深圳公司与深圳市邮电局使用 08 机作专用接口局合同签订、广州市话 2 万门局（新业务的试验）合同签订；同时庆祝 08 机五月份一举进入二国和一个发达地区，出口实现零的突破。每一项目都意味着我们在新的领域、新市场的机会点上，取得战略性的突破。同时在此会进行 1995 年科研成果和先进个人的表彰。我对奋战在各条战线、为此成绩而努力的人们，表示真诚的祝贺。他们都是在思想上艰苦奋斗的榜样。我们要向他们学习踏踏实实、矢志不渝、集中精力钻研一项成果的精神。成功使我们获得了前所未有的条件与能力；成功使我们有信心、有实力去系统地克服迅速成长中的弱点；成功使我们有勇气、有胆略去捕捉更大的战略机会，使我们从根本上摆脱过去，获得内在可持续成长的生命力。我们要全面实现国际接轨，在十年之内分三步走，用三年时间实现管理与生产工艺国际接轨；用五年的时间，实现市场营销国际接轨；用十年时间在多产品、多领域的研究、生产上与国际著名公司接轨。

繁荣的背后都充满着危机。这个危机不是繁荣本身的必然特性，而是处在繁荣包围中的人的意识。艰苦奋斗必然带来繁荣，繁荣以后不再艰苦奋斗，必然丢失繁荣。"千古兴亡多少事，悠悠，不尽长江滚滚流。"历史是一面镜子，它给了我们多么深刻的启示。忘却过去的艰苦奋斗，就意味着背弃了华为文化。

世界上我最佩服的勇士是蜘蛛，不管狂风暴雨，不畏任何艰难困苦，不管网破碎多少次，它仍孜孜不倦地用它纤细的丝织补。数千年来没有人去赞美蜘蛛，它们仍然勤奋，不屈不挠，生生不息。我最欣赏的是蜜蜂，由于它给人们蜂蜜，尽管它多螫，人们都对它赞不绝口。不管您如何称赞，蜜蜂仍孜孜不倦地酿蜜，天天埋头苦干，并不因为赞美产蜜少一些。胜不骄，败不馁，从它们身上完全反射出来。在荣誉与失败面前，平静得像一潭湖水，这就是华为应具有的心胸与内涵。

当前，我们就要认真地总结经验、教训，及时地修正，不断地完善我们的管理。当我们发展处于上坡阶段时，要冷静正确地看自己，多找找自己与世界的差距。前不久郑宝用率团参观了上海贝尔，感叹贝尔在生产管理与工艺装备上的巨大进步，真是堪称世界一流。由于规模大，必然成本低。他们的管理很科学，质量很好，十年的引进，使他们较快地与国际接轨。我们的竞争伙伴04机、大唐、中兴新都有十分明显的进步。04机市场的覆盖面比我们大，中央对他们也比较支持；大唐有着十所十来年国家级科研打下的底子，在科研的深度上、广度上都得天独厚，有着部的帮助，他们对电信的系统认识比我们深刻；中兴新公司与我们同处深圳，朝夕相处，文化比较相近。中兴新在"做实"这个方面要值得我们基层员工好好学习。华为在"做势"方面比较擅长，但在"做实"方面没有像中兴新那样一环扣一环，工作成效没有他们高。与国际著名公司相比，我们还缺少可比性。在国际市场的竞争中已明显地暴露了我们的弱点。外国公司的人评述，你们的设备很好，但太年轻，缺少国际经验。我们的队伍年轻，敢想敢干，在局部上突破一些技术的前沿，取得了进入国际市场的资格，但面对国际复杂网、多网合一，我们年轻的队伍是否受得了？看看世界，比比自己，还需要百倍的努力。

我们首先得生存下去，生存下去的充分且必要条件是是否拥有市场。没有市场就没有规模，没有规模就没有低成本。没有低成本，没有高质量，难以参与竞争，必然衰落。为了争取市场，八年来近千名"游击队员"们，在通信低层网上推广着华为技术并不高的产品，呕心沥血地维护这些产品的品牌效应，给我们的新产品进入通信网提供了资格证。我们产品产生了这么大的覆盖，是办事处人员他们用青春铺筑的。在转轨的今天，他们远离公司机关的文明，受培训的机会也少得多，因此各级干部对办事处人员的培养与帮助都负有责任，任何一个员工落伍，我们都问心有愧。市场部正在从游击队转向正规军，从人自为战、村自为战的麻雀战转向阵地战。大量的员工正在转训的时期，大量的外来优秀人员加盟这个队伍，许多受过外国公司正规训练的骨干，带来了他们科学且有效的新思维、新方法，充实我们的队伍。这些新的血液，正在与传统进行融汇，相信两年后市场部一定会起飞，市场部正职集体辞职带来的深远内涵，也会越来越显示出来。为了这个目的，我们已艰苦奋战了八年，同您们一样，我也是兴奋的。但能否永远兴奋下去，这是我们需要共同研究的课题。

为了拓展明天的市场，每年从销售额中提取 10% 作为研究经费，紧紧抓住战略发展不放。1996 年研究经费达 1.8 亿，1997 年会达 3 亿 ~ 4 亿，本世纪末会达 8 亿 ~ 10 亿。只有持续加大投资力度，我们才能缩短与世界的差距。为了实现这个目标，三个月前我公司的员工住房率才 1.5%，最近才提升到 4%，到年底还不到 5.5%。这些博士、硕士、高级管理人员，多数至今还住在出租屋里，过着简易的生活。都是一句话，为了下世纪活得更好一些，为了自己的祖国拥有自己的技术，为了中央领导在发达国家面前腰杆硬一些。一代创业者已消蚀了自己的健康，一代年轻的勇士又在步此后尘，前赴后继，牺牲自己，为了祖国，也为了自己与亲人。

我们的队伍平均年龄在 25 岁，下世纪刚刚进入成熟期。而发达国家的一些著名公司，刚好处在老人退役，新人交替的历史时期，刚好会出现三五年的时间缝隙，给了我们突击的机会。我们有没有能力在这个时期确立自己的国际地位，这对我们年轻的队伍是一个考验。下世纪初，我们具有着年龄优势地位，与国内巨大市场支持的优势地位，将促进我们在国际市场占有有利地位，这是十分有希望的。如果我们不继续艰苦奋斗，不努力使管理水平与国际接轨，大好形势就付诸东流。到下世纪初，我们一点优势都没有，只有进入破产整顿。千万不要盲目乐观，一定要戒骄戒躁。

我们在进行第二次创业活动，从企业家管理向职业化管理过渡。我们正在进行"基本法"的起草工作，"基本法"是华为公司在宏观上引导企业中长期发展的纲领性文件，是华为公司全体员工的心理契约。要提升每一位华为人的胸怀和境界，提升对大事业和目标上的追求。每个员工都要投入到"基本法"的起草与研讨中来，群策群力，达成共识，为华为的成长做出共同的承诺，达成公约，以指导未来的行动，使每一个有智慧、有热情的员工，能朝着共同的宏伟目标努力奋斗，使"基本法"融于每一个华为人的行为与习惯中。我们正在强化业务流程重整的力度，用 ISO9001 来规范每一件事的操作，为后继的开放式网络管理创造条件；用 MRPII 管理软件，将业务流程程式化，实现管理网络化、数据化，进而强化我们公司在经营计划（预算）、经营统计分析与经营（经济）审计综合管理。我们正在深入进行的组织改革、企业文化教育。大量的优秀人才正在成长，优秀的老员工正在加紧学习，强化管理层和员工内部竞争机制。您追我赶的热潮正在进行。由莫贝克开始招考基层干部后，生产总部也在实施招考，市场部较大规模地推出新建职位的考选计划，一场由人们竞投基层职位的有益的活动正在兴起，它深化了我们组织改革的内容，是华为人才辈出，欣欣向荣的一个侧面。同时，我们正在引入外国工程人员到我公司工作的计划，为二三年后进入世界市场做好准备。这对我们人力资源是一个大的挑战。

我们正在试验实施行政管理与业务管理相分离，推动有序的分层管理组织与业务信息网络矩阵管理相互兼容。建立多层、多级、多专业的责任中心，通过有限授权，将推动业务运行的权力与责任下放到对事情最明白的机构和人的手里面去。建立开放的多层、多级专业管理平台，确保公司经营活动的迅速展开。每一个平面的责任中心，分工明确，责任清晰。通过多级责任中心的协调配合，就建立起开放的管理平台。无论何时何地任何级别的员工，都会及时地最直接、快捷地得到支持。使工作流程缩短，支持准确度增加，工作效率大幅度提高。支持是以对事，而不是视人的级别而定的，以保证直线经营业务活动能够及时地做出有效的决策，实现各行政系统的工作目标与总体目标。换句话说，直线行政指挥系统，将充分利用多级业务管理平台，以及由秘书管理系统手拉手结成的网状业务信息桥，有效地对经营目标与利益分配进行管理。行政系统管理是纲、业务管理是目，纲举目张。

这种管理体系上的创新，将在根本上克服过去管理过程因信息不畅、失真而产生的瓶颈与失效。并且使责任到位、分工明确，有利于各机构与各员工做出客观公正的评价，形成强有力的制约机制；从而获得管理上的进一步开放，大大提高工作的正确性与成效。

未来信息产业将越来越大，越来越复杂，管理不开放是越来越不可能了。我们不能回避矛盾，必须积极开展管理上的创新，去迎接未来的机会与挑战。每个员工从现在起，就必须做出真正实意的承诺，脚踏实地，一步一个脚印，一点一滴，循序渐进，去努力改进我们的管理，提高我们管理的能力与有效性。只有这样，我们才能到达成功的彼岸。

行政管理是综合评价，责任管理是参数评价。逐步探索出对员工工作的评价体系，有利于大大提高效率。

管理中最难的是成本控制。没有科学合理的成本控制方法，企业就处在生死关头。全体员工都要动员起来，优化管理，要减人、增产、涨工资。明年生产要翻一番，但人员不一定要翻一番。从管理中要效益，只有在管理上进步了，我们才可能实现机关干部与研究、市场同工同酬。为了实现优化管理，我们一定要实行干部参加实践，没有管辖基层工作经验的员工，不能担任科以上干部；没有与部门相关专业与业务实践经验的员工，不能担任部门经理。即使经考选进入负责层的干部，不继续深入实践，也可能会被免职。员工参加管理，不断地优化您从事工作的流程与工作的质量，努力学习，改善和协调周边关系，休闲时学习论证相关的系统管理。要改革一切不合理的流程，使重复性的管理制度化、操作简单化、重复的劳动自动化。在有效受控的条件下简化流程。要以市场为中心，科研要与市场、服务相结合；中试、生产要与质量、成本相结合；企业管理要与人的潜能开发、经济效益相结合。我们开始公开招考基层干部。公开、公正、公平地对所有员工提供机会，使具有敬业精神，高度责任心、理论水平高的人，有了更多的机会。对所竞投的职位岗位责任明确，对所辖工作有策划的员工提供均等的机会。逐渐从基层向中层、高层引入职务竞投机制。我们在选拔干部要理论与实践相结合，真正造就一代新人。华为的用人政策就是要鼓励优秀员工在公司尽快找到发挥专长的平台，吸收一批一批优秀青年奔向华为。通过组织落实来推进新一轮的管理进步，这样我们就可继续生存下去。

下月我们即将表彰各行各业优秀能手，评选优秀的厨工、清洁工、焊工、插件工、库工、备件管理员、房管员、打字员、话务员、司机、秘书、装机工程师、编辑、翻译、会计、审计、采购……营销能手、策划能手、商务管理能手、销售能手……将在各行各业进行比赛，选拔优胜者。我们只有再不断地选优下去，我们才能保有生机。我们敢于向自己开刀，在思想上永远艰苦奋斗，我们就永不会失败。

雄关漫道真如铁，而今迈步从头越。

REN ZHENG FEI

第 9 章	东方要亮，西方也要亮

在这样的时代，一个企业需要有全球性的战略眼光才能发愤图强；一个民族需要汲取全球性的精髓才能繁荣昌盛；一个公司需要建立全球性的商业生态系统才能生生不息；一个员工需要具备四海为家的胸怀和本领才能收获出类拔萃的职业生涯。

探路海外市场

东方不亮西方亮，黑了北方有南方。

——任正非

对于大多数的中国企业来说，无论是为了顺应经济全球化的趋势，还是为了提升企业的发展空间，"打开国门，进军国际市场"都是一个必然的选择。任正非对此也有着深刻的认识：

在这个时代，一个企业需要有全球性的战略眼光才能发愤图强；一个民族需要汲取全球性的精髓才能繁荣昌盛；一个公司需要全球性的商业生态系统才能生生不息；一个员工需要具备四海为家的胸怀和本领才能创造出出类拔萃的职业生涯。

随着 2002 年电信产业的"冬天"的到来，华为也陷入了惨淡经营，国内市场的业绩严重滑坡。然而就在这时，华为的海外业务竟然开始有了起色。通过一些数据，人们就可以看到华为在海外市场的成长：

2002 年第一季度，华为首次出现出口额超过内销额的情况，仅上半年的出口额就达到了 3 亿美元，比 2001 年同期增长了 1 倍；2002 年，华为全年的销售收入为 221 亿元人民币，其中出口收入达 5.5 亿美元，接近销售总收入的 20%；2003 年上半年，华为的销售收入为 120 亿元人民币，其中出口收入为 3.5 亿美元，占了上半年销售总收入的 24%。

在国内市场萎靡之时，华为在海外市场的作为及时地发挥了关键作用。可见，任正非在 1996 年甚至在更早之前所做出的拓展海外市场的决策是英明的。事实上，华为决计走国际化发展道路的初衷非常简单，就是要"活下去"。它需要尽快地抢占市场，在获得收益拯救自身于危机的同时，也巩固了自身的优势。

当年，华为的数字程控交换机刚刚在市场上取得了一定的地位，任正非就预感到了中国市场即将发生的惨烈竞争，并开始思考走国际化发展道路的必要性。任正非当时还对时局做出了深刻的分析：

我们的队伍太年轻，而且又生长在我们顺利发展的时期，抗风险意识与驾驭危机的能力都较弱，经不起打击……必须趁着短暂的领先，尽快抢占一些市场，加大投入来巩固和延长我们的先进，否则一点点领先的优势都会稍纵即逝，不努力，就会徒伤悲。我们应在该出击时就出击……我们现在还不十分危险……若 3～5 年之内建立不起国际化的队伍，那么中国市场一旦饱和，我们将坐以待毙！

果不其然，中国通信市场在 1995 年这一年发生了巨变。国际通讯市场的萎缩对中国市场造成了极大的影响：一方面，它直接限制了中国企业在海外市场的拓展计划；另一方面，受到国际市场需求紧缩的影响，许多业界巨头开始把目光瞄向中国，纷纷把中国市场作为猎物，以改善他们的颓然状态，而这必然是在给国内企业徒增竞争压力。

残酷的竞争局势下，华为所面临的对手是思科、爱立信、诺基亚、摩托罗拉、西门子等国际巨头。这般的较量对华为来说，无疑是一场真正的考验。

首先，华为在国际市场上几乎不具备任何品牌优势，其知名度根本比不上那些业界大亨。而且，在这种高科技行业里，发展中国家产品的影响力本身就非常低。

其次，华为在国内虽然算得上是一流企业，但在国际竞争环境中，其市场运作、核心技术以及人才储备，都不及对手占优势。当时，整个国内的市场经济都还处于起步发展阶段。华为的经营策略正是在这种不完善的机制中生成的，因而在国外并不适用。另外，华为没有国际人才，这就直接导致了开拓国际市场的经验上的限制。

再次，在开拓海外市场的过程中，华为所面临的不止是艰辛，甚至还有战争和自然灾害。另外，文化差异、两地分居的状况等也是需要克服的障碍。如果在外打拼的工作人员不能够适应当地的生活，那么，海外的拓展计划也必将受到阻滞。

最后，如果其他问题都可以克服的话，那么，华为自身的问题将成为国际竞争当中的最大障碍。经过几年的发展，华为已逐步奠定国内市场领头羊的地位。面对这种情况，公司的管理层和员工便开始出现了"小富即安"的心态。对于安于现状的人来说，他们是不愿意再冒险的。而面对海外的竞争，缺乏斗志就等于自取灭亡。

任正非自然也看出了这些问题，但这并没有动摇他扩张海外的决心。因而，他也一直积极引导员工。

我们要积极扩大海外市场："东方不亮西方亮，黑了北方有南方。"我们扩大海外市场，就可以扩大我们的生存空间，提高我们的生存质量，我们的员工要前赴后继地奔向国际市场。世界各地，特别是发展中国家，经济水平存在严重的不平衡，存在着很多机会，对于这些地区的市场开拓，我还是很有信心的。我们多一些人到海外去，在这些领域内多发展，就解决了我们公司的平衡问题。这样，虽然市场下滑，但是我们合理配置，人均效益会上去。

任正非坚信，高性价比的产品和无坚不摧的市场团队足以让华为踏上国际化的征程。不管国际竞争的局势如何，最终要倚靠的还是企业内在的基本力量，即产品和服务。

最初，改变华为命运的是 C&C08 数字程控交换机，它为华为的发展开创了新局面。而在打开国际市场的大门时，华为带上的主打产品也是它。

中国企业自行研制的交换机突入市场后，便打破了跨国公司在市场上的垄断地位。被斩断了技术和成本的优势后，海外的企业纷纷退出了这个领域的开发和生产。于是，华为进军国际市场的过程中，也采用各种手段迫使对手退出竞争。华为的核心策略就是发起价格战，以压低国际市场的平均价格，而使对手放弃。在国内市场拼杀中成长起来的市场团队，到海外也同样能战无不胜。

为了成功地打入国际市场，华为还做了很多其他的准备，比如对征战海外的人才的培养。在此过程中，华为搜集了许多成功案例，编写了大量的国际市场培训教材。另外，华为还专门请了有实战经验的主管和专家为选拔出来的人才进行培训，然后把国内的这些人才不断地输送到前线，为海外市场的拓展去打拼。

开拓国际化之路绝非易事，而作为首批走出去的中国企业，华为在海外所走出的每一步都更加艰难，同时也要付出更多的努力。华为之所以能够成功突破这一坚固的壁垒，除了做好的充分准备，还取决于它坚定不移的决心。

坚守俄罗斯

> 如果有一天俄罗斯市场复苏了，而华为却被挡在了门外，你就从这个楼上跳下去吧。
>
> ——任正非

说起华为的"海外经"，就不得不提到俄罗斯和独联体国家，因为那里是华为最早进入的海外市场之一。而之所以选择这里，主要是华为抓住了当时中俄两国政府达成战略协作伙伴关系这一契机。

1996年，叶利钦总统来华访问，中俄两国便建立起了战略协作伙伴关系。之后，任正非作为国家科委代表团成员到俄罗斯进行了访问。这一次，任正非在两国国际关系的变化中捕捉到了隐藏的商机。秉承着"跟着国家外交路线走"的原则，任正非开始思考与俄罗斯合作的问题。

华为参加了第八届莫斯科国际通信展，而这也是华为进驻俄罗斯市场的一个重要转折点。参加此次展览会的有三十多个国家、六百多个参展商。为了取得突破性的进展，华为花了数百万进行造势，而任正非本人也亲自到场。在任正非看来，多花些钱没有关系，最重要的是可以贴近客户，了解到有价值的信息。

事实证明，华为的钱并没有白花，它成功地引起了大家的关注。在展会上，华为可以说让俄罗斯商人和官员都感到了震惊，因为他们看到了一个与印象中不一样的中国企业。

华为的亮点主要体现在产品上，出展的 08 机具有较高的交换速率，可以在同一个平台上实现图像、数据、话音、分组交换等诸多功能，而消耗的功率仅为西方同类产品的几分之一。众多的参观者纷纷对华为表示赞赏，俄政府邮电部长也给予了高度评价。

展会期间，华为员工每天从开馆到闭馆，唯一要做的事就是不停地与客户会谈。他们必须在短短的几分钟的时间内让客户了解信息，然后让客户了解公司状况，同时还要敲定回访事宜。

通过这次展会，华为对俄罗斯市场的情况及相应的行业规则有了一定的了解，并计划用三年时间打入俄罗斯市场。而随着华为在俄罗斯的第一个海外代表处的成立，华为征战俄罗斯市场的战役正式打响。

这么来看的话，一定有很多人认为华为进驻俄罗斯市场很容易。可事实并非如此。就某个角度而言，俄罗斯市场对中国人来说并不是一个有利的战场。

早前，有一部分个体的中国商人专门在俄罗斯销售伪劣商品，使整个中国产品的声誉都受到了影响。这样导致的直接结果就是，只要是中国制造的，再好的产品也卖不上价钱，只能低价销售。很多店商为了表明自己的信誉，甚至在门口上挂上一个牌子，专门写道："本店不出售中国货。"软环境的恶劣必然会增加中国企业在俄罗斯市场上的经营成本，这也是多年来两国贸易持续萎靡的一个主要原因。

在这一前提下，华为在俄罗斯市场面前的形象就属于典型的先天不足。对于这一点深有体会的还要属当年带队赴俄的李杰，他可是受尽了"坐冷板凳"的痛楚。

李杰带领众多华为员工，第一站就到了俄罗斯首都莫斯科。初来乍到，他慷慨激昂地宣布道："我们要把俄罗斯的每一个地区都跑一遍，把竞争对手吃饭、睡觉、滑雪和与家人团聚的时间都用来攻取阵地，就一定能够闯出来。"可谁承想，他们在这里坚守了四年，最终还是一无所获。

当时的华为在那里几乎没有任何知名度，而且大部分的客户都已经被像爱立信、西门子这样的国际公司"扫荡"过了，所以，销售人员只能不断地"碰钉子"。

1997年，俄罗斯的经济开始陷入低谷。到了1998年，金融危机全面席卷了俄罗斯，卢布大幅贬值。许多大公司，如西门子、阿尔卡特等，纷纷撤出俄罗斯，就连与华为竞争多年的国内对手中兴通讯也放弃了这片市场。俄罗斯电信业也因此进入了停滞状态。

然而，看着其他企业的大动作，华为并没有同它们一道撤离，反而加大了在俄的投入。在任正非看来，这反而是一个反败为胜的绝佳机会。他对李杰说道：

如果有一天俄罗斯市场复苏了，而华为却被挡在了门外，你就从这个楼上跳下去吧。

于是，华为像是抓住了一个巨大的商机一样开始忙碌，而在此打拼的团队也如同复活了一般。李杰和他的同事们开始组建当地营销队伍，对他们进行培训，然后派往俄罗斯各个地区。他们成立了一个本地化的合资企业，命名为"贝托—华为公司"。于是，华为在当地就有了一个市场营销平台。之后，通过新一轮的不断走访和交流，他们结识到了一些运营商的管理层人员，如此便建立了一个潜在的客户群。

正如任正非所预料的那样，普京上台后，俄罗斯的经济开始复苏，华为也如愿以偿地成为了俄罗斯的合作伙伴。

当初，华为在俄罗斯接到的第一个订单只有38美元，但这也是华为人坚守在俄罗斯兢兢业业奋战几年的重要成果。随后，华为在俄罗斯市场便进入了全面发展的时代。

2001年，华为拿下了上千万美元的GSM设备订单；2002年，华为承包了从圣彼得堡到莫斯科近 4000 公里长的国家光缆干线的建设；2003年，华为在独联体国家的销售收入突破 3 亿美元大关，是当时华为海外销售总额的 1/3；2005 年，华为以 6 亿美元的销售额，位居俄罗斯市场前列……从此，俄罗斯及独联体国家成了华为在海外最稳定的市场之一。

2007 年 6 月，华为在著名的圣彼得堡举办了"华为在俄罗斯十年"的庆典，以庆祝华为进驻俄罗斯市场十周年。中国副总理吴仪和俄罗斯副总理应邀参加了该庆典，来宾高度赞扬了华为对俄罗斯电信以及中俄两国经贸关系做出的贡献。

无论多么困难，华为从未想过要放弃，多年的坚守也终于换来了成功。如今，华为已经成为俄罗斯电信市场的主导者之一，是在俄罗斯投资最大的中国公司。

征服非洲与中东市场

> 哪怕那儿十分艰苦，工作十分困难，生活寂寞，远离亲人。
> 为了祖国的繁荣昌盛，为了中华民族的振兴，也为了华为的发展
> 与自己的幸福，要努力奋斗。要奋斗总会有牺牲，牺牲青春年
> 华、亲情与温柔……不奋斗就什么都没有，先苦才能后甜。
>
> ——任正非

华为想要真正实现它的全球性战略目标，就不能只盯着发达国家的市场，而华为也确实为此付出了努力。世界上有这样两个地方，要么充满艰苦，要么充满危险，它们就是非洲与中东。同时，它们也是华为极力想要打开的海外市场的另一扇门。

2006年，在刚果首都金沙萨的某一个角落发生了这样一幕：屋外枪响如鞭炮，一粒子弹射进来，弹孔在墙上，弹头掉到锅里，"当"的一声响。刚果副总统本巴因不接受总统选举落败的结果而带领卫队攻打总统卡比拉，双方卫队发生了激烈的武装冲突。这时，被双方卫队包围的一栋宿舍楼内，华为办事处的三十多名工作人员因来不及撤离正被困在里面。战争的炮火随时都有可能朝他们打来，而他们只能暗自祈祷。

上面所描述的枪击的那一幕是记者刘铮铮在《华为亚非市场开拓记》中所描述的战争爆发时的惊险情况。但通过这一幕，人们更加了解了华为在开拓非洲市场时的艰险与不易。

那一晚，他们躲在宿舍楼里，能够清晰地听见炮弹在前面的一栋烂尾楼里爆炸时发出的恐怖声响。任谁经历了这样场面都会感到恐惧，哪怕是"如狼似虎"的华为人，也不能例外。亲历了该事件的华为员工事后说道："如果他们稍动歪念进来洗劫，我们三十多号人就都没命了。"

虽然政局不稳，但刚果这个国家的自然资源却极其丰富，盛产铜、钴和金刚石等，其矿产资源在全世界范围内都占有重要地位。所以即便这里充满危险，华为也没有放弃这片市场。

华为的海外拓展计划，一直采用"沿着中国的外交路线走"的重要策略，亚非市场的开拓更是典型。2000年11月，任正非随吴邦国副总理到非洲进行访问。任正非之所以被钦点随行，国家主要是希望可以通过政府角度提供协助，为华为进军非洲市场开通绿灯。

表面上看，非洲似乎并不是优势市场，但大多数人还是意识到了这里潜在的巨大商机，特别是电信行业。因而，这里的竞争也十分激烈，包括诺基亚、爱立信、阿尔卡特等纷纷在抢占市场。按理说，它们本可以使整个非洲的电信网络迅速膨胀，可事实上并没有。于是，华为抓住了这个机会。

在华为进入以前，阿尔卡特是刚果电信市场的主要设备供应商，其次是西门子。然而，它们在这里并没有形成扩张趋势，也没有利用先入的优势实现市场饱和。所以，华为才能够抓住市场空隙，在这里大展拳脚，反而后来者居上。阿尔卡特当初是以设备融资的方式进入刚果市场的，在国际上花高薪聘请了大量的短期雇佣军，采用工程分包的形式，因而付出的成本要比华为高出许多。所以，在与华为的竞争中，阿尔卡特并不占优势。

另外，非洲大部分地区的基础设施条件都很差，像刚果的很多村庄，基本上都不通公路，加之疟疾横行，很多人都难以忍受。而华为的员工秉承公司艰苦奋斗的原则，大部分人都可以长期坚持在这里。在这一点上，华为又更胜一筹。如此看来，在一些艰苦的地区，除了技术和设备之外，人才的配备也十分关键。

华为终不负众望，突破非洲市场。而后期，华为在加速挺进海外时，其大量营业收入都来自这些最艰苦的地区。

2003年12月底，华为与埃塞俄比亚电信公司（ETC）签署了产品交换合同，交易金额超过了2000万美元，华为要承担的就是对ETC现有的整网交换网络进行改造和优化。

对于这项合作，华为当时是打败了九家供应商才拿下的。也难怪，华为在竞争力就创造了别人无可比拟的条件。相对来讲，华为在竞标中提供的解决方案是最完善的，不仅能够解决网络现存的问题，实现客户网络优化，还考虑到了客户未来的需求，比如网络升级和发展等。优质的产品和服务自然能够创造市场，而华为恰恰具备这些。

另外，在同样战火连连的中东，人们依然能够看到华为人的身影。不过在这里，华为需要采用不同的进攻策略。

"9·11事件"以后，阿拉伯世界对中国的态度普遍友好。华为也因此在中东地区获得了发展机遇，于是将目标定在了沙特阿拉伯。

2007年7月，华为与沙特科技城为了加强双方在电信科技研发和人员交流培训等领域的合作，签订了"谅解备忘录"。在电信市场上，沙特一直以来都处在专业人才匮乏的局面。而此次合作中，华为所需提供的就是其多年闯荡电信领域的丰富经验，使其在根据协议建立的通信技术培训中心发挥作用。

上述合作中并没有多大的商业利润可言，但却为双方未来的长期发展合作打下了良好基础。由此可见，华为不会错过任何可能获得发展的机会。

进攻非洲市场靠的是坚韧的毅力以忍受艰苦的环境，而打开中东市场则需要包容的心态以适应文化上的差异。

麦加每年的 12 月，其方圆几十公里内，就有将近 300 万人使用国际国内长途通话和短信业务，其中还包括先进的 3G 视频通话服务。巨大的数据传输量对硬件设备和网络服务都有着极高的要求，因而这是一个难度相当大的通信保障项目。

2005 年前，很多电信巨头都参与过这个项目，包括朗讯、阿尔卡特、爱立信等，但运营商对最后的结果都不是很满意。于是，华为又多了一个机会，于 2005 年开始接手其中一部分的任务。2006 年，华为基本上全面接手了这个项目，2007 年则继续承担。连续三年的出色表现，也让沙特电信对华为颇为满意。就此，华为占据了沙特通信服务领域在交换机设备供应、基站建设和网络服务等业务上的绝大部分市场份额。

在长期的拼搏和坚持下，华为的产品先后进入非洲和中东地区的十几个国家，成功地树立了自己的品牌，牢固占领了市场。

突破亚欧分界

> 只要勇于自我批判，敢于向自己开炮，不掩盖产品及管理上存在的问题，我们就有希望保持业界的先进地位，就有希望向世界提供服务。我们不尽快使这些产品全球覆盖，其实就是投资的浪费，机会的丧失……
>
> ——任正非

早期，华为的海外市场主要集中在发展中国家，但是，从华为的10GSDH光网络产品进入德国后，一切就变得不一样了。事实上，在大部分发展中国家取得了巨大的成功后，华为就已经将发展的目光投向了经济高度发达的欧洲。没错，华为就是想要攻进欧美市场。

为了成功地打入欧美市场，任正非攻坚计划，即先找机会与国际通信巨头建立合作，比如成立合资公司、共同进行研发等，然后再同欧洲本土优秀的代理商建立合作。任正非认为，只有与本土的企业建立起良好的关系后，华为才更有可能进驻当地的市场。

最初，华为就选定了CDMA450作为主打产品，意欲用它敲开欧美市场的大门。CDMA450是一套非常完备的系统，其竞争力是无可置疑的。这一系统综合了450MHz频段良好的传播特性和先进的IMT-2000技术，只需非常少的无线设备就可以实现良好的覆盖，并完成高质量的移动业务。相比之下，该系统在运作成本上要比同类产品低出很多，是一种性价比非常高的产品。而且，作为电信设备的供应商，华为还可以提供完整的CDMA450端到端解决方案。已经做好了准备的华为，欠缺的就只是一个机会而已。

2003年10月，CDMA450终于受到欧洲运营商的青睐，INQUAM公司十分看好这一产品，与华为签下了大额订单。CDMA450成功进入西欧市场，这对华为来说意义非凡。因为一直以来，西欧国家所推崇的都是GSM，而CDMA系列产品首次进入发达国家，意味着华为的国际化进程又向前迈出了非常大的一步。

CDMA450被西欧运营商采纳，只是阶段性的胜利。要想真正地切入欧洲市场，华为的路还很长。那么，突破商机无限的英国市场，显然是最快、最有效的途径。

然而，华为要进入英国市场，就必须先通过英国电信集团的认证。而这一认证的严格程度，也远远地超出了华为人的想象。

2003年，英国电信开始对包括华为在内的全球60家供应商进行评估，这一过程历经两年。而最终，只有8家供应商进入其21世纪网络的采购短名单。华为有幸分别进入了综合接入领域和传输领域的短名单，是唯一一家同时入选两个产品领域的供应商。从最后的结果来看，华为是通过了英国电信的认证，但其历经的过程却并不顺利。

2003年11月，英国电信的采购认证团来到了华为，进行实地考察。对为期四天的"严格体检"过程中，在国际一流的专家面前，华为暴露出了许多之前未曾察觉的问题。

当英国电信的专家问道："在座的哪位能告诉我，从端到端全流程的角度看，影响华为高质量将产品和服务交付给客户的排在最前面的五个需要解决的问题是什么？"而当时在场的华为人，竟没有一人答得上来。

考察结束后，英国电信专家为华为打分。考核结果共分为十几个单元，每一个单元的满分均为七分。华为在基础设施上得到了最高的六分，其他硬件指标的分数也比较高，但在像业务的整体交付能力等软性指标上的得分却很低。

结果可想而言，华为的这一次认证失败了。离开的时候，英国电信专家还留下了一句话："希望华为能成为进步最快的公司。"

原本，华为人对于这一次的考核充满了自信，可现实却给了他们一个沉重的打击。正所谓"当局者迷，旁观者清"，被指出的那些问题确实是存在的。痛定思痛，在接下来的几个月的时间里，华为针对专家们指出的问题进行了全面整改，从组织、流程、管理等多方面下手，解决了公司端到端流程中的诸多问题。

"失之东隅，收之桑榆。"这次认证的失败对华为来说，也不完全是一件坏事。华为正好可以利用这个契机肃清流程管理上的问题，从而为以后同其他顶级运营商的合作扫清障碍、奠定基础。

经过几个月的整顿改革，华为终于在英国电信的第二次认证考核时交出了一份满意的答卷，获得了英国电信的认可。此次认证的通过，真正帮助华为打开了欧洲市场的大门。

2005 年 11 月底，华为成为全球最大的移动运营商沃达丰（Vodafone）的战略供应商，与其正式签署全球采购框架协议。而这一年的年末，华为如愿以偿，与英国电信签订合同，正式成为其"21 世纪网络"计划的优先供货商。

这一步迈出后，华为在欧洲市场声名大噪，并引起了路透社、法新社等欧洲主流媒体的关注。

连续获得两份合作，对于华为来说，这不仅仅是收益上的增长。更重要的是，被英国电信和沃达丰确定为供货商，这无疑是给了华为一个广泛意义的"通行证"。而成功地打通欧洲市场，既鉴证了华为的迅速成长，同时也使其正式加入世界级电信设备供应商的行列。

与美国的"恩怨纠葛"

　　我们本身是个民营企业，不具有什么高度的政治地位。如果
中美两国的关系，华为夹在中间产生影响的话，很难办，影响两
国的交往不值得。所以我们决定退出美国市场，不再夹在中间。

——任正非

　　2013 年，任正非在接受法国《回声报》采访时就其开拓美国市场受阻一事做出了解释。任正非表示，为了避免中美关系紧张的状况，华为决定退出美国市场。

　　作为全球最大的电信设备生产商之一，华为的创收有七成来自海外，而目前在全球前 50 大电信服务提供商中有 45 家在使用华为产品。这些数据说明，华为已经成为通信领域内最具有全球影响力的跨国公司。一切事实似乎都表明，华为在海外市场上取得了巨大的成功，可事实上，华为还是遇到了相当"难啃的骨头"——至今仍未真正敲开美国市场的大门。

　　华为与美国之间的"纠葛"到底是什么？是"国家安全威胁"，还是利益之争？不管原因是什么，可以确定的结果是，华为遭到了美国的"封杀"。

　　一直以来，美国都以"威胁论"为依托，阻挠华为在美的市场拓展进程。而华为在美国所遭遇的贸易壁垒相对于中国的企业来说并不具有

普遍性，美国对待不同的中国企业有着不同的态度。

对于富士康这样的无品牌的企业，美国通常会给予支持，而对于像联想这样拥有品牌但缺乏核心技术的企业，美国则会稍加阻挠，但力度不大。然而，对于像华为、中兴这样的企业，美国则会把门槛提得非常高。而他们给出的理由是，华为、中兴有核心技术，指其可能会威胁到美国的国家安全。

对此，任正非曾以非常形象的比喻辩护道：

我们不过是通讯管道制造商，至于管道里流通的是什么，那不是我们关心的事情。如果管道里的水遭到了污染，人们不会去怪罪管道生产商啊！

工业和信息化部电信研究院副总工程师陈金桥曾经指出，所有的IT产品，特别是远程IT产品，或多或少都存在一些安全问题。但是，美国在针对华为企业进驻的事情上似乎将这一理由用得太过了。欧洲、日本的电信设备商也开拓了美国市场，但安全调查却只针对中国企业。

另外，有人以华为的军方背景为攻击点加以指责。那么，人们是不是可以理解为，但凡在军队服过役的CEO，就一定是有军方背景的呢？如此说来，有过军旅背景的美国商业精英可就数不胜数了。在美国，很多商业人才都出自著名的西点军校，如此若算作"军方背景"的话，那么各国恐怕要多出无数的"间谍"了。

再来说说市场竞争的问题。多年前，对于华为与思科两大企业的官司纠纷，很多人至今记忆犹新。且不论过往的是非，就眼前的数据来看：经过十年的发展，华为的销售额增长了七倍，员工数量增长了十倍；而思科无论是销售额还是员工数量都只增长了一倍。如此看来，无论是过去还是现在，华为都是思科最大的竞争对手。所以，在如今这样激烈的市场竞争下，思科通过政治手段来打击华为也不是不可能的。因而，美国以安全为借口的打压，很有可能就是出于保护主义。

2011 年，思科曾对其客户发布了一份名为"华为和国家安全"的报告，报告长达 7 页，主要内容其实就是呼吁其客户远离华为。另一方面，美国国会发布了一份相似的报告，52 页的文件将其中的利害关系表达得更加细致详尽。

如今，美国市场是思科的主打市场，占据了其收入的一半以上。于是专家猜测，为了保护自己的利益，思科也会不断地游说美国国会，建议其阻止华为在美国的扩张。另外，据悉美国国会的 535 名议员中有 73 名持有思科的股票，因而他们也不会任思科败下阵来。

对华为的打压不止发生在美国本土，甚至干预到了别国的经济建设。对于华为要进驻韩国国内基站设备市场一事，《华尔街日报》等美国媒体发出报道。报道称，政府近期已通过非正式渠道向韩方转达了对韩企引进华为设备的忧虑，甚至称其会影响到韩美同盟。

不管美方是出于国家安全的考虑，还是实现利益的诉求，华为在开展业务上所面临的政治障碍都是不可避免的。在一步步的打压下，以及出于对中美关系的考虑，任正非终于公开表示退出美国市场。

无论如何，华为在美国所遭受的歧视性待遇是无疑的。国际社会中的利益关系错综复杂，中国企业的国际化道路注定充满荆棘，华为想要真正完成全球化战略的使命，必须继续加强科技研发与技术积累，摆脱对美国的依赖。

延伸阅读

雄赳赳，气昂昂，跨过太平洋
——在欢送海外将士出征大会上的讲话

雄赳赳，气昂昂，跨过太平洋，当然还有大西洋和印度洋。是英雄儿女，要挺身而出，奔赴市场最需要的地方。哪怕那儿十分艰苦，工作十分困难，生活寂寞，远离亲人。为了祖国的繁荣昌盛，为了中华民族的振兴，也为了华为的发展与自己的幸福，要努力奋斗。要奋斗总会有牺牲，牺牲青春年华，亲情与温柔……不奋斗就什么都没有，先苦才能后甜。

"青山处处埋忠骨，何必马革裹尸还"，没有我们先辈的这种牺牲，就没有中华民族的今天。为了祖国的明天，为了摆脱一百多年来鸦片战争、八国联军入侵的屈辱，以及长期压在我们心里的阴云，我们要泪洒五洲，汗流欧美亚非拉。

你们这一去，也许就是千万里，也许十年、八年，也许你们胸戴红花回家转。但我们不管你是否胸戴红花，我们会永远地想念你们，关心你们，信任你们，即使你们战败归来，我们仍美酒相迎，为你们梳理羽毛，为你们擦干汗和泪……你们为挽救公司，已付出了你们无愧无悔的青春年华，将青春永驻。

华为正面临着一种机会与危机。我们的机会是经历了十年奋斗，培养和造就了一支奋斗的队伍，有组织、有纪律的队伍，一支高素质、高境界和高度团结的队伍，许多年轻的干部正在职业化的进程中，陶冶自己，重塑自己，他们不怕艰苦，勇于献身，努力学习，是我们事业的宝贵财富；我们经历了十年的积累，以客户化的解决方案为先导的产品体系有了较大的进步，有希望搏击世界舞台，在这个舞台上检验自己。只要勇于自我批判，敢于向自己开炮，不掩盖产品及管理上存在的问题，我们就有希望保持业界的先进地位，就有希望向世界提供服务。我们不尽快使这些产品全球覆盖，其实就是投资的浪费，机会的丧失。随着我们的管理逐步国际化，IPD、ISC、财务四统一、IT、任职资格、虚拟利润方法、述职报告制度……的推行，华为将面临内部组织越来越开放，允许越来越多的优秀人才，加入我们的队伍。这些优秀人才，将一同与我们奔向战斗的前方，我们的队伍向太阳。

我们的危机是我们的队伍太年轻，而且又生长在我们顺利发展的时期，抗风险意识与驾驭危机的能力都较弱，经不起打击。但市场的规律，常常不完全可以预测，一个企业总不能永远常胜，华为总会遇风雨，风雨打湿小鸟的羽毛后，还能否飞起。总是在家门口争取市场，市场一旦饱和，将如何去面对？

我们没有像 Lucent 等那样雄厚的基础研究，即使我们的产品暂时先进也是短暂的，不趁着短暂的领先，尽快抢占一些市场，加大投入来巩固和延长我们的先进，否则一点点领先的优势会稍纵即逝，不努力，就会徒伤悲。我们应在该出击时就出击。一切优秀的儿女，都要英勇奋斗，绝不屈服，去争取胜利。

我们的游击作风还未褪尽，而国际化的管理风格尚未建立，员工的职业化水平还很低，我们还完全不具备在国际市场上驰骋的能力，我们的帆船一驶出大洋，就发现了问题。我们远不如 Lucent、Motorola、

Alcatel、Nokia、Cisco、Ericsson……那样有国际工作经验，我们在国外更应向竞争对手学习，把他们作为我们的老师。我们总不能等待没有问题才去进攻，而是要在海外市场的搏击中，熟悉市场，赢得市场，培养和造就干部队伍。

我们现在还十分危险，完全不具备这种能力。若三至五年之内建立不起国际化的队伍，那么中国市场一旦饱和，我们将坐以待毙。今后，我们各部门选拔干部时，都将以适应国际化为标准，对那些不适应国际化的，要逐步下调职务。

我们正处在危机中，还有一项例证。就是处在危机并不认识危机，前方浴血奋战，后方歌舞升平。

机关不能以服务为宗旨，而是前方的阻力，使流程执行困难重重。当我们今天欢送将士奔赴前方时，我们要使后方全力为前方服务，不能实现这种服务的员工要下岗。

号角在响，战鼓在擂。前方没有鲜花，没有清泉……一切困难正等着我们去克服。

随着中国即将加入WTO，中国经济融入全球化的进程将加快，我们不仅允许外国投资者进入中国，中国企业也要走向世界，肩负起民族振兴的希望。

在这样的时代，一个企业需要有全球性的战略眼光才能发愤图强；一个民族需要汲取全球性的精髓才能繁荣昌盛；一个公司需要建立全球性的商业生态系统才能生生不息；一个员工需要具备四海为家的胸怀和本领才能收获出类拔萃的职业生涯。

所以，我们要选择在这样一个世纪交换的历史时刻，主动地迈出我们融合到世界主流的一步。这，无疑是义无反顾的一步，但是难道它不正承载着我们那要实现顾客梦想，成为世界一流设备供应商的使命和责任吗？难道它不正是对于我们的企业、我们的民族、我们的国家乃至我们个人，都将被证明是十分正确和富有意义的一步吗？

是的，我们正在创造历史，与文明同步！

你们背负着公司生死存亡的重任，希望寄托在你们身上。

第 10 章　特别篇之商界思想家

这次妈妈反过来要陪我去郊区七彩云南转转，散散步，回来的路上要在路边买些果园摘下来的梨子，她不让我下车，后来我问妹夫为什么不让我下车，他说妈妈怕你大手大脚、不讲价。

知识信徒

——逃离命运的枷锁

> 在中国，在高技术领域做一个国际化的企业，开拓全球市场，华为没有任何经验可以借鉴，完全靠摸索，在市场中摸爬滚打，在残酷的竞争中学习；在中国，做一个以几万年轻知识分子为主的企业，竞争又是全球范围和世界级水平，华为没有任何成功的实践可以借鉴。
>
> ——任正非

众所周知，任正非是一个重视知识的企业家。华为创立之初，任正非就主张以自主研发的方式掌握核心技术。表面上看，任正非是为了摆脱在市场上处于被动的劣势，但同时也能够看出他对知识的尊重。在这一观念中，他将知识放在了一个有高度的层面上。因为他本身就十分坚定，相信"知识就是可以改变命运的伟大力量"。

从华为的发展历程来看，你会发现，任正非更喜欢同朗讯、马可尼等公司合作。曾经有很多人，甚至包括华为的一些高层领导，都对此感到不解。其实，并没有什么特别的原因，只是任正非还是一个青少年的时候就对那些科学家和发明家有着崇拜之情。

深圳龙岗区的华为坂田基地也曾给无数人留下了深刻的印象，到那里参观过的人恐怕至今还记忆犹新。这其中的原因便是坂田基地的特殊设计，因为基地里的每条道路都是以中外著名科学家的名字而命名的，比如贝尔路、居里夫人路、稼先路等，而这些路都是任正非亲自命名的。

而在参观贝尔实验室的时候，任正非甚至夸张地说过：

我年轻时代就十分崇拜贝尔实验室，仰慕之情超越爱情。

从任正非的种种表现不难看出，他的敬意是给了那些科学家、发明家，但他真正敬佩的其实是这些人所拥有的知识。任正非为何会如此执着于知识呢？这还要从任正非小时候的经历说起，他对知识的信奉主要得益于他所接受的家庭教育。

任正非并非出身文化世家，他的爷爷任三和是做金华火腿的师傅，他的子女们，除了任摩逊（也就是任正非的父亲）之外，都没有读过书。任摩逊也是因为自己的百般坚持，最终才读上了书，他也是家中唯一一个读过大学的人。后来因为父母相继病逝，任摩逊告别了他热爱的大学，回到老家在职业学校当老师。此时，他还差一年就毕业了。抗日期间，任摩逊曾积极投身革命，1944 年的时候，为了躲避特务的追捕来到了贵州。之后，他便与任正非的母亲程远昭结了婚。任摩逊其实也是一个胸怀抱负的人，可终其一生也未能充分发挥才能，到头来也只是一个乡村教育家。

成大事者多艰难，任正非的青少年时代就经历了不少的苦难。在家里，他还有六个弟妹，全家九口人的生活全部靠父母微薄的收入来维持。除此之外，父亲还要往老家寄生活费。家里的一条棉被是几个人合用的，做饭时就在地坑了。任家的贫困程度可谓是难以想象的，以至于后来来抄家的造反派看到之后都目瞪口呆了。任正非在家从来没有穿过衬衣，而且即便到了夏天也只能穿厚外衣，根本没有可以替换的衣服。

即便在如此贫穷的情境下，任氏夫妇依然坚持让七个孩子都上学。可每到开学的时候，母亲就不得不为学费发愁，只能到处向别人借钱，可一般是借不到的，因为每家都很困难。

任摩逊一直勉励任正非，告诉他要好好学习。而父亲的谆谆教导也确实深深地影响了任正非，使他渐渐养成了淡泊名利、好求知的性格。在当时的社会，任正非的父母是处于社会底层的学校教员，不能给予儿女们更多的东西，但教会了他们热爱知识。

"文革"时期，任摩逊作为文化人免不了一场劫难。任正非当时在重庆上大学，学校里也到处都是斗争。其间，任正非扒着火车回了一趟家。父母害怕他也受牵连，第二天一早便将他赶了回去。临行时，父亲嘱咐道："别人不学你要学，不要随大流。"任正非将父亲的话记在了心里，于是回到重庆后，他便埋头苦读，也不管外面的枪炮声有多响。这个时候，很多人都参加到了斗争中，从而荒废了学业。而任正非则开始结交了一些西安交大的老师，然后从他们那里获取学习材料。

任正非把所有的时间都用在了学习上，他学习高等数学、计算机、自动控制、外语、逻辑、哲学……没错，他几乎看到什么学什么。不过，这种学习方式确实让任正非掌握了不少知识，见解独到。这一点，从任正非后来在华为内刊上发表的文章，以及他在各个场合上做出的讲话就能够看出来。

贫寒家境与对知识的追求便是任正非整个青少年时代的主题。所以说，任正非价值观的形成，深受家庭教育的影响。踏实上进、淡泊名利的心态以及热爱读书、追求知识的品格，都是在那些青涩的岁月里成型的。而这些难能可贵的品质，后来也发挥到了他在华为的发展和建设中。

同时，也正是年少时的这些经历让任正非对那些改变了人类命运的科学家们产生了崇拜之情。因为任正非深深地意识到，只有知识才能改变命运。从此，他便开始笃信知识的力量。任正非在访问美国回来后，就曾发出过这样的感慨：

教育经费的缺乏，文化素质的低下，是中国不发达的一个重要原因。

任正非将改变命运的希望寄予知识，是因为他相信知识是创造价值的有生力量。在他看来，知识就是一种财富，而且可以通过后天的学习而源源不断地获得，对众生而言，是平等的。很多人难以想象，这样的认知竟然出自一位商人，因为它看起来更像是一位学者对知识的迷恋。

当华为还处在创业期时，公司的管理者们没有一个人具备高科技产业管理经验，无论是从研发到市场，还是从生产到财务，统统都是外行，这当然也包括任正非在内。一直以来，他们是靠着摸索前进的。于是，任正非认为公司有必要进行一些培训。为此，华为还专门建立了部门学习制度，目的就是要让公司的成员不断地进行学习，同时提高彼此之间的共同交流。在任正非看来，学习对于华为的管理有着重大意义：

在中国，在高技术领域做一个国际化的企业，开拓全球市场，华为没有任何经验可以借鉴，完全靠摸索，在市场中摸爬滚打，在残酷的竞争中学习；在中国，做一个以几万年轻知识分子为主的企业，竞争又是全球范围和世界级水平，华为没有任何成功的实践可以借鉴……

因此，任正非在公司里特别重视学习，因为他坚信，只有不断学习才能管好华为。任正非每周至少都会看两本书，涉猎范围十分广泛，但大部分都围绕着与企业有关的书，比如公司管理和技术进步等。因而，任正非对联想、宏基、IBM 等知名企业的实践经验了如指掌。同时，他也会要求干部们多读书，有时甚至让公司买书，然后发给各级主管和员工。

在任正非的带领下，培训中心成为公司内部最重要的一个机构，华为董事长孙亚芳就出身于培训中心。公司在坂田基地建设培训中心时，把它盖成了一个豪华酒店。当时，有人对此提出异议，认为这是一种资源浪费。但任正非不以为然，他认为这是一种投资。而任正非在审批各部门提交的年度预算时，总会指出培训预算太低的问题。

重视培训，这并不是任正非一个人的观点。从很多世界知名企业看来，培训支出不再是支出去的一笔费用，而是对企业未来的投资。华为每年支出的培训费用就高达数亿元，他们自行编写教材，总会在其中加入许多实际案例，以供员工学习和参考。华为的培训并不是"走过场"，其结果还要有一个严格的考核评估。

为了把华为打造成一个真正的学习型组织，公司已经做出了方方面面的努力。后来，公司还正式注册了华为大学，办学目的就是为员工及客户提供各种培训课程，这其中还包含了华为一贯秉承的宗旨，即"与客户共同成长"。华为的培训系统也一直处于建设和完善当中，因而除了深圳总部，华为在北京、广州、南京、昆明、杭州和重庆等地区也分别成立了区域培训中心。而在国外，比如欧洲和非洲的几个国家，华为同样建立了综合性的培训中心。国外的这些培训中心，不但要向各个国家的客户提供培训的服务，同时它也是向合作方传授经验和技能的一个最佳平台。

不可否认，任正非就是知识的信徒。他尊重知识，热爱知识。他用知识改写了自己的命运；他用知识塑造了引领世界的中国通信产业；他用知识为中国企业的发展开辟了一条光明之路。

勤俭一生

——饥饿的启示

> 父母一生勤俭，而且不断以身作则来教育我，让我不要大手大脚。其实我一生都是非常节俭的，她只不过用过去过过的苦日子作坐标来度量。
>
> ——任正非

一直以来，任正非都被誉为最低调的企业家。这不止是因为他不经常在媒体面前露面，更重要的是，他的身上并没有大多数富豪身上所见的奢华之气。他看起来就是一个普普通通的小老头，既平实又朴素。这难道是一个人表现出的气质吗？当然不是，这是一种品质的象征。任正非就是一个勤俭之人，而这样的习惯自然不是短时间内养成的。

任正非出身寒门，但他从不以此为耻。相反，对于这样的人，他反而会给予更多的赞赏。因而，华为招聘时也会多关注一些贫寒的学生。在任正非看来，这样的人吃苦耐劳，在工作中也会表现出更多的韧性。尽管现在有钱了，但任正非始终保持着节约的传统。他本人的生活很简朴，就连吃饭时也会特别注意，以避免浪费。

任正非出生在贵州安顺地区镇宁县山区。贵州地处高原，当地的风景十分优美，但经济却非常落后。特别是山区地带，俗称"地无三里平，人无三分银"。"大跃进"运动开始后，农村地区开始大办食堂，也就是人们常说的"大锅饭"。办食堂必然要面临的一种情况便是高征购，而这样导致的最终结果就是粮食短缺。1960 年，贵州地区已经闹起严重的饥荒。然而，省委向上级做出的汇报却是：全省食堂办得好和比较好的占总数 80%。于是，贵州就被誉为了"红旗省"，还动员全国进行学习。到了 1961 年，面对强大的压力，贵州不得不实行包产到户，至此城乡的面貌才得以缓解。

任正非的父亲和母亲都是普通教师，这在如今看来是相当不错的职业，但在建国时五六十年代，他们却是处在社会最底层的人。当时，教师这个职业不但收入低，还要时常遭受别人的鄙视。

那时，全国正陷入经济困难时期，粮食短缺是最严重的情况。任正非家的情况更是糟糕，吃也吃不好，住也住不好。仅存的一点粮食根本不够填饱全家人的肚子。家里的棉被要几个人盒盖一条，破旧被单下连褥子都没有，而是铺的稻草。国家当时实行的是配给制，即各种票子盛行的年代，各家的日常所需都要凭票领取。布票紧缺时，每人一年就只得了半米布。一直到高中毕业的时候，任正非始终都没有穿过衬衣，哪怕是夏天，都穿着厚外套。

生活本来就已经捉襟见肘了，但孩子们也在一天天长大。吃饭、穿衣、读书，到处都要花钱。每当学校收费时，就是任正非的母亲最犯愁的时候，每人每学期要缴 2 ~ 3 元的学费，家里总共七个孩子，足见这在当时是一笔多大的开销。可尽管如此，父母还是坚持让每个孩子都读书。而任正非后来之所以能够取得成就，也与其父母较高的觉悟分不开。

青少年时期的任正非并没有什么高远志向，其实也并不是没有，而是无暇去想这些，因为饥饿每天都有可能向他们袭来。任正非回忆时提到，他上高中的那三年，最大的理想就是能吃一个白面馒头。或许说得夸张了些，但足以反映出当时的社会现状。为了赶走饥饿，他们每天都要想方设法地找吃的。种南瓜、采野果、煮菜根这些都还算是好的，有时要上山采红刺果（就是绿化用的那种），或者把蕨菜根磨成浆，又或者将青杠子磨成粉。任正非的妹妹偶尔会采几颗蓖麻子炒一下，把它当成花生吃，可每吃一次都会拉肚子。

任正非的父亲偶尔外出参加会议时，还可以借机改善一下伙食。相对而言，母亲的负担更重一些。她本身也要工作，工作之外还要做饭、洗衣，包揽各种家务。另外，她也要负担七个孩子的教育问题。

总之，母亲付出的劳动是最多的，同时还要尽可能地省下每一口吃的留给孩子。当时，为了保证全家都能活下来，家里的每一餐都采取严格地分饭制。现在看来，以任正非家里当时的情况，全家人能够完好地活下来也可以说是一个奇迹了。

任正非念高中时，正是国家三年经济困难时期，饥饿和死亡让人们感到了无尽的恐慌。饥荒时期，饿殍遍地，全国高达四千多万的人口被饿死。在这种形势下，除了填饱肚子，人们哪还有心思想其他的事情，就更别提读书了。

随着高考的临近，任正非更加进入了紧张的状态。在家复习功课时常常会饿，实在挺不住的时候，他就用米糠跟菜和一下烙着吃。父母见状都十分心疼，奈何家里的状况也是无法改变的事实。家里当时也有些存粮，但不管怎么饿，任正非从来不会随便动，因为他不能让弟弟妹妹们挨饿。

高考前的三个月，母亲经常会在早上的时候悄悄地塞给任正非一个很小的玉米饼。在饥饿面前，一块小小的玉米饼或许并不能发挥太大的作用，但它至少让任正非能够安下心来复习功课了。对于这件事，任正非后来回忆的时候也是感慨万分：

如果不是这样，也许我也办不了华为这样的公司。社会上多了一名养猪能手或街边多了一名能工巧匠而已。这个小小的玉米饼，是从父母与弟妹的口中抠出来的。我无以报答他们。

最终，任正非考上了重庆建筑工程学院。这个消息对全家来说，亦喜亦忧。喜自不必说，而忧自然也是源于现实，家里的经济状况必定会更加艰难。

大学期间的一件事让任正非至今记忆犹新，那就是母亲送给了他两件衬衣。当时他就流下了眼泪，他清楚地知道母亲为他准备这两件衬衣有多不容易。另外，去上大学，学生需要自己准备被褥。虽然只是一套被褥，却着实难住了任正非的父母。后来，还是母亲想到了一个办法。那时正值毕业季，母亲就在学校捡回了一些毕业学生丢弃的破被单，然后缝缝补补将它们拼接起来，洗干净之后才让他带上。两件衬衣和一条拼接起来的被单，陪伴任正非度过了五年的大学时光。

即便到了现在，任正非也时常感叹，若不是父母的无私和伟大，他们兄妹几人甚至都很难全部存活下来。

我的不自私是从父母身上学到的。华为这么成功，与我不自私有一点关系。

清贫的教师家庭对任正非的价值取向也起着重要的引导作用，他从父母的身上学到了很多可贵的东西。

这段痛苦的人生经历对任正非来说，必然是一段宝贵的财富。真正的财富不是痛苦，而是对痛苦的思考。任正非就此养成的艰苦朴素、勤俭节约的好习惯，让他受益一生，同时也让华为得益于其中。

民族大义

——政治的觉悟

"文革"对国家是一场灾难，但对我们是一次人生的洗礼，使我政治上成熟起来，不再是单纯的一个书呆子。

——任正非

1966 年，对于大多数的中国人来说，都是难以忘记的一年。而对于华为总裁任正非来说，那个标志着年份的数字也是让其终生难忘的。这一年"文革"大爆发，任正非的父亲作为知识分子首当其冲。

文化大革命最先从教育界发起，在这场狂风暴雨中，那些会写文章、当干部、有独立的政治思想的人要最先接受改革。任摩逊就此被打上了"反动学术权威、走资派、历史有问题"的烙印，在经历了一连串的人身折磨和侮辱后，他被关进了囚室。

这一变故发生后，任正非还在外面上大学，任母便成了全家的顶梁柱。然而，屋漏偏逢连夜雨，她那时正患上了严重的肺结核。经济条件本就十分困难，营养又差，加之沉重的政治压力，任母几乎失聪。但在如此重压之下，任母依然顽强地支撑着，甚至还不断地鼓励家人。在给丈夫送饭时，任母在饭里面藏了一张条子，内容是周恩来的一段话——"干部要实事求是，不要乱承认，事情总会搞清的"。任母就是希望丈夫顶住压力，不要倒下，她能做的就是尽力保住这个摇摇欲坠的家庭。

任摩逊也很坚强，并没有像有些人那样选择自杀。在株连家庭的氛围下，他十分清楚，一旦死了，自己就有可能会被扣上"自绝于人民"的帽子。这样一来，全家人都会因此背上政治包袱，将来也无法在社会上立足。

于是，为了家人，他将这一切都隐忍了下来。

任母也会给远在重庆的儿子写信，她并没有告诉儿子家里的详细状况。她最担心的是这件事会牵连到儿子，于是她在信中写道："要相信运动，要划清界线，争取自己的前途……"这些其实都是当时的一些套话，她只希望儿子能够安心读书。

任正非自打上大学后就沉湎于学业中，说白了就是个"书呆子"，对于这场革命也知之甚少。不过，看到红卫兵们风风火火地行动，同是年轻人的任正非也莫名地兴奋起来。于是，他也积极地投入到了大串联的热潮中。最初，他还不了解父亲的具体情况，但同学们从侧面进行了一番了解后告诉他，他的父亲已经在劫难逃。于是，任正非开始搜集资料，在大串联中收集了很多传单材料，他把这些东西寄给母亲，希望对他们了解形势有帮助。

受到父亲的影响，任正非被各派红卫兵组织拒之门外。不能戴上那象征革命身份的红袖标，对于任正非来说还是有些失望的。那时，他很羡慕那些家庭清白的同学。

一段时间之后，改革就从原来的文斗转向了武斗，人们纷纷端起了武器。而当时整个社会都因为枪林弹雨，而陷入了恐慌中。为了躲避武斗，任正非决定回趟老家。他是扒着火车从重庆上的路，中途逃票被发现后还挨了打，最后还被赶下了火车。任正非徒步走了好远，才在半夜的时候赶到了家中。此时，家里的遭遇比闹饥荒的时候还要惨。"文革"期间，父亲被罚做苦工，每个月给的生活费还不足 10 元，维持最起码的生活都困难。母亲身患重病，还要一边给父亲送饭，一边帮他抄检查。弟妹们也终因生活所迫放弃了学业，还要靠挖沙子、抬土方等赚钱贴补家用，有时甚至会面临工地塌方的危险。

看到儿子，夫妻两人很吃惊，随即就催促他，让他第二天一早回去，免得受牵连。他们也知道枪林弹雨的环境很危险，但他们认为，政治对人的影响更可怕。最后，任摩逊将自己脚上的旧皮鞋脱给了任正非，而任正非还未来得及多想，穿上鞋子就匆匆走出了家门。而每当想起这件事的时候，任正非的内心常常感到自责。

不过这次归家，任正非牢牢记住了临走时父亲对他说的一句话——"别人不学你要学，不要随大流。"于是，回到学校后，任正非就开始静下心来埋头苦读。

毋庸置疑，文化大革命是中华民族的一场灾难。但越是灾难越有可能促进人的成长，在相同的事物中，人们也会有不同的收获。在这场浩劫中，出现了各种各样的场面：身体被摧残、自尊被践踏、人格被侮辱。

任正非看到这些的时候，他清醒地意识到了人性的弱点和黑暗，而他也因此渐渐地成熟起来了。

"文革"对国家是一场灾难，但对我们是一次人生的洗礼，使我政治上成熟起来，不再是单纯的一个书呆子。

"文革"时期的经历磨炼了任正非的意志，同时也培养了他敏锐的政治感觉，使他在政治上迅速地成熟起来。

任正非同许多处在那个年代的中国人一样，经受过那种胆战心惊的感觉，因而心中时刻保持警惕，谨言慎行。这对他随后在管理华为时所表现出的忧患意识，也产生了一定的作用。任正非一直希望自己能够摆脱宿命，于是他不断地拼搏、不断地努力，以期实现彻底的解放。另一方面，时代的特殊性总会赋予人们一些责任感，比如肩负起民族的苦难，这时人们就会滋生出一种强烈的民族精神和奋斗意识。任正非正是受到了这种力量的鼓舞，因而他十分期待着国家强大的那一天。

军人作风

——部队的锤炼

一个人再有本事，也得通过所在社会的主流价值认同，才能有机会。

——任正非

说起任正非的时候，人们还习惯用另一个词来形容他，即"军人总裁"。人们之所以这样称呼他，不仅仅是因为他曾是一名军人，还有一个主要原因就是，任正非将军队管理的思想植入到了企业管理当中，并有效地促进了企业的发展。

举一个最简单的例子，每一位新员工进入华为时都要接受培训，其中就包括极其严格的军事训练。

青春永远都是人的脑海中镌刻最深的记忆，岁月的积淀换来的是最深刻的人生哲理。人们在看任正非的时候也许会想：如果没有 14 年的军旅生涯作为铺垫，也许世界上就不会有今天的"华为教父"。

在重庆读完大学后，任正非即将面临他人生中最重要的一次选择。按照学制，任正非本该于 1967 年毕业，然后参加工作分配。然而，由于受到"文革"的影响，毕业生的分配被推迟了一年。这次分配提出了面向基层的方针，即毕业生要先去当农民、当工人。但这两条路任正非都没选，而是直接应征入伍，成为了一名解放军战士。当时，中国社会的主流价值由工人、农民和军人主导的。所以，这一选择对于任正非来说很现实。特别是经历过"文革"的洗礼后，任正非更加认识到得到社会主流价值认同的重要性。

说来也很幸运，任摩逊的问题没有定性，部队也没有在这个问题上多做纠结。因为当时整个中国被打倒的干部不计其数，任正非的问题就并不那么突出了。另外，任正非的好学以及他对知识的掌握也给他加了不少分，部队也需要人才，特别是掌握技术的人才。于是，任正非穿上了军装，成为了一名基建工程兵。直到转业，任正非在军队里整整待了14个年头，也是他人生中最美好的14年。

基建工程兵是1966年成立的一个新兵种，主要承担国家基本建设重点工程和国防施工任务。这支部队后来也进行了扩充，发展成为了国家基建战线上的一支有力的突击队。

刚入伍不久，任正非就随部队参加了一项军事工程，代号为011。该工程是西南地区三线备战建设的工程之一，是国家的重点工程，主要任务是建设战略大后方的军用飞机和航空发动机制造厂。这一任务让任正非充满了激情，大有一种"投身革命"的感觉。另外，该工程的实施地点就在任正非的家乡贵州安顺地区，尽管不能随时回家，但这还是让他感到兴奋。

工程实施的过程中其实是很艰苦，但任正非却并不觉得辛苦。每每回忆起这段国防施工的经历，任正非的内心都会升腾出一股英雄主义情怀。那里虽不是战场却胜似战场，每个人都投入了极大的热情。后来，任正非总是不自觉地将那些场面与华为创业时的艰辛联系在一起，甚至在称赞华为市场部的员工们时说道：

没有他们含辛茹苦的艰难奋战，没有他们的'一把炒面、一把雪'，没有他们在云南的大山里、在西北的荒漠里、在大兴安岭风雪里的艰苦奋斗；没有他们远离家人在祖国各地，在欧洲、非洲的艰苦奋斗；没有他们在灯红酒绿的大城市，面对花花世界而埋头苦心钻研，出污泥而不染，就不会有今天的华为。吃水不忘挖井人，我们永远不要忘记他们。

一直以来，任正非都没有荒废自己，努力钻研知识。于是，他很快便在部队中崭露头角，表现出了良好的科技素养。在部队期间，任正非拥有多项技术发明创造，甚至两次填补了国家的技术空白。任正非跟随部队，先后参与了几十个项目的建设，包括总装厂、飞机洞库、试验场地等。任正非一直凭借自己的智慧和汗水，为国家建设做贡献。

任正非虽然在部队创造了很多技术创新和发明，但因为他父亲的原因，他多年来都未曾获得任何表彰，入党申请也未得批准。他的身边每年都有很多立功得奖的战士，而他这个领导者却始终一无所有。如果说非要找出他的一项荣誉的话，那便是安慰奖——"学习毛主席著作标兵"。不过，任正非曾表示自己对此并不在意：

我已习惯了我不应得奖的平静生活，这也培养了我今天不争荣誉的心理素质。

随着时间的流逝，新时期终于到来，这也使任正非一家得到了解放。"四人帮"被粉碎后，各地陆续开始对冤假错案进行平反。任正非的部队直接派工作组去了任正非的老家，去查清任摩逊的历史，而调查的结果是没什么异常情况。于是，任正非的父亲得到了平反。

父亲的事情弄清后，任正非顺利入党。1982年9月，任正非还出席了党的第十二次全国代表大会。不过很可惜，这一年也是任正非离开军队的时候。

军队的领导哲学与企业的管理哲学有许多相通的地方。以美国西点军校为例，从这里走出的毕业生，其中一大批最后都成为了商界领袖。其实，国内企业的军人总裁并不只有任正非一个。比如，联想的柳传志、海尔的张瑞敏、中粮集团的宁高宁、万科的王石等都曾在部队服过役，都有过从军的经历。

后来，任正非还向华为培训中心推荐过一本书，名为《西点军校领导魂》。这本书是美国西点军校退役上校所写的，主要内容是介绍西点军校是如何培养军队领导者的。任正非还引用了麦克阿瑟将军提出的西点军人应该坚持的三大信念——"责任、荣誉、国家"，并将其改成"责任、荣誉、事业、国家"。他将这几条信念灌输给新员工，希望他们能够永远铭记。

14 年的军队生涯，或许并没有给任正非的物质和事业带来直接帮助，但军队的培养却深深地影响着他的信念，同时也锻炼着他的意志力、执行力和社会责任感。

和任正非一同共事的人都知道，他始终保持着军队的作风，做起事来雷厉风行。他对员工的要求也是如此，交代下去的事必须立即做到。在任正非亲自主持的会议上，人们几乎听不到任何空话、大话，因为了解老板的脾性，大家的发言都是直奔主题的。

另外，任正非在军队养成的"攻无不克"的精神，也是成就华为的强大执行力的来源。每年他都会为华为制定一个明确的目标。在很多人看来，这一目标几乎都是不可能实现的。但最终，任正非所提出的那些目标大多都实现了。

例如：1995 年，任正非提出，要用三年的时间将重新组建的莫贝克公司变成国内电源行业的领跑者。此后，仅仅隔了两个月的时间，他又提出要做"亚洲第一"。

任正非做出决定的过程很简单，不会花费太多时间去一遍一遍地论证这个事情。他也不喜欢听理由，他的态度就是：有什么困难你自己去解决，需要什么资源尽管开口，然后去执行。当然了，任正非并不是一个不讲理的人。在执行过程中，有什么问题可以进行反馈，只要员工真得尽力了，任正非都会对结果做出客观的判断。

无论是在军队里，还是在企业里，"一切行动听指挥"这条准则都是十分必要的。任正非在华为几乎是一言九鼎，并不是其他人不敢反驳，更重要的是没有反驳的道理。

　　任正非的军事化作风可能会让很多人感到不适应，但不可否认的一点是，它确实能够提高人们的执行效率。而且，华为能够发展到今天，与任正非的强硬作风也是分不开的。

毛氏管理

——看齐伟大思想家

> 毛泽东会打枪吗？谁见过毛泽东打枪？……但是毛泽东会运动群众，会运动干部。
>
> ——任正非

毛泽东作为一位伟大的思想家，不仅带领人民开创了新中国，而且深深地影响了几代中国人。而同样具有一定影响力的中国企业家任正非，也是一个拥有独特思想的人，而其关于企业的大部分思考正是来源于这位伟大的领袖。因而，即便到了现在，仍然有不少人称他为"学毛标兵"。

任正非大学毕业后，就参军到了部队。而任正非也是到了部队以后，才开始广泛地接触到毛泽东的著作。然而，这一深入了解便促成了一发而不可收的局面，任正非完全被毛泽东的个人魅力所折服，并对其产生了浓厚的兴趣。于是，他开始刻苦钻研毛泽东的著作，他还因此被评为"学毛著标兵"。因为太过崇拜，渐渐地，任正非的一举一动都开始出现了伟人的影子。任正非彻底为毛泽东思想所折服，更为其高度灵活的辩证法领导艺术所吸引。而真正打动任正非的，不是毛泽东的言行和气魄，而是他的智慧。

任正非整个人由内而外都受到了毛泽东思想的熏染，甚至在他说话、做事以及为人处世等方面都都可以捕捉到毛泽东的影子。即便是通过任正非著作的作品或讲话，你也能够发现这一点，因为其中的大部分论述都引用了毛泽东的观点。另外，任正非对毛泽东的军事理论、群众路线、矛盾论和辩证法等也进行了深入研究，并将其应用到了企业管理当中。

任正非毛泽东思想的学习不仅仅表现在品读以及表面上的模仿，而是做到了思想的继承和实践的应用，并牢牢地掌握了辩证思维这一最核心的理念。

华为早期，任正非在市场部整训大会上发表了题为《目前的形势与我们的任务》的讲话，与毛泽东在1947年12月25日所发表的一篇文章题目相同，而彼此的创作背景也十分相似。1947年年底，是解放战争从战略防御走向战略反攻的关键转折点；而1995年底，华为也要从农村市场转向城市市场，即进入"农村包围城市"目标的攻坚阶段。

几年后，任正非又在公司举行了一场"产品研发反幼稚大会"，并发表了以《希望寄托在你们身上》为题的讲话，引用了20世纪50年代毛泽东访问苏联时对中国留学生所讲的这句话，并鼓励年轻的华为人正视自己身上所表现出的幼稚，要对未来充满信心。

此后，《全心全意对产品负责，全心全意为客户服务》在华为内部广为流传，这是任正非在欢送华为电气研发人员去生产部门锻炼酒会上的讲话，以此鼓励他们。很显然，这篇讲话的题目源于毛泽东的"为人民服务"这句话。

后来，任正非为了欢送去海外开疆扩土的员工，做了一个题为《雄赳赳，气昂昂，跨过太平洋》的演讲。这种言传身教思想灌输方式，与毛泽东当年的"星星之火可以燎原"极其相似。

任正非在毛泽东身上所学到的不止是哲学思想，还有"低调做人"的处世态度。面对众人的追捧和推崇，任正非不骄不躁，依然保持着自己的独特的、低调的行事作风，因为他时刻谨记着主席的教诲——"低调做人，高调做事"。他不喜欢"出风头"，所以总是站在暗处。不过，这样反而增加了人们对他的好奇心。

任正非以毛泽东思想为指导，不仅仅是将其作为一种正能量引入华为。它的价值不只是起到一个口号或是一种激励的作用，而是在实践中发挥积极的指导作用。如果深入地研究华为的运营管理模式，那么就会发现，从市场攻略到客户政策，再到竞争策略以及内部的管理与运作，几乎都能够发现毛泽东思想的"痕迹"。纵观华为的发展史，为抢占市场而采用的"农村包围城市"的策略在这一点上表现得最为鲜明。

"农村包围城市"最初是毛泽东在中国共产党处在生死存亡的危机时提出的。毛泽东明确表示：农村包围城市，建立农村革命根据地，最后夺取城市，实现全国解放的道路。中国共产党正是沿着这条路线，经过多年的浴血奋战，最终才建立了新中国。而任正非在拓展市场时，借鉴的就是这一策略。

华为成立之初，国内市场已经被各大国际企业所占领。当时的华为，既没有可以与之抗衡的资本，也没有可以与之比拼的技术，因而只能在夹缝中生存。所以，当华为掌握了一些技术后，便将目标盯在了竞争对手不大关注的农村，展开了轰轰烈烈的"农村运动"，并借此建立了自己的"根据地"。抢占农村市场或许只是无奈之下的选择，但这一决策也是在为华为日后的发展奠定基础。

1992 年，阿尔卡特、朗讯等业界巨头依然垄断着国内市场。不过这一年，华为自主研发的交换机和设备获得成功。于是，任正非开始实施他的"包围"计划，按照之前制定的策略迅速发起反攻，直接导致了通信设备的价格大幅下跌。当中国人拥有了自己的技术后，进口的那些高价产品自然就要失去市场。

"农村包围城市"的战略思想在国内取得了巨大的成功。于是，在拓展国际市场时，任正非又将这一策略搬了出来。任正非制订的计划是，先开拓非洲、东南亚、西亚等相对落后的发展中国家的市场，然后对欧

247

美发起总攻，再渐渐取代那些国际大企业的地位，从而实现经济全球化。

关于网络产品，华为从 1994 年就开始投入研究了，1998 年时已正式进入市场。在该项产品的研发上，从国内市场来看，华为的确是先行者。但与那些跨国公司相比，比如思科、3COM 等，华为显然是"慢了至少半拍"。而直到 2000 年左右的时候，华为才开始大规模地推行渠道销售，于是又投入到代理商的招募中。然而，国内网络产品的代理商也早被思科、3COM 等厂商占有了。也就是说，华为的发展空间就这样被限制住了。

面对这种局面，任正非决定"故技重施"，再次采用"农村包围城市"的策略。华为计划将各个区域作为突破点，分别建立区域分销商和集成商。而事实证明，这样策略是有效的。华为很快便在网络市场上立足了，同时又将进攻目标转向了竞争对手。

在创新发展的道路上，华为几经风险，而仅"农村包围城市"这一策略便帮助华为克服了重重难关。因此，任正非最终才得以打下了自己的江山。如此说来的话，任正非最应该感谢的人还是毛主席。

事实上，在华为的各项管理当中，人们都有可能找到以毛泽东思想为指导的策略或方针。

比如，毛泽东的"枪杆子"政策。任正非十分清楚，科技是第一生产力，企业要想实现经济全球化，只有产品是没用的。技术、生产、营销等都是具有决定性的重要环节。所以，华为需要的是会使"枪杆子"的人。对此，任正非解释道：

毛泽东会打枪吗？谁见过毛泽东打枪？……但是毛泽东会运动群众，会运动干部。

另外，毛泽东所坚持的群众路线，在任正非的管理智慧当中也有所体现。1996 年年底，任正非在听完了生产计划、销售计划的工作汇报后，发现华为的各部门之间，甚至是各员工之间，都有点"闭门造车"的倾向。对此，任正非提出：

群众路线和与工农兵相结合的道路，我们的革命前辈已经走了几十年，甚至还是穿着"小鞋"走过来的，今天，我们千万不能忘记这条路线，我们工作在第一线的博士、硕士、工程师就是我们新时代的工农兵，我们要深入其中，身临其境，调查研究，发现问题，总结规律。

如果说华为一直是由任正非在主导的话，那么，毛泽东思想就是他经营管理哲学当中的灵魂。华为的成功即是任正非的成功，而事实上，任正非不过是通过一次巨大的实践活动再次证明了毛泽东思想的准确性。

全心全意对产品负责，全心全意为客户服务

——在欢送华为电气研发人员去生产部门锻炼酒会上的讲话

在我们华为公司，博士当工人已不是第一次，现在你们也不是最后一次。黄埔军校第一期学员不是最优秀的，延安抗大第一期学员也不是最优秀的，最优秀的都是第四期。后来人比先行者更优秀，在于后来人是踏着先行者探索的足迹前进，更容易成功。

"神奇化易是坦途，易化神奇不足提。"数学家华罗庚这一名言告诫我们不要把简单的东西复杂化，而要把复杂的东西简单化。那种刻意为创新而创新，为标新立异而创新，是我们幼稚病的表现。我们公司大力倡导创新，创新的目的是什么呢？创新的目的在于所创新的产品的高技术、高质量、高效率、高效益。从事新产品研发未必就是创新，从事老产品优化未必不能创新，关键在于我们一定要从对科研成果负责转变为对产品负责，要以全心全意对产品负责实现我们全心全意为顾客服务的华为企业宗旨。

"从对科研成果负责转变为对产品负责"这个口号是怎么来的呢？从我们龙岗基地建设中，我们确知外国设计院的设计费虽然很贵，但他们是对工程负责，而我们国内的设计院只对图纸负责。我们公司的研发人员以前正是由于只重视对科研成果负责而缺少对产品负责才造成现在的不少问题，所以我们明确地提出了这个口号。后来我们到IBM等公司去考察，发现西方公司的产品经理也是深入到产品过程的每个环节中去，也是对产品负责。现在在座的所有的人都须对产品负责，产品犹如你的儿子，你会不会只是关心你儿子的某一方面？你不会吧？一个产品能生存下来，最重要

的可能不是它的功能，而只是一个螺丝钉，一根线条，甚至一个电阻。因此，只要你对待产品也像对待你的儿子一样，我想没有什么产品是做不好的。以前我们走了不少弯路，我们现在已采取了对产品负责的方针。我们曾经的失误导致我们6千万到1个亿元的损失！当然，这一代价构建了我们 C&C08 交换机的成功，创造了巨大的市场。国务委员宋健同志与我交谈时，问我最大的感受是什么。我说我们浪费较大，包括几个亿用于培训，几个亿报废了，但我们培养了一大批人，这大批人在什么时候发挥作用呢？下一个世纪。社会上，包括一些世界著名公司，说华为浪费太大，但我们认为正是浪费造就了华为。当然，我们不能再犯同样的错误，再浪费下去。公司最近出了一本书叫《炼狱》，炼狱就是要把你们这些博士前、博士后放到太上老君的炼丹炉里去炼一炼，让你们去反思我们过去所走过的道路，永远铭记我们走过的曲折道路。IBM 在 PC 机的开发上损失了几十亿美金，在通信网络的收购上，又损失了几十亿美金，"一朝被蛇咬，十年怕草绳"，他们面对通信领域，战战兢兢，不敢进入。华为公司是不是也要等到损失几十亿元之后才能赢得我们所要走的正确道路呢？不应该。"前车之鉴，后事之师"，我们应该向世界各国成功的优秀企业学习。

我们现在的很多管理实际上是在发扬50年代、60年代党的优良作风，那时毛主席提出科技人员要走与工农相结合，与生产实践相结合的道路，如今华为公司的工人农民就是生产线上的博士、硕士。为什么那时的优良作风没有发扬到今天？就是因为没有形成一个正确的价值评价体系。我们公司现在的任职资格评议系统就是一种价值评价体系。我们推行能力主义是不是有问题？是不是要将责任与服务作为价值评价依据？你有能力，但没有责任心，没有达到服务要求，我们就不能给予你肯定，给予你高待遇。我曾批评中研部，在价值评价上有问题，重技术，轻管理，只技术上给予肯定，管理上不予肯定，你怎么能够肯定对只更改一个螺丝钉、一根线条

251

的员工就应给予高待遇？如果不给予高待遇，而对只做出没有突出贡献的一点东西的员工，你却给予他高待遇，这种价值评价颠倒就必将导致我们公司成本增加，效益下降。所以我们要通过价值评价体系把好的优良作风固化下来，使之像长江之水一样奔流不息，这将使我们走向光明的未来。

我们既重视有社会责任感的人，也支持有个人成就感的人。什么叫社会责任感？什么叫个人成就感？"先天下之忧而忧，后天下之乐而乐"，这是政治家的社会责任感，我们所讲的社会责任感是狭义的，是指对我们企业目标的实现有强烈的使命感和责任感，以实现公司目标为中心为导向，去向周边提供更多更好的服务。还有许多人有强烈的个人成就感，我们也支持。我们既要把有社会责任感强烈的人培养成领袖，又要把个人成就感强烈的人培养成英雄，没有英雄，企业就没有活力，没有希望，所以我们既需要领袖，也需要英雄。但我们不能让英雄没有经过社会责任感的改造就进入公司高层，因为他们一进入高层，将很可能导致公司内部矛盾和分裂。因此，领导者的责任就是要使自己的部下成为英雄，而自己成为领袖。当然，英雄也可转化成领袖，领袖就是我们的项目经理、科长、处长、办事处主任等。领袖不重视个人成就感，只注重组织目标的成就感。大家想一想：谁给毛主席发奖章？谁给邓小平发奖章？就是因为领袖没有个人成就感，只有社会责任感，不需要大奖励。我们有非常多的无名英雄，他们是我们未来的一切，我们要依靠他们团结奋斗，充分发挥个人能力。我们要构建干部体系，通过价值评价体系把我们所需要的优良作风固化下来，这将使华为公司在下个世纪大有希望。

我们要摆脱对人的依赖，要摆脱对技术的依赖，要摆脱对资金的依赖，使我们公司制定的所有政策都比较合理、实事求是。华为公司已经确立了企业核心价值观，经过十年的努力，我们的核心价值观已经被广大员工所接受。我们以前说的做不到，或是做到了却要打折扣，现在开始说的和做的差不多了，比较吻合一致了，比较能够自圆其说了。我们的企业核心价值观所确定的我们企业内在的组织流，经过不断自我优化自成体系，一旦能以自圆其说之后，即使现在的领导人不在了，这个组织流也不会终结，仍将如长江长流不息，新的企业后继人，势将顺应、继承和管理这个组织流永远长流下去。我们的华为公司怎么会垮掉呢？我坚信华为红旗永不倒！下个世纪华为公司将进入全球全面竞争，就要靠我们现在这些人。那些不愿去当工人，不愿去对产品、对市场负责任，想混饭吃，认为到西乡去是去充军的人，怎么能构建华为公司的全面竞争力呢？怎么能够使公司达到世界一流水平呢？接班人必须要有自我批判能力，没有自我批判能力，就不能接班，因为他们不可能带领公司很好前进。我相信，从现在起，我们只要三年，我们的公司就很有希望，我的《从必然王国走向自由王国》一文里有一段话，讲一个企业长治久安的基础正是其核心价值观被其接班人所接受，而且接班人必须具有自我批判能力。只要努力地去实践我们所确定的核心价值观，只要实事求是地去批判自己、优化自己，我们的公司必将长盛不衰。我们公司今年的产值与IBM公司只差55倍了，与朗讯公司的只差20倍了，如果1999年我们的产值达到160亿，那么与朗讯差距就降到13倍，与IBM差距就降到35～40倍了，我们正在大步前进，正在缩小与它们的差距。

为了使我们的研发人员能够铭心牢记"从对科研成果负责转变为对产品负责"这句话，我们年终将把库房里的呆滞物料打成一个个包，发给研发人员做奖状，每人一包，你可拿到市场去卖，请你回答，我们这历史累积上亿元的呆滞物料是怎么产生的？就是你们一笔一画不认真产生的。这么多的呆滞物料，经过这么大努力的处理还有数千万元是不能利用的，几千万元啊！我们有多少失学儿童，就是因为少几毛钱、少几块钱不能上学，这要让我们每一个研发人员铭记在心。去年年底的客户大团拜是由公司高层领导组成的，今年春节我们希望中研、中试、华为电气研发人员去拜访客户，每个小组发一个录音机，以便让你们全体人员听听客户是怎么骂你们的，哪里的客户对你们有意见，你们就到哪里去。只有敢于自我批评，你才会有希望。市场部可以支持一下，把对我们意见最大的客户找出来，鼓励他们讲真话，讲真话者多发奖金，让我们研发人员直接听听客户的心声。

我们永远不能停止不前，永远不能沾沾自喜，认为今年的产品比去年的好得多了，就行了吗？今年我们发中研部呆滞物料奖，明年我们要把用户中心的飞机票，也打成一个个包，再发给中研人员做奖状，让他拿回家去对亲人说是自己得的浪费奖！华为公司实行低成本战略，其实我们的产品成本并不高，而是研发浪费太大！浪费就是马虎、不认认真真。我今天不想点一些人的名字，今天是一个很美好的时刻，不提那些不好的名字。我们如果不从作论文的那种马马虎虎骗糊涂教授的方式转变过来，肯定是个很大问题，我希望大家高度注意到这一点。市场部今年应该说是对中研很客气的，能忍受就忍受，能扛住就扛住，扛不住才把矛盾推向公司，要飞机票，说是机器需要紧急修理，为什么那么紧急？就是中研产品不过硬。所以我们要真真实实地认识到我们所存在的问题，我们的最大问题就是上次在中研部提到的问题：幼稚，一定要反掉幼稚。我认为我们到下个世纪将不会幼稚，我们必须从现在开始就要反掉幼稚，如果我们能够在两三年之内构筑这方面管理上的进步，那么下个世纪我们将是大有希望的。

我们公司正在构筑着明年大发展的基本格局，明年将有更大规模的人才补充，今年我们已经进了大量新员工，正在招聘一大批专业人才，还要招聘大批客户经理、大批产品研发经理，我们将向他们提供优秀的待遇，以支持他们与我们共有构筑今后公司大发展的势头。

未来三年，我们要抓住中国国内市场大发展的大好时机，同时，我们也要大力开拓国际市场，这为每一位真正想努力发展员工提供了难得机会，就看你努不努力，就看你是来真的还是来虚的，你来真的，你就一定会大有希望，希望寄托在你们身上！

附　录

任正非内部讲话

进攻是最好的防御

一、最好的防御就是进攻，要敢于打破自己的优势形成新的优势

网络将变得越来越扁平，越来越简单，宽带很宽，接入网络会像接自来水管一样简便，Bit 成本将大幅降低。未来面临的是，超宽带后还有没有什么带，竞争到底是从室内走向室外，还是从室外走向室内。这条技术路线没有人知道。但可以肯定的是，美国不会甘于输掉，美国执意WiFi 全频率开放的目的还是为了从内往外攻。漫游问题一旦解决，华为的优势就不一定存在了，这是我对未来的看法。爱立信是一面旗帜，它要维护旗帜的威望只能从外往内攻。华为不是旗帜，不管是左手举旗（从内往外攻），还是右手举旗（从外往内攻），都是很灵活的，最后不管哪一头胜利，总会有华为的位置。也许将来是内外方式融合。

美国是一个伟大的国家，它的力量非常强大，我们要重视它对未来标准的认识。如果美国不用 TDD，它就不可能成为国际标准；如果美国推动 WiFi，WiFi 就能进攻这个世界。美国还是一个创新力井喷的地方。美国为什么能形成创新的土壤？第一，美国保护创新，FaceBook 如果是在中国早就被抄袭千百遍了；第二个，美国人不怕富，人不怕张扬。否则哪有乔布斯？美国对乔布斯很宽容，乔布斯如果是换个地方，他早期是不被认同的，没有早期哪来晚期？我们要学习美国的创新精神、创新机制和创

256

新能力。

要打破自己的优势，形成新的优势。我们不主动打破自己的优势，别人早晚也会来打破。我们在学术会议上要多和爱立信、阿朗、诺西……交流，并在标准和产业政策上与它们形成战略伙伴，就能应对快速变化的世界。

华为过去市场走的是从下往上攻的路线，除了质优价低，没有别的方法，这把西方公司搞死了，自己也苦得不得了。美国从来是从上往下攻，Google 和 Facebook 都是站在战略高度创新，从上往下攻。WiFi 作为和 LTE 竞争的技术，你不能说美国不会玩出什么花招来，我们要以招还招。不要以为我们一定有招能防住它，我们公司的战略全都公开了，防是防不住的。我们要坚持开放性，只有在开放的基础上我们才能成功。

我特别支持无线产品线成立"蓝军组织"。要想升官，先到"蓝军"去，不把"红军"打败就不要升司令。"红军"的司令如果没有"蓝军"经历，也不要再提拔了。你都不知道如何打败华为，说明你已到天花板了。两军互攻最终会有一个井喷，井喷出来的东西可能就是一个机会点。

我不管无线在"蓝军"上投资多少，但一定要像董事们"炮轰华为"一样，架着大炮轰，他们发表的文章是按进入我的邮箱的顺序排序的。一定要把华为公司的优势去掉，去掉优势就是更优势。终端的数据卡很赚钱，很赚钱就留给别人一个很大的空间，别人钻进来就把我们的地盘蚕食了。因此把数据卡合理盈利就是更大的优势，因为我们会赚更多长远的钱。

我们在华为内部要创造一种保护机制，一定要让"蓝军"有地位。"蓝军"可能胡说八道，有一些疯子，敢想、敢说、敢干。博弈之后要给他们一些宽容，你怎么知道他们不能走出一条路来呢？世界上有两个防线是失败的，一个就是法国的马奇诺防线。法国建立了马奇诺防线来防德军，但德国不直接进攻法国，而是从比利时绕到马奇诺防线后面，这条防线就失败了。还有日本防止苏联进攻中国满州的时候，在东北建立了十七个要塞，他们赌苏联是以坦克战为基础，不会翻大兴安岭过来，但百万苏联红军是翻大兴安岭过来的，日本的防线就失败了。所以我认为防不胜防，一定要以攻为主。攻就要重视"蓝军"的作用，"蓝军"想尽办法来否定"红军"，就算否不掉，蓝军也是动了脑筋的。三峡大坝的成功是肯定反对者的作用，虽然没有承认反对者，但设计上都按反对意见做了修改。我们要肯定反对者的价值和作用，要允许反对者的存在。

二、要舍得打炮弹，用现代化的方法做现代化的东西，抢占制高点

我们现在打仗要重视武器，要用武器打仗。以前因为穷，所以我们强调自力更生，强调一次投片成功，强调自己开发测试工具，现在看来都是落后的方法。我们要用最先进的工具做最先进的产品，要敢于投入。把天下打下来，就可以赚更多的钱。全世界的石油买卖都是用美金结算的，美国在伊拉克战争中，把一桶原油从三十多美金打到一百二十美金，就需要印钞票来支撑石油交易。美国光印纸就赚了许许多多的钱，美国用的就是现金武器。我们一定要在观念上转过来，用先进的测试仪器、用先进的工具、用科学的方法来开发、服务和制造。

我们现在还需要投大量人力做测试设备吗？是不是都需要自己开发工具？从这支队伍里划拨一部分人去抢占战略制高点，可以增加多少力量呀！再拨一部分人参与交付、质量管理，华为该变得多厉害呀！工具要改革，要习惯使用先进工具。保留小团队定制一些工具没有问题，买仪器也要有懂仪器的人，不然就是盲目地买，但不要什么都自己做。当然，测试也是需要大量战略专家的，但他们是建构的，操作要交给机器。

我们要舍得打炮弹，把山头打下来，下面的矿藏都是你的了。在功放上要敢于用陶瓷芯片，要敢于投资，为未来做准备。我们公司的优势

是数理逻辑，在物理领域没有优势。因此不要去研究材料，我们要积极地合作，应用超前技术，但不要超前太多。

我们要用现代化的方法做现代化的东西，敢于抢占制高点。有的公司怎么节约还是亏损，我们怎么投入还是赚钱，这就是作战方法不一样。

三、找到价值规律，实现商业成功

日本手机的特点是短小精薄，Nokia 的手机非常可靠，能做到 20 年不坏，为什么它们在终端上都失败了？苹果手机是最不可靠的，为什么它能大量销售？是因为它能快速地提供海量的软件。日本厂家在平台上太严格，太僵化，跟不上快速变化，日本的手机厂商就破产了。

我们要坚定不移从战略上拿出一部分钱和优秀的人从事微基站的研究。微基站可不可以在超市中买，像手机一样，用户可以自己开通？450LTE 基站要不要研究？450 终端会高成本，你的基站有什么用？为什么不去抢大数据流量、长线的产品？

我认为，对设备厂家来说，最终要把基站做成一体化的，任何频谱都可以通过技术上的转换变得方便使用。从里往外攻，或从外往里攻，攻到一定阶段可能会出来两个东西，但再往前走一步，可能就是一个东西。

你们要思考基站怎么能支撑我们在世界上高价值地活下来？不要太崇拜技术了，成功不一定是技术。

无线为公司赚了很多钱，谢谢大家！无线未来还是要继续多赚点钱，才能养活这一大家子。

四、优质资源要向优质客户倾斜

优质资源要向优质客户倾斜。什么是优质客户？给我们钱多的就是优质客户。让我们赚到钱的客户，我们就派"少将连长"过去，就把服务成本给提高了，"少将"带个连去服务肯定好过"中尉连长"的服务。

我们要以客户为中心，在技术上不应该持有狭隘的立场，我们不知道世界未来怎么演变，也不知未来谁胜谁负。

五、高级干部与专家要改变"中国农民"的头脑，多"喝咖啡"

高级干部要少干点儿活，多喝点咖啡。视野是很重要的，不能老像中国农民一样，关在家里埋头苦干。美国是很开放的，这是我们不如美国的地方。最近胡厚崑写了篇文章《数字社会的下一波浪潮》，就专门讲"过去拥有的知识已经没有意义了"，知识不是最重要的，重要的是掌握知识和应用知识的能力和视野。我做过一个测试，让服务人员制作榴弹炮。他们之前对榴弹炮完全没有概念，通过上网搜索原理和图纸，之前完全不懂榴弹炮的人瞬间就进入了这个领域。

高级干部与专家要多参加国际会议，多"喝咖啡"，与人碰撞，不知道什么时候就擦出火花，回来写个心得，你可能觉得没有什么，但也许就点燃了熊熊大火让别人成功了。只要我们这个群体里有人成功了就是你的贡献。公司有这么多务虚会，就是为了找到正确的战略定位，这就叫"一杯咖啡吸收宇宙能量"。

六、学会给盟友分蛋糕，用开阔的心胸看世界，世界慢慢都是你的

近期一些运营商的整合对华为是有利的，Nokia和微软的合并对华为也是有利的。Nokia将成为世界上最有钱的设备制造商，很有可能就从后进走向先进了。微软最大的错误是只收购了终端而没有整体并购Nokia，光靠终端来支撑网络是不可能成功的，一个孤立的终端公司生存是很困难的，所以三星才会拼命反击，从终端走向系统。Verizon以1300亿美金收购Vodafone在Verizon无线的股权，Google以120亿美金买了MOTO的知识产权，这都不是小事情，意味着美国在未来的3~5年将掀起一场知识产权的大战。美国一旦翻身以后，它的战略手段是很厉害的。Vodafone把Verizon Wireless的股权卖掉了就有钱了，就不会马上把欧洲的业务卖掉了，华为在欧洲就有生存下来的可能。华为要帮助自己的客户成功，

否则没有了支撑点，我们是很危险的。

　　未来的流量不全是流在运营商的管道里面，我们要重新认识管道，站在客户的角度考虑问题。什么是我们的客户？我们的客户不仅仅包括运营商，老百姓也是我们的客户。

　　我们要走向开放，华为很快就是世界第一，如果只想独霸世界而不能学会给盟友分蛋糕，我们就是成吉思汗，就是希特勒，就将以自己的灭亡为下场。不舍得拿出地盘来的人不是战略家，你们要去看看《南征北战》这部电影，不要在乎一城一地的得失，我们要的是整个世界。总有一天我们会"反攻"进入美国的。什么叫潇洒走一回？光荣地走进美国。

把握"大数据"时代的契机

首先是感谢大家，一年来取得了不少成绩，第二是拜个年，给企业业务全体员工拜年，给全体员工的家属拜年。

一、先讲两句离题的话。

最近我写了两篇文章，在传播过程中引发了一些误解，我先通过你们解释一下：

"进攻是最好的防御"，是指进攻自己，逼自己改进，从而产生更大优势。当时是针对无线产品线的开放来说的，是针对汪涛说"开放、简单后，大量的小公司也能做高精尖产品了，我们的优势会丧失"来说的。

将来的管道流量越来越大，流速越来越快，介质越来越多，网络只有变得越来越简单，才能适应需要。我们在努力使网络变得简单的时候，降低了技术门槛，但商业门槛是否也被降低了呢？

文章传出去后，被有些媒体把文章标题改成"反攻进入美国"，完全误解了原意。这次纠正过来，我们还是进攻自己。

"乌龟精神"是指"乌龟"认定目标，心无旁骛，艰难爬行，不投机，不取巧，不拐大弯弯，跟着客户需求一步一步地爬行。前面25年经济高速增长，鲜花遍地，我们都不东张西望，专心致志；未来20年，经济危机未必会很快过去，四面没有鲜花，还东张西望什么？聚焦业务，简化管理，一心一意地潇洒走一回，难道不能超越？

不要为我们有没有互联网精神去争论，互联网有许多好的东

262

西，我们要学习。我们有属于适合自己发展的精神，只要适合自己就行。我强调的是，我们为信息互联的管道做"铁皮"，这个世界能做"铁皮"的公司已经只有两三家了，我们也处在优势，不要老羡慕别人。

现在我们很多的员工，一提起互联网，就不断地说："我们不是互联网公司，我们一定要失败。"他们没有看到，能做太平洋这么粗管道"铁皮"的公司已经没几家了，我们一定是胜利者。

所以要坚定一个信心，华为是不是互联网公司并不重要，华为的精神是不是互联网精神也不重要，这种精神能否使我们活下去，才是最重要的。

有员工在公司心声社区贴了一篇外面评论家的文章，主要说若华为不能持续盈利，虚拟受限股就是泡沫，终会破灭。这篇文章讲的是一个真理。因此，华为要加强改进自己，聚焦战略，简化管理，去除冗员，淘汰落后，才能不断地激活自己。不过上市公司不盈利，也要垮掉的，不上市的公司不盈利也不能发展的，我们没有不同于别人的命运，唯有多努力。

二、未来的3~5年是华为抓住"大数据"机遇，抢占战略制高点的关键时期。我们的战略要聚焦，组织变革要围绕如何提升作战部队的作战能力。

最近的3~5年，对华为至关重要的就是要抢占大数据的制高点。这3~5年如果实现了超宽带化以后，是不可能再有适合我们的下一个时代的。那么，什么是大数据的制高点呢？不是说那个400G叫制高点，而是任何不可替代的、具有战略地位的地方就叫制高点。

那制高点在什么地方呢？就在10%的企业、10%的地区。从世界范围看大数据流量，在日本是3%的地区汇聚了70%的数据流量；中国国土大，分散一点，那么，10%左右的地区也会汇聚未来中国90%左右的流量。

那我们怎么能抓住这个机会？我认为战略上要聚焦，要集中力量。

我们要学会战略上舍弃，只有略才会战胜。当我们发起攻击的时候，我们发觉这个地方很难攻，久攻不下去，可以把队伍调整到能攻得下的地方去，我只需要占领世界的一部分，不要占领全世界。胶着在那儿，可能错失了一些未来可以拥有的战略机会，以大地区来协调确定合理舍弃。未来3~5年，可能就是分配这个世界的最佳时机。这个时候我们强调一定要聚焦，要抢占大数据的战略制高点，占住这个制高点，别人将来想攻下来就难了，我们也就有明天。

三、企业业务白手创业，目前取得了一些胜利，但也要聚焦，要盈利，不要盲目铺开摊子。

你们白手创业，过去几年时间已经走过了极端困难的道路，未来发展走向了比较正确的、比较好的路。你们经历了这种磨难，承担了这么大的压力，也锻炼了很多优秀干部。

我并不指望企业业务迅猛地发展，你们提口号要超谁超谁，我不感兴趣。我觉得谁也不需要超，就是要超过自己的肚皮，一定要吃饱。你现在肚皮都没有吃饱，你怎么超越别人？

我认为企业业务不需要追求立刻做大、做强，还是要做扎实、赚到钱。谁活到最后，谁活得最好。华为在这个世界上并不是什么了不起的公司，其实就是我们坚持活下来，别人死了，我们就强大了。

所以现在我还是认为不要盲目做大、盲目铺开，要聚焦在少量有价值的客户、少量有竞争力的产品上，在这几个点上形成突破。

我们在作战面上不需要展开得那么宽，还是要聚焦，取得突破。当你们取得一个点的突破的时候，这个胜利产生的榜样作用和示范作用是巨大的，这个点在同一个行业复制，你可能会有数倍的利润。

所以说，我们要踏踏实实沿着有价值的点撕开口子，而不要刚撕开两个口子，就赶快把这些兵调去另外一个口子。这样的话，你们就是成吉思汗，就是希特勒，你们想占领全世界，你们分兵多路，最后就必然是死亡。

我还是要强调，企业网目前取得了一些胜利，但不要盲目铺开摊子作战。还是要聚焦在一定的行业、一定的产品范围内，越是在胜利的时候，越别急盲目行动。

我原来也讲过，你们中国区实现了盈利，我允许你们中国地区拿一半的利润去开拓市场，去做新市场的补贴、开拓，但是要开拓有希望的市场，而不是送到最困难的地方去，你们可以采用这个扩张方法。

总的来说，我认为拳头握紧才有力量，分散是没有力量的。

四、要把华为在运营商大规模部署的产品技术和网络经验运用到企业业务，对于未来的战略制高点要敢于投入。

你们要把华为大规模部署的产品技术与网络经验运用到企业。我们的光接入、无线接入，实际上是为大网服务的，但是也可以转为你这个小网服务的。为什么你企业网就不能用无线接入呢？抢占了这个机会点，你做好以后，别的地方卖盒子就容易了。

我们现在要保持一定的投资强度，投资要聚焦到战略制高点上来，抢了战略致高点，不卖得那么便宜，盈利的钱去做先进性的研究。我们已经不是完全以运营商为中心了，以前盯着运营商，是因为我们唯有靠运营商才能生存下来。现在，我们继续向前走，运营商是我们近距离的客户需求，远距离的最终客户才是牵引我们的客户需求。这样的话，我们把握最终用户的感觉，我们做出来的东西就会得到欢迎。

五、开放合作，坚持被集成战略。

合不合作都是利益问题，我个人是主张"竞合"。我们强调聚焦，聚焦后我们还是需要很多东西，就去和别人战略合作，而且是真心诚意地合作，我们就有帮手去抵抗国际上的压力。

合作要找强者合作。比如，有时候我汽车没油了，我就蹭他的车坐一坐，总比我走路好，总比我骑毛驴好。所以，我们要敢于、要善于搭上世界各种车，我们这个利益就多元化了。利益多元化，谁能消灭你？

就像微软，多少人在微软 windows 上开发了二次应用、三次应用？如果微软没有了，他所有的应用都要重新搞一遍，他怎么会希望微软垮掉呢？苹果短期也不会垮掉，因为苹果有很多伙伴。你看现在教学系统都是用苹果软件，上苹果 APP Store，教材全下来了。我们也要向这些公司学习，也要走向这条路。

合作伙伴是越多越好，但如果我们去集成，我们就树立了一大堆敌人，就要去颠覆这个世界。谁要颠覆这个世界，那最后他自己灭亡了。所以我认为还是要利用盟军的力量，我只要搭着你的船，能挣点钱就够了，我为什么要独霸这个世界呢？

六、保持合理的毛利水平，不破坏行业价值。

在行业市场里面，我们要保持合理的利润水平，不能破坏行业价值。

我们搞了二十几年才刚刚明白电信运营商需求大概的样子。那我们奋斗了 25 年还没有理解一个客户，你们企业网搞了这么多客户怎么理解他？我们理解不了，就要把理解客户需求的成本加到这个客户身上去。所以，你要把价格卖贵一点。为什么卖那么便宜呢？你把东西卖这么便宜是在捣乱这个世界，是在破坏市场规则。西方公司也要活下来啊，你以为摧毁了西方公司你就安全了？我们把这个价格提高了，那么世界说："华为做了很多买卖，对我们价格没有威胁，就允许他活下来吧。"

七、在薪酬包范围内可以灵活地设计激励制度，鼓励好儿女上战场。

我认为只要是在你们薪酬包的范围内，在激励设计方面你们是有自由度的，不要等公司，可以找几个代表处，先来做试点。

大家要想一想，你们要创造一种方式，鼓励大家上战场。上战场完蛋就完蛋，死了就是英雄，爹妈享福了；不死就是将军，爹妈也享福了；就是胆小鬼也可以回家，能和老婆天天在一起，也很幸福。你看，哪一条路都是好路啊，没有"自古华山一条路"的事情。你们人力资源可以多条路走，只要能激活组织，只要能产生价值。

你们要激励好儿女上战场，二十几岁为什么不能当将军？我要是跟你们一样年轻，我二十几岁保证能当将军。

八、吸引优秀人才，团结一切可以团结的力量，这是我们走向未来成功的保证。

美国为什么强？美国为什么成功啊？美国有啥人啊，美国的原装人就是印第安人，美国就是利用它的机制把全世界的人才拉到那里去，到那里去以后，都在美国生蛋。然后，我们反复去说服，你们不要歧视我们中国，我们中国要买你们的高科技啊。好不容易就买了两个蛋回来，一打开才发现是中国蛋。为什么不把中国鸡留在中国生蛋？为什么中国的鸡跑到国外去？资本为什么要外流？人才为什么要外流？要反思我们有什么不对。

我们怎么来留住人才，怎么能吸引人才？现在，华为公司改变结构以来，越来越多人加盟，才有现在的逐渐强大。那我们未来还会更强大呀，明年的经营状况还会更好，后年会更好，越来越好。越来越多的优秀人才加盟，我们不就是一个"小美国"机制吗？我们要超越美国就要向美国学习。

你看 Google 赚了很多钱，但在中国只招 50 个人。它的年薪是很高的，我们和他们是有区别的。华为公司以前实际上是三流人才的公司，一流人才、二流人才跑光了，但是我们为什么能胜利？就是因为我们团结，团结起来就是巨大力量。全世界没有一个公司 15 万人，还像我们这么团结。所以说，我们无敌于天下，除了胜利，我们还有什么出路可以走的？企业业务也会慢慢走强的，我今天看了你们的东西，就比前几年强大多了。

最后祝贺你们，终于走出困境了，明天的曙光也能看见了。

华为的红旗到底能打多久

我们这个时代是知识经济时代，它的核心就是人类创造财富的方式和致富的方式发生了根本的改变。随着时代的进步，特别是由于信息网络给人带来的观念上的变化，使人的创造力得到极大的解放。在这种情况下，创造财富的方式主要是由知识、由管理产生的，也就是说人的因素是第一位的。这是企业要研究的问题。

我司副总裁孙亚芳给我一个报告，说了三点问题：1.说了上述致富方式发生了根本性的改变，说我国不缺科技致富的种子，而是缺少使种子成长的土壤，这就是创新机制。2.区别社会责任（狭义）与个人成就欲望，给以疏导，发挥积极的推动作用，选择有社会责任者成为管理者，让个人成就欲望者成为英雄、模范（后面要讲）。3.一个企业长治久安的基础是接班人承认公司的核心价值观，并具有自我批判的能力。

一个企业怎样才能长治久安，这是古往今来最大的一个问题，包括华为的旗帜还能打多久，不仅社会友好人士关心，也是我们十分关心并研究的问题。华为在研究这个问题时，主要研究了推动华为前进的主要动力是什么，怎么使这些动力能长期稳定运行，而又不断自我优化。大家越来越明白，促使核动力、油动力、煤动力、电动力、沼气动力……一同努力的源是企业的核心价值观。这些核心价值观要被接班人所确认，同时接班人要有自我批判能力。接班人是用核心价值观约束、塑造出来

269

的，这样才能使企业长治久安。接班人是广义的，不是高层领导下台就产生个接班人，而是每时每刻都在发生的过程，每件事、每个岗位、每条流程都有这种交替行为——改进、改良、不断优化的行为。我们要使各个岗位都有接班人，接班人都要承认这个核心价值观。

华为的核心价值观分为七条，我将逐条作一些解释。

第一条　追求

华为的追求是在电子信息领域实现顾客的梦想，并依靠点点滴滴、锲而不舍的艰苦追求，使我们成为世界级领先企业。

为了使华为成为世界一流的设备供应商，我们将永不进入信息服务业。通过无依赖的市场压力传递，使内部机制永远处于激活状态。

核心价值观的第一条是解决华为公司追求什么。现在社会上最流行的一句话是追求企业的最大利润率，而华为公司的追求是相反的，华为公司不需要利润最大化，只将利润保持一个较合理的尺度。我们追求什么呢？我们依靠点点滴滴、锲而不舍的艰苦追求，成为世界级领先企业，来为我们的顾客提供服务。也许大家觉得可笑，小小的华为公司竟提出这样狂的口号，特别在前几年。但正因为这种目标导向，才使我们从昨天走到了今天。今年我们的产值在100亿元左右，年底员工人数将达8000人，我们和国际接轨的距离正逐渐减小。今年我们的研发经费是8.8亿元，相当于IBM的1/60，产值是它的1/65。和朗讯比，我们的研发经费是它的3.5%，产值是它的4%，这个差距还是很大的，但每年都在缩小。我们若不树立一个企业发展的目标和导向，就建立不起客户对我们的信赖，也建立不起员工的远大奋斗目标和脚踏实地的精神。因为电子网络产品大家担心的是将来能否升级，将来有无新技术的发展，本次投资会不会在技术进步中被淘汰。华为公司若不想消亡，就一定要有世界领先的概念。我们最近制订了要在短期内将接入网产品达到世界级领先水平的计划，使我们成为第一流的接入网设备供应商。这是公司发展的一个战略转折点，就是经历了十年的卧薪尝胆，开始向高目标冲击。

1. 以客户的价值观为导向，以客户满意度作评价标准。瞄准业界最佳，以远大的目标规划产品的战略发展，立足现实，孜孜不倦地追求、一点一滴地实现。

我们必须以客户的价值观为导向，以客户满意度为标准，公司的一切行为都是以客户的满意程度作为评价依据。客户的价值观是通过统计、归纳、分析得出的，并通过与客户交流，最后得出确认结果，成为公司努力的方向。沿着这个方向我们就不会有大的错误，不会栽大的跟头。所以现在公司在产品发展方向和管理目标上，我们是瞄准业界最佳，现在业界最佳是西门子、阿尔卡特、爱立信、诺基亚、朗讯、贝尔实验室等，我们制定的产品和管理规划都要向它们靠拢，而且要跟随它们，并超越它们。如在智能网业务和一些新业务、新功能问题上，我们的交换机已领先于西门子了，但在产品的稳定性、可靠性上，我们和西门子还有差距。我们只有瞄准业界最佳才有生存的余地。

公司现在最严重的问题是管理落后，比技术落后的差距还大。我们发展很快，问题很多，管理不上去，效益就会下滑。现在当务之急是要向国外著名企业认真学习，我们聘请了非常多的国外大型顾问公司给我们提供顾问服务。如我们的任职资格评价体系，是请的美国HAY公司来做顾问的。通过自己的消化吸收，一点一点地整改。任何整改都得先刨松土壤，这就要先从自我批评入手，才能听得进别人的意见。

公司有一个《管理优化报》，是专门批评自己的，也就是揭露丑陋的华为人。天津管局来公司访问时，提了一些意见，中研部、中试部全体员工组织听录音，认真反思，写了不少心得，《管理优化报》把它编成了一本书，叫《炼狱》，让以后的研发人员也要明白，怎么从对研究成果负责任转变为对产品负责任。

人才、技术、资金是可以引进的，管理与服务是引进不来的。必须靠自己去创造。没有管理，人才、技术、资金形不成力量，没有服务管理没有方向。

2. 坚持按大于10%的销售收入拨付研究经费。追求在一定利润水平上的成长的最大化。我们必须达到和保持高于行业平均的增长速度和行业中主要竞争对手的增长速度，以增强公司的活力，吸引最优秀的人才，实现公司各种经营资源的最佳配置。在电子信息产业中，要么成为领先者，要么被淘汰，没有第三条路可走。

我们始终坚持以大于10%的销售收入作为研发经费。公司发展这么多年，员工绝大多数没有房子住，我们发扬的是大庆精神，先生产，后生活。而在研发经费的投入上，多年来一直未动摇，所有员工也都能接受，有人问过我，"你们投这么多钱是从哪儿来的"，实际上是从牙缝中省出来的。我们的发展必须高于行业平均增长速度和行业主要竞争对手的增长速度。过去每年以100%的增长速度发展，以后基数大了，肯定速度会放慢。那么以怎样的速度保持在业界的较高水平，这对我们来说是个很大的挑战。我们通过保持增长速度，给员工提供了发展的机会，公司利润的增长，给员工提供了合理的报酬，这就吸引了众多的优秀人才加盟到我们公司来，然后才能实现资源的最佳配置。只有保持合理的增长速度，才能永葆活力。

在电子信息产业要么领先，要么就灭亡，没有第三条路可走。华为由于幼稚走上了这条路。当我们走上这条路，没有退路可走时，我们付出了高昂的代价，我们的高层领导为此牺牲了健康。后来的人也仍不断在消磨自己的生命，目的是为了达到业界最佳。沙特阿拉伯商务大臣来参观时，发现我们办公室柜子上都是床垫，然后把他的所有随员都带进去听我们解释这床垫是干什么用的，他认为一个国家要富裕起来就要有奋斗精神。奋斗需一代一代地坚持不懈。

3.在设计中构建技术、质量、成本和服务优势，是我们竞争力的基础。建立产品线管理制度，贯彻产品线经理对产品负责，而不是对研究成果负责的制度。

我们建立的是产品线管理制度，贯彻产品经理是对产品负责而不是对研究成果负责。因为不对产品负责任，就不会重视产品商品化过程中若干小的问题，而只重视成果的学术价值，就会使研究成果放置无用，这就是我国火箭做得好，打火机造得不好的根源。紧紧抓住产品的商品化，一切评价体系都要围绕商品化来导向，以促使科技队伍成熟化。我们的产品经理要对研发、中试、生产、售后服务、产品行销……负责任，贯彻了沿产品生命线的一体化管理方式。这就是要建立商品意识，从设计开始，就要构建技术、质量、成本和服务的优势，这也是一个价值管理问题。

4.贯彻"小改进、大奖励，大建议、只鼓励"的制度。追求管理不断的优化与改良，构筑与推动全面最佳化的有引导的自发的群众运动。

公司实行"小改进、大奖励，大建议、只鼓励"的制度。能提大建议的人已不是一般的员工了，也不用奖励，一般员工提大建议，我们不提倡，因为每个员工要做好本职工作。大的经营决策要有阶段的稳定性，不能每个阶段大家都不停地提意见。我们鼓励员工做小改进，将每个缺憾都弥补起来，公司也就有了进步。所以我们提出"小改进、大奖励"的制度，就是提倡大家做实。不断做实会不会使公司产生沉淀呢？我们有务虚和务实两套领导班子，只有少数高层才是务虚的班子，基层都是务实的，不能务虚。务虚的人干四件事，一是目标，二是措施，三是评议和挑选干部，四是监督控制。务实的人首先要贯彻执行目标，调动利用资源，考核评定干部，将人力资源变成物质财富。务虚是开放的务虚，大家都可畅所欲言，然后进行归纳，所以务虚贯彻的是委员会民主决策制度，务实是贯彻部门首长办公会议的权威管理制度。

5.破釜沉舟，把危机意识和压力传递到每一个员工。通过无依赖的市场压力传递，使内部机制永远处于激活状态。

我们决心永不进入信息服务业，把自己的目标定位成一个设备供应商。这在讨论中争论很大的，最后被肯定下来，是因为只有这样一种方式，才能完成无依赖的压力传递，使队伍永远处在激活状态。进入信息服务业有什么坏处呢？自己的网络卖自己产品时内部就没有压力，对优良服务是企业的生命理解也会淡化，有问题也会推诿，这样企业是必死无疑了。在国外我们经常碰到参与电信私营化这样的机会，我们均没有参加。当然我们不参加，以后卖设备会比现在还困难得多，这迫使企业必须把产品的性能做到最好，质量最高，成本最低，服务最优，否则就很难销售。任何一个环节做得不好，都会受到其他环节的批评，通过这种无依赖的市场压力传递，使我们内部机制永远处于激活状态。这是欲生先置于死地，也许会把我们逼成一流的设备供应商。

第二条　员工

认真负责和管理有效的员工是华为最大的财富。尊重知识，尊重个性，集体奋斗和不迁就有功的员工，是我们的事业可持续成长的内在要求。

我们要求员工要认真负责，但认真负责不是财富，还必须管理有效。尊重知识，尊重个性，集体奋斗，不迁就有功的员工，是我们可持续发展的内在要素。市场部集体大辞职的壮举，开创了华为公司内部岗位流动制度化，使职务重整成为可能。因为创业期间他们功劳最大。他们都能上能下，别人还不能吗？

华为公司容许个人主义的存在，但必须融于集体主义之中。HAY公司曾问我是如何发现企业的优秀员工，我说我永远都不知道谁是优秀员工，就像我不知道在茫茫荒原上到底谁是领头狼一样。企业就是要发展一批狼，狼有三大特性：一是敏锐的嗅觉，二是不屈不挠、奋不顾身的进攻精神，三是群体奋斗。企业要扩张，必须有这三要素。所以要构筑一个宽松的环境，让大家去努力奋斗，在新机会点出现时，自然会有一批领袖站出来去争夺市场先机。市场部有一个狼狈组织计划，就是强调了组织的进攻性（狼）与管理性（狈）。

当然只有担负扩张任务的部门，才执行"狼狈组织"计划。其他部门要根据自己的特征确定自己的干部选拔原则。生产部门要是由狼组成，产品就像骨头一样，没有出门就让人扔了。

1.机会、人才、技术和产品是公司成长的主要牵引力。这四种力量之间存在着相互作用。机会牵引人才，人才牵引技术，技术牵引产品，产品牵引更多更大的机会。员工在企业成长圈中处于重要的主动位置。

我们认为企业发展主要牵引动力是机会、人才、技术、产品，这四种力量相互作用，机会牵引人才，人才牵引技术，技术牵引产品，产品牵引更多的机会，这是一个循环。员工在这个成长圈中处于主动位置。要重视对人的研究，让他在集体奋斗的大环境中，去充分释放潜能，更有力、有序地推动公司前进。

落后者的名言是抓住机会，而发达国家是创造机会，引导消费。机会是由人去实现的，人实现机会必须有个工具，这就是技术，技术创造出产品就打开了市场，这又重新创造了机会，这是一个螺旋上升的循环。这四个因素中，最重要的还是人。国家和国家的竞争，实质是大企业之间的竞争。经济的竞争体现的是技术的竞争，技术优势的产生是由教育基础构成的。中国"地大物薄"，只有靠科教兴国，从人的头脑中挖掘资源。农村的养猪能手、种田能手很可能是爱因斯坦坯子，只是没有受到系统的教育。国家只要坚持科教兴国，那么下一世纪是很有希望的，特别是十五大以后开创的新局面，我们国家在十年以后会有很大变化。

2.我们坚持人力资本的增值大于财务资本的增值。我们尊重知识，尊重人才，但不迁就人才。不管你有多大功劳，绝不会迁就。我们构筑的这种企业文化，推动着员工的思想教育。

华为公司十分重视对员工的培训工作，每年为此的付出是巨大的。原因是中国还未建立起发育良好的外部劳动力市场，不能完全依赖在市场上解决。二是中国的教育还未实现素质教育，毕业的学生上手的能力还很弱，需要培训。三是信息技术更替周期太快，老员工要不断地充电。公司有多少种员工培训中心，我也不清楚。总之员工之间的相互培训，已逐渐形成制度。

我讲一个例子，新员工的培训。我们每年招聘大约3000人，专门有个新员工培训大队，还分了若干中队，不少高级干部包括副总裁担任小队长。新员工关起门来学半个月的企业文化，从思想上建立统一的认识。他们写的一些个人感受的文章被编成了一本书，叫《第一次握手》，由中国青年出版社出版。我们对所有的学生以同样的标准来要求，从一开始就培育团结合作、群体奋斗的精神，从而推动实现集体奋斗的宗旨。将来在工作中，会更多地放松一些对个性的管理，有了这种集体奋斗的土壤，个性的种子才能长成好的庄稼。

我们尊重有功劳的员工，给他们更多一些培训的机会，但岗位的设置一定要依据能力与责任心来选拔。进入公司以后，学历、资历自动消失，一切根据实际能力、承担的责任来考核识别干部。

我们建立了一种思想导师的培养制度，这是从中研部党支部设立以党员为主的思想导师制度，对新员工进行指导开始的。公司正在立法，以后没有担任过思想导师的员工，不得提拔为行政干部，不能继续担负导师的，不能再晋升，要把培养接班人的好制度固化下来。

3.我们不搞终身雇佣制，但这不等于不能终身在华为工作。我们主张自由雇佣制，但不脱离中国的实际。

公司与员工在选择的权利上是对等的，员工对公司的贡献是自愿的。自由雇佣制促使每个员工都成为自强、自立、自尊的强者，从而保证公司具有持久的竞争力。

公司采取自由雇佣制，但也不脱离中国实际，促使每个员工成为自强、自立、自信的强者，使公司具有持续竞争力。由于双方的选择是对等的，领导要尊重员工，员工要珍惜机会。对双方都起到了威慑作用，更有利于矛盾的协调。

公司的制度也以适应自由雇佣制来制定。例如，公司每年向每位员工发放退休金，建立他的个人账户，离开公司时这笔钱可随时带走，使员工不要对企业产生依赖。越是这样员工越是稳定，所有的员工都会想办法不要让上级把自己"自由"掉了。上级也担心与员工处不好，不能发挥他的作用，做出成绩来。一旦员工要被"自由"掉了，可先转入再培训，由培训大队对员工进行再甄别，看到底是这个员工确实不行，还是领导对员工的排斥、打击。所以，领导也不会随意挤兑一个员工。对人才没必要一味迁就、承诺，随意承诺是灾难。企业和员工的交换是对等的，企业做不到的地方员工要理解，否则你可以不选择企业，若选择了企业就要好好干。自由雇佣制是企业稳定的因素。

4.招聘与录用

华为依靠自己的宗旨和文化，成就与机会，以及政策和待遇，吸引和招揽天下一流人才。我们在招聘和录用中，注重人的素质、潜能、品格、学历和经验。按照双向选择的原则，在人才使用、培养与发展上，提供客观且对等的承诺。

我们将根据公司在不同时期的战略和目标，确定合理的人才结构。

华为公司在招聘、录用过程中，最注重员工的素质、潜能、品格、学历，其次才是经验。很多企业更多地注重人的经验，而我们更看重人有无发展培养的潜力，所以每年我们公司的培训费用非常大。现在一些外资企业员工涌向我们公司，他们希望得到更多的培训，为实现个人价值，使个人才华得到更大发挥。因为在外资企业不容易进入核心决策层。华为公司待遇标准仅是中国业界最佳的80％，这使那些仅仅为了钱的人不愿来我们公司，而那些为了干一番事业的人就想来我们公司。这也有利于我们队伍的建设。

重视人的素质、潜能、品格是非常重要的。对人的选拔，德非常重要。要让千里马跑起来，先给予充分信任，在跑的过程中进行指导、修正。从中层到高层，品德是第一位的；从基层到中层，才能是第一位的。选拔人的标准是变化的，在选拔人才中重视长远战略性建设。

我们在过去发展的困难时期，一手抓研发，一手抓市场营销，忽略了整个公司管理建设，因此这两个部门很棒但没有很好融合起来，造成资源浪费。很多产品做出来了，但没有尽快完成销售。这是我们存在的问题。

5.报酬与待遇

我们在报酬与待遇上，坚定不移向优秀员工倾斜。

工资分配实行基于能力主义的职能工资制；奖金的分配与部门和个人的绩效改进挂钩；安全退休金等福利的分配，依据工作态度的考评结果；医疗保险按贡献大小，对高级管理和资深专业人员与一般员工实行差别待遇，高级管理和资深专业人员除享受医疗保险外，还享受医疗保健等健康待遇。

我们在报酬方面从不羞羞答答，坚决向优秀员工倾斜。

我们坚决推行在基层执行操作岗位，实行定岗、定员、定责、定酬的以责任与服务作为评价依据的待遇系统，以绩效目标改进作为晋升的依据。

我们坚决执行不断继承与发展的，以全面优质服务为标准的管理体系的绩效改进的评价系统。

我们坚决在产品与营销体系推行向创业与创新倾斜的激励机制。创新不是推翻前任的管理，另搞一套，而是在全面继承的基础上不断优化。从事新产品开发不一定是创新，在老产品上不断改进不一定不是创新，这是一个辩证的认识关系。一切以有利于公司的目标实现成本为依据，要避免进入形而上学的误区。

6.自动降薪

公司在经济不景气时期，以及事业成长暂时受挫阶段，或根据事业发展需要，启用自动降薪制度，避免过度裁员与人才流失，确保公司渡过难关。

其真实目的在于，不断地向员工的太平意识宣战。

公司采取自动降薪原则，这是我在德国考察时受到的启发。"二战"结束后，德国一片瓦砾，很困难，德国工会起到很大作用，工会联合起来要求降薪，从而增强企业的活力。这使我很感动，德国工人把企业的生死存亡看得很重。我们也不能把员工培养成贪得无厌的群众,我们要向员工的太平意识宣战。现在的市场是十分严峻的,外国厂家拼命倾销,中国企业不堪重负。我们有员工提出为什么不建华为大厦让大家免费居住,为什么不实行食堂吃饭不要钱,既然公司花很多钱支持希望工程、提供寒门学子基金,还要支持烛光计划。不管公司经济上能否实现,这都反映了员工的太平意识,这种太平意识必须长期受到打击,否则公司就会开始迈向没落。现在,公司的自动降薪就是用演习的方式进行打击。

7. 晋升与降格

每个员工通过努力工作,以及在工作中增长的才干,都可能获得职务或任职资格的晋升。与此相对应,保留职务上的公平竞争机制,坚决推行能上能下的干部制度。公司遵循人才成长规律,依据客观公正的考评结果,建立对流程负责的责任体系,让最有责任心的明白人担负重要的责任。我们不拘泥于资历与级别,按公司组织目标与事业机会的要求,依据制度性甄别程序,对有突出才干和突出贡献者实现破格晋升。但是,我们提倡循序渐进。

我们要求每个员工都要努力工作,在努力工作中得到任职资格的提升。我们认为待遇不仅仅指钱,还包括职务的分配、责任的承担。干部的职务能上能下,因为时代在发展,企业在大发展,而个人的能力是有限的,这是组织的需求,个人要理解大局。

我们让最有责任心的人担任最重要职务。到底是实行对人负责制,还是对事负责制,这是管理的两个原则。我们公司确立的是对事负责的流程责任制。我们把权力下放给最明白、最有责任心的人,让他们对流程进行例行管理。高层实行委员会制,把例外管理的权力下放给委员会,并不断地把例外管理,转变为例行管理。流程中设立若干监控点,由上级部门不断执行监察控制。这样公司才能做到无为而治。

公司也很重视优秀员工的晋升和提拔，我们区别干部有两种原则：一是社会责任（狭义），二是个人成就感。社会责任不是指以天下为己任，不是指"先天下之忧而忧，后天下之乐而乐"这种社会责任，我们说的社会责任是在企业内部，优秀的员工是对组织目标的强烈责任心和使命感大于个人成就感，是以目标是不是完成来工作，以完成目标为中心，为完成目标提供了大量服务，这种服务就是狭义的社会责任。有些干部看起来自己好像没有什么成就，但他负责的目标实现得很好，他实质上就起到了领袖的作用。范仲淹说的那种广义的社会责任体现出的是政治家才能，我们这种狭义的社会责任体现出的是企业管理者才能。我们还有些个人成就欲特强的人，我们也不打击他，而是肯定他，支持他，信任他，把他培养成英雄模范。但不能让他当领袖，除非他能慢慢改变过来，否则永远只能从事具体工作。这些人没有经过社会责任感的改造，进入高层，容易引致不团结，甚至分裂。但基层没有英雄，就没有活力，就没有希望。所以我们把社会责任（狭义）和个人成就都作为选拔人才的基础。企业不能提拔被动型人才，允许你犯错误，不允许你被动。使命感，责任感，不一定是个人成就感。管理者应该明白，是帮助部下去做英雄，为他们做好英雄，实现公司的目标提供良好服务。人家去做英雄，自己做什么呢？自己就是做领袖。领袖就是服务。

一定要推行能上能下的干部制度，以使组织建设顺应市场形势的发展变化，增强企业的竞争力。

8. 职务轮换与专长培养

我们对中高级主管实行职务轮换政策。没有周边工作经验的人，不能担任部门主管；没有基层工作经验的人，不能担任科以上干部。我们对基层主管、专业人员和操作人员实行岗位相对固定的政策，提倡"爱一行，干一行；干一行，专一行"。爱一行的基础是要通得过录用考试，已上岗的员工继续一行的条件是要经受岗位考核的筛选。

我们有个原则，高中级主管要进行岗位轮换。我们有个副总裁叫李一男，给公司写了一个报告，建议高层领导应一年一换，不然容易形成个人权力圈，造成公司发展整个不平衡。我们主张没有周边工作经验的人不能当主管，没有基层工作经验的人不能当科长，我们对基层操作人员实行相对固定的政策，提倡"爱一行，干一行；干一行，专一行"。我们的干部轮换有两种：一是业务轮换，如研发人员去搞中试、生产、服务，使他真正理解什么叫作商品，那么他才能成为高层"资深"技术人员，如果没有相关经验，他就不能叫资深。因此，"资深"两字就控制了他，使他要朝这个方向努力。另一种是岗位轮换，让高中级干部的职务发生变动，一是有利公司管理技巧的传播，形成均衡发展，二是有利于优秀干部快速成长。去年我们动员了两百多个硕士到售后服务系统去锻炼。我们是怎样动员的呢？我们说：跨世纪的网络营销专家、技术专家要从现场工程师中选拔，另外，凡是到现场的人工资比中研部高500元。一年后，他们有的分流到各种岗位上去，有的留下做了维修专家。他们有实践经验，在各种岗位上进步很快，又推动新的员工投入这种循环。这种技术、业务、管理的循环都把优良的东西带到基层去了。

第三条　技术

广泛吸收世界电子信息领域的最新研究成果，虚心向国内外优秀企业学习，在独立自主的基础上，开放合作地发展领先的核心技术体系，用我们卓越的产品自立于世界通信列强之林。

1.紧紧围绕在电子信息技术领域发展，不受其他投资机会所诱惑。

树立为客户提供一揽子解决问题的设想，全方位为客户服务。

我们广泛吸收世界电子信息技术最新研究成果，虚心向国内外优秀企业学习，在独立自主基础上，开放合作地发展领先核心技术体系。我们紧紧围绕电子信息领域来发展，不受其他投资机会所诱惑，树立为客户提供一揽子解决问题的设想，为客户服务。公司从创业到现在，紧紧围绕着通信，后来扩展到信息。大家知道，深圳经历了两个泡沫经济时代，一个是房地产，一个是股票。而华为公司在这两个领域中一点都没有卷进去，倒不是什么出污泥而不染，而是我们始终认认真真地搞技术。房地产和股票起来的时候，我们也有机会，但我们认为未来的世界是知识的世界，不可能是这种泡沫的世界，所以我们不为所动。

我们正在制订在通信产品上全面发展的计划，以能为客户提供全面的技术服务为目标，提升低成本的一揽子解决问题的能力。相信三年以后用户会更接纳我们。

2.高度重视核心技术的自主知识产权。

我国引进了很多工业，为什么没有形成自己的产业呢？关键核心技术不在自己手里。掌握核心，开放周边，使企业既能快速成长，又不受制于人。

可以举个例子，华为将作为世界大传输厂商角逐于世界市场，为什么？传输的芯片是我们自己开发的，使用的是 0.35μ 的技术，而且功能设计比较先进。可以肯定，在 2.5G 以下我们做得比国外的好。例如：华为在新一代传输体制 SDH 中展现出强大的活力，2.5G 以下级别交叉能力是全世界最强的，实现了低阶全交叉连接功能，十分适应中国电信网络复杂的需求。在自行设计的芯片中，完成的复杂数字运算功能，大大地提高了光同步传输设备的业务接口在抖动、漂移等方面的指标特性。支撑网中适应高精度定时要求的网同步技术，延伸了 SDH 设备在节点数和距离方面的应用。

只有拥有核心技术知识产权，才能进入世界竞争，我们的 08 机之所以能进入世界市场，是因为我们的核心知识产权没有一点是外国的。

3.遵循在自主开发基础上广泛开放合作的原则。重视广泛的对等合作和建立战略伙伴关系，使自己的优势得以提升。

我们重视广泛的对等合作和建立战略伙伴关系，使自己的优势得以提升。在此我不便说出具体战略合作伙伴，但我们的合作确实是十分真诚的。我们已得到国际伙伴的重视和支持，不卑不亢，平等友好，也得到了国外著名公司的信任，包括一些竞争对手。在国外有人问我："你们是竞争对手，怎么会让你去看呢？"我说和平与发展是国家之间的主旋律，开放与合作是企业之间的大趋势，大家都考虑到未来世界谁都不可能独霸一方，只有加强合作，你中有我，我中有你，才能获更大的共同利益。所以，他们愿意给我们提供一些机会。所以，这种广泛对等的合作，使我们的优势很快得到提升，可以迅速推出很多新的产品，使我们能在很短时间提供和外国公司一样的服务。

4.没有基础技术研究的深度，就没有系统集成的高水准；没有市场和系统集成的牵引，基础技术研究就会偏离正确的方向。

我们一定要搞基础研究，不搞基础研究，就不可能创造机会、引导消费。我们的基础研究是与国内大学建立联合实验室来实施的。我们的预研部，只有在基础研究出现转化为商品的机会时，才大规模扑上去。

第四条　精神

爱祖国、爱人民、爱事业和爱生活是我们凝聚力的源泉；责任意识、创新精神、敬业精神与团结合作精神是我们企业文化的精髓；实事求是是我们行为的准则。

1.君子取之以道，小人趋之以利。以物质利益为基准，是建立不起一个强大的队伍的，也是不能长久的。

必须使员工的目标远大化，使员工感之他的奋斗与祖国的前途、民族的命运是连接在一起。

在华为公司，物质文明和精神文明是并存的。我们认为企业的发展不能以利益来驱动，君子取之以道，小人趋之于利，以物质利益为基准，是建立不起强大的队伍的，也是不能长久的。农民革命、个体户、一些小公司的一些经营行为都是以利益为驱动，这都是不能长久的。所以必须使员工的目标远大化，使员工感到他的奋斗与祖国的前途、民族的命运是连在一起的。为伟大祖国的繁荣昌盛，为中华民族的振兴，为自己与家人的幸福而努力奋斗。我们提倡精神文明，但我们常用物质文明去巩固。这就是我们说的两部发动机，一部为国家，一部为自己。

2.坚决反对空洞的理想。做好本职工作。没有基层工作经验不提拔。不唯学历。

同时我们坚决反对空洞的理想，青年学生最大的弊病就是理想太大。因此，在华为，不论什么学历，进公司一星期后学历自动消失，所有人在同一起跑线上，凭自己的实践获得机会。强调后天的进步，有利于员工不断地学习。

要保证组织与文化的统一，思想教育不能放松。公司从思想导师中选拔管理干部的制度。

3.培养员工从小事开始关心他人。要尊敬父母，帮助弟妹，对亲人负责。在此基础上关心他人。支持希望工程，寒门学子，烛光计划……平时关心同事，以及周围有困难的人，修养自己。

只有有良好的个人修养，才会关怀祖国的前途。

我们培养员工从小事关心他人，关心自己的亲人，帮助我们的亲人就是帮助我们的国家。只有有良好的个人修养，才会关怀祖国的前途。一个连父母、家庭都不爱的人，爱天下未免缺乏真实感。什么时候你是个中国人呢？当你在任何时候看到中国取得的巨大成就落泪时，你就是个中国人了。北大校庆时，江泽民主席在台上讲话，下面众多老北大人流泪时，我觉得他们是真正的中国人。只有站在国家的高度去思考问题，才是真正的中国人。

4.华为的企业文化是建立在国家文化的基础上的。中国的国家文化就是共产党文化。华为把共产党的最低纲领分解成一点一点可执行操作的目标，给员工引导与鼓励。

华为公司内部的口号很实际，不空洞，因此常有人说是灰色的。但员工听了很亲切，能实现，慢慢地就做起来了。但把这些灰色的口号叠加在一起就会发现，它与国家的精神目标是完全一致的。比如，各尽所能，按劳分配。怎么使员工各尽所能呢？关键是要建立公平的价值评价和价值分配制度，使员工形成合理的预期，他相信各尽所能后你会给他合理的回报。而怎么使价值评价做到公平呢？就是要实行同等贡献，同等报酬原则。不管你是博士也好，硕士好，学士也好，只要做出了同样的贡献，公司就给你同等的报酬，这样就把大家的积极性都调动起来了。

第五条 利益

华为主张在顾客、员工与合作者之间结成利益共同体。努力探索按生产要素分配的内部动力机制。我们绝不让雷锋吃亏，奉献者定当得到合理的回报。

1.将矛盾的对立关系，转化为合作协调关系，使各种矛盾关系结成利益共同体，变矛盾为动力。

华为主张在顾客、员工与合作者之间结成利益共同体。

公司努力探索企业按生产要素分配的内部动力机制，使创造财富与分配财富合理化，以产生共同的更大的动力。我们绝不让雷锋吃亏，奉献者定当得到合理的回报。这种矛盾是对立的，我们不能把矛盾的对立绝对化。改革开放前总是搞矛盾绝对化，不是革命者就是反革命，不是社会主义就是资本主义。而我们是把矛盾的对立转化为合作协调，变矛盾为动力。

2.对客户的长远的承诺，对优良供应商的真诚合作与尊重。客户的利益就是我们的利益。通过使客户的利益实现，进行客户、企业、供应商在利益链条上的合理分解，各得其所，形成利益共同体。

以客户满意度为企业标准，孜孜不倦去努力构建企业的优势，赢得客户的信任。

我们认为：客户的利益就是我们的利益。我们从产品设计开始，就考虑到将来产品的无代演进。别的公司追求产品的性能价格比，我们追求产品的终生效能费用比。为了达到这个目标，我们宁肯在产品研制阶段多增加一些投入。只有帮助客户实现他的利益，只有他们有利益，在利益链条上才有我们的位置。

3.公司的竞争力成长与当期效益的矛盾，员工与管理者之间的矛盾……在诸种矛盾中，寻找一种合二为一的利益平衡点，驱动共同为之努力。

公司的竞争力成长与当期效益是矛盾的，员工与管理者之间是矛盾的……这些矛盾是动力，但也会形成破坏力，因此所有矛盾都要找到一个平衡点，驱动共同为之努力。管理者与员工之间矛盾的实质是什么呢？

其实就是公司目标与个人目标的矛盾。公司考虑的是企业的长远利益，是不断提升企业的长期竞争力；员工主要考虑的是短期利益，因为他们不知道将来还会不会在华为工作。解决这个矛盾就是要在长远利益和眼前利益之间找到一个平衡点。我们实行了员工股份制，员工从当期效益中得到工资、奖金、退休金、医疗保障，从长远投资中得到股份分红，避免了员工的短视。

4. 我们认为，劳动、知识、企业家和资本创造了公司的全部价值。

我们是用转化为资本这种形式，使劳动、知识以及企业家的管理和风险的累积贡献得到体现和报偿；利用股权的安排，形成公司的中坚力量和保持对公司的有效控制，使公司可持续成长。知识资本化与适应技术和社会变化的有活力的产权制度，是我们不断探索的方向。

我们认为，企业的价值是由劳动、知识、企业家和资本共同创造的。公司实行知识资本化，让每个员工通过将一部分劳动所得转成资本，成为企业的主人。我们强调员工的敬业精神，选拔和培养全心全意高度投入工作的员工，实行正向激励推动。不忌讳公司处于的不利因素，公开公司当前存在的问题，使员工习惯受到压力，激发员工拼命努力的热情。员工要有个共识，不要问国家给了你什么，要问你为国家做了什么。

第六条　文化

资源是会枯竭的，唯有文化才会生生不息。一切工业产品都是人类智慧创造的。华为没有可以依存的自然资源，唯有在人的头脑中挖掘出大油田、大森林、大煤矿……精神是可以转化为物质的，物质文明有利于巩固精神文明。我们坚持以精神文明促进物质文明的方针。

这里的文化，不仅包含了知识、技术、管理、情操……也包含了一切促进生产力发展的无形因素。

华为公司认为资源是会枯竭的，唯有文化才会生生不息。这里的文化不是娱乐活动，而是一种生产关系。我们公司一无所有，只有靠知识、技术，靠管理，在人的头脑中挖掘出财富。我们一定要让员工有危机意识。

这一点是我在阿联酋考察时所得。阿联酋作为一个沙漠里的小国，他们和以色列一样非常伟大，他们把石油所得资金转化为一种民族文化，让全民族的人都到英国、美国等世界各国接受良好教育，通过这种不断的循环，用一百年的时间，成为一个非常发达的国家，事实也正是这样。全世界最漂亮的城市就在阿联酋。在沙漠里面完全是用淡化海水浇灌出的花草，房子的建设等各方面都非常漂亮。以此为基础，在两个小时的飞机行程、七天汽车行程为半径的范围内形成了一个经济圈，印度和巴基斯坦都在这个圈内，以自己为中心建一个商业中心作为中转港，自己称为中东的香港。现在商业收入与石油相比已占国民收入的40％，继续这样发展下去，当石油枯竭时，他绝不会再去赤日炎炎的沙漠放羊。正像孙亚芳副总裁在以色列的感受，想想我们与以色列相比，我们的自然资源不知要好到多少倍。以色列能在一亩地上产35吨西红柿，我们如果能每亩生产3.5吨就已经很了不起了。

以色列国在两千多年前被人家征服了，犹太民族迁徙到世界各地。但犹太文化保存下来了，而且生生不息。结果两千年后，犹太民族又在原来的地方重建了自己的国家。

华为唯一可以依存的是人。当然是指奋斗的、无私的、自律的、有技能的人。如何培养造就这样的人，是十分艰难的事情。

1. 知识经济时代，企业生存和发展的方式，也发生了根本的变化，过去是靠正确地做事，现在更重要的是做正确的事。过去人们把创新看作是冒风险，现在不创新才是最大的风险。

知识经济时代，企业生存和发展的方式发生了根本的变化，过去是资本雇佣劳动，资本在价值创造要素中占有支配地位。而知识经济时代是知识雇佣资本。知识产权和技术决窍的价值和支配力超过了资本，资本只有依附于知识，才能保值和增值。

过去人们把创新看作是冒风险，现在不创新才是最大的风险。江泽民同志说创新是民族之魂。社会上对我们有许多传闻，为我们的经营风险感到担忧，只有我们自己知道我们实际是不危险的，因为我们每年的科研和市场的投入是巨大的，蕴含的潜力，远大于表现出来的实力，这是我们敢于前进的基础。公司十分注重内部管理的进步。我们把大量的有形资产变成科研成果和市场资源，虽然利润暂时下降了，但竞争力增强了。

2. 我们要逐步摆脱对技术的依赖，对人才的依赖，对资金的依赖，使企业从必然王国走向自由王国，建立起比较合理的管理机制。当我们还依赖于技术、人才和资金时，我们的思想是受束缚的，我们的价值评价与价值分配体系还存在某种程度的扭曲。

摆脱三个依赖，走向自由王国的关键是管理。通过有效的管理构建起一个平台，使技术、人才和资金发挥出最大的潜能。

我们要逐步摆脱对技术的依赖，对人才的依赖，对资金的依赖，使企业从必然王国走向自由王国，建立起比较合理的管理机制……对人的管理才是最大的财富。当我们还依赖于人才，依赖于技术，依赖于资金时，我们的价值评价体系就存在一定程度的扭曲，我们还不能说是获得了自由。只有摆脱三个依赖，才能科学决策。我们起草"基本法"，就是要建构一个平台，构筑一个框架，使技术、人才、资金发挥出最大的潜能。

3.强调员工的敬业精神，选拔和培养全心全意高度投入工作的员工，实行正向激励推动。不忌讳公司处于的不利因素，激发员工拼命努力的热情。

知识、管理、奋斗精神是华为创造财富的重要资源。我们在评价干部时，常常用的一句话，此人肯投入，工作卖力，有培养前途。只有全心全意投入工作的员工，才能造就成优良的干部。我们常常把这些人，放到最艰苦的地方、最困难的地方，甚至对公司最不利的地方，让他们快快成熟起来。

第七条　社会责任

华为以产业报国和科教兴国为己任，以公司的发展为所在社区做出贡献，为伟大祖国的繁荣昌盛，为中华民族的振兴，为自己和家人的幸福而努力。

两部发动机，为国家，也为自己与亲人。实事求是，合乎现阶段人们的思想水平。客观上实现了为国家。

中国是人均资源较少的国家，唯有科技兴国一条振兴的出路。这是企业的社会责任。

我们国家过去在导向上有失误的地方，总是宣传要人人关心国家大事，结果人人都去关心国家大事，不去关心怎么把本职工作做好。华为公司正相反，不鼓励员工都去关心国家大事，而是鼓励员工把本职工作做好。本职工作搞好了，公司发展了，对国家的贡献大了，国家的大事也就容易解决了。

华为经历了十年的努力，确立了自己的价值观，这些价值观与企业的行为逐步可以自圆其说了，形成了闭合循环。因此，它将会像江河水一样不断地自我流动，自我优化，不断地丰富与完善管理。不断地流，不断地优化；企业规模增大，流量不断自动加大，管理不断自我丰富。存在的问题，这次不被优化，下次流量再大时一定会暴露无余，事后也会得到优化，再重新加入流程运行。不断地流，不断地优化，再不断地流，再不断地优化，循环不止，不断升华。慢慢地淡化了企业家对它的直接控制（不是指宏观的控制），那么企业家的更替与生命终结，就与企业的命运相分离了。长江就是最好的无为而治，不管你管不管它，都不废江河万古流。

公司已确立了接班人的标准，各级岗位上正在涌现成千、以后还会上万的优秀儿女，他们承认华为的核心价值观，并拥有自我批判的能力。数十年对他们不断地优化，不断地成长，接班队伍不断地扩大。任何不合乎发展规律的东西都经不起时间的考验，企业管理将会有良好的净化能力。经过一代一代的华为人的努力，华为的红旗会一代又一代更加鲜艳。

一个企业的内外发展规律是否真正认识清楚，管理是否可以做到无为而治，这是需要我们一代又一代的优秀员工不断探索的问题。只要我们努力，就一定可以从必然王国走向自由王国。

任正非档案

1944年，出生于贵州安顺地区镇宁县，在兄妹七人中排行老大。

1963年，就读于重庆建筑工程学院（现已并入重庆大学）。

1968年，毕业后被分配到建筑工程单位。

1974年，为建设从法国引进的辽阳化纤总厂，应征入伍加入承担这项工程建设任务的基建工程兵，历任技术员、工程师、副所长（技术副团级），无军衔。

1978年，出席过全国科学大会。

1982年，出席中共第十二次全国代表大会；同年，从四川某部队转业到深圳。

1983年，随国家整建制撤销基建工程兵，而复员转业至深圳南海石油后勤服务基地。

1987年，因工作不顺利，转而集资21000元人民币开始创业。

1988年，公司改名"华为"，任华为总裁，至今。

1992年，开始投入C&C08交换机。

1994年，参加亚太地区国际通讯展，获极大成功；写下《致新员工书》。

1995年，在公司内部发起题为"华为兴衰，我的责任"的企业文化大讨论。

1996 年，大规模与内地厂家合作，走共同发展的道路；提出"反骄破满，在思想上艰苦奋斗"；发起惊天动地的"市场部干部集体辞职"运动；开始起草"华为基本法"。

1997 年，两次出访美国，写下《我们向美国人民学习什么》；发起员工的"内部创业"运动。

1998 年，"华为基本法"定稿；启动大规模人才招聘计划；与 IBM 合作完成"IT 策略与规划（ITS&P）"项目；推行任职资格考核；与各地电信部门成立合资公司。

2000 年，被美国《福布斯》杂志评选为"中国 50 富豪"第三位，个人财产估计为 5 亿美元；写下《华为的冬天》。

2001 年，写下了《我的父亲母亲》、《北国之春》，且在公司内部发表了《雄赳赳，气昂昂，跨过太平洋》的讲话。

2003 年，被网民评选为"2003 年中国 IT 十大上升人物"之一。

2004 年，荣登"未来国际之星"榜首。

2005 年，进入《时代周刊》全球"建设者与臣子"100 名排行榜，是中国唯一入选的企业家；入选年度"全球最具影响力的 100 人"的"营造者和巨人组"。

2006 年，位居"2006 最具领导力的 50 位 CEO"榜首；在《2006 胡润强势榜》中的"最有社会责任感的十大民营企业家"排名第二；入选"2006 年度表现最佳的十大企业家"。

2007 年，被评为"中国 IT 十大风云人物"的 2006 年的"中国 IT 年度人物"。

2011 年，以 11 亿美元首次进入福布斯富豪榜，排名全球第 1056 名，中国第 92 名。

2012 年，进入《财富》（中文版）评选的 "2012 年中国最具影响力的 50 位商界领袖排行榜"，位列第一。

2013 年，再次登上美国《时代》杂志全球一百位最具影响力人物。

2015 年，入选 "2014 中国互联网年度人物"。

2017 年，入选《财富》（中文版）评选的 "2017 年中国最具影响力的 50 位商业领袖" 榜单，并位列第一。

2018 年，入选全球化智库（CCG）《世界华商发展报告 2018》课题组评选出的 "世界最具影响力十大华商人物" 榜单。

2019 年，荣登《财富》（中文版）"2019 年中国最具影响力的 50 位商业领袖" 榜单第一，入选 "2019 年度中国经济新闻人物"。

2021 年，在品牌联盟发布的《2021 中国品牌人物 500 强》榜单中位列第一。

2022 年，再次荣登《财富》（中文版）"2022 年中国最具影响力的 50 位商界领袖" 榜单第一。

参考文献

1. 王伟立、李慧群：《华为的管理模式》，海天出版社 2012 年 11 月。

2. 杨玉柱：《华为时间管理法》，电子工业出版社 2011 年 7 月。

3. 龚文波：《任正非如是说》，中国经济出版社 2008 年 3 月。

4. 刘文辉：《华为狼道》，北京联合出版公司 2012 年 5 月。

5. 陈广、赵海涛：《华为的企业文化》，海天出版社 2012 年 9 月。

6. 余胜海：《华为还能走多远》，中国友谊出版公司 2013 年 4 月。

7. 王永德：《狼性管理在华为》，武汉大学出版社 2012 年 6 月。

8. 周君藏：《任正非这个人》，中信出版社 2011 年 4 月。

9. 田涛、吴春波：《下一个倒下的会不会是华为》，中信出版社 2012 年 11 月。

10. 刘宏飞：《华为王朝》，中华工商联合出版社 2012 年 2 月。

11. 孙凯、豆世红：《华为营销：征战全球的立体战术》，机械工业出版社 2013 年 8 月。

12. 程东升、刘丽丽：《任正非谈国际化经营》，浙江人民出版社 2007 年 9 月。

13. 张雨：《任正非的竞争智慧》，浙江大学出版社 2011 年 7 月。

14. 马立明：《任正非华为管理日记》，中国铁道出版社 2011 年 3 月。

15. 曲智：《任正非内部讲话：关键时任正非说了什么》，新世界出版社 2013 年 1 月。

16．商智：《任正非财富启示》，中国致公出版社 2011 年 1 月。

17．张继辰、文丽颜：《华为的人力资源管理》，海天出版社 2010 年 8 月。

18．刘文栋：《华为的国际化》，海天出版社 2010 年 10 月。

19．李信忠：《华为的思维》，东方出版社 2007 年 5 月。

20．吴建国、冀勇庆：《华为的世界》，中信出版社 2006 年 11 月。

21．刘世英、彭征明：《华为教父任正非》，中信出版社 2008 年 1 月。

22．张力升：《军人总裁任正非》，中央编译出版社 2008 年 8 月。

23．张炼海：《总要先人一步：任正非的战略观》，同心出版社 2011 年 12 月。

24．程东升，杨愿成：《只有一个华为》，北京联合出版公司 2013 年 1 月。

25．卢刚：《向华为学习卓越的产品管理》，北京大学出版社 2013 年 3 月。

26．吴春波：《华为没有秘密》，中信出版社 2013 年 12 月。

后　记

任正非这个名字或许并不为人所熟知，但提到华为，人们一定不会感到陌生。没错，这个享誉中外的跨国企业就是任正非所创办的。与其他知名企业家不同，任正非始终保持低调，但这也未能掩盖住他的锋芒。他是被人誉为"商界思想家"的传奇人物，他用自己独特的管理思维打造了一个神话般的商业帝国。

华为就像是一个蕴藏丰富的宝藏，而其最大的财富就是企业运营和管理的经验，让无数怀揣创业梦想的人趋之若鹜。

本书从多方面入手，对华为和任正非进行了介绍，而内文的主线则是任正非经营管理华为的策略、方法、手段，即他带领华为从创业走向业界巨头，成为世界级企业的方方面面的经验。本书从企业文化讲到人员培训，又从人员培训讲到制度管理，之后又讲到了企业的逆境求生和海外市场的拓展等等。总之，它可以让人了解到一个全面的华为，又有足够多的成功经验供人借鉴。

为使书中内容更加详实、准确、易懂，作者查阅了大量的相关书籍，并得到众多媒体朋友和多位经济管理学专家、学者的帮助，从而掌握了大量详实的资料和一些行之有效的企事业管理方法。在此基础上，作者将这些信息进行汇总、整合与诠释，并加入了自己的理解和认识，提出了自己的新观点，从而使书的内容更具实用性，以便更好地为读者朋友服务。

在此，作者向提供帮助的书籍作者、媒体朋友及专家学者表示衷心的感谢，同时也对此书的出版机构表示衷心的感谢！

鉴于本书存在一定的局限性，难免会有疏漏与不足之处，敬请广大读者朋友在阅读时提出宝贵意见或建议。

REN ZHENG FEI